重建一個繁榮、穩定的新未來

大失衡

Companies, Countries, People -
and the Fight for Our Future

Alec Ross

The
Raging 2020s

前白宮科技創新顧問、《未來產業》作者

亞歷克‧羅斯 ———— 著

周怡伶 ———— 譯

天下文化 遠見雜誌

各界讚譽

引人入勝、令人激賞、啟發思考。不僅分析精準,也非常清楚建議我們接下來必須做什麼,以避免陷入羅斯指出的問題與陷阱……這本書在全球都適用……他是如何把這幅拼圖中的片斷連接起來,非常值得關注。

　　　　　── 希拉蕊・羅登・柯林頓（Hillary Rodham Clinton）
　　　　　　　　　　　　　　　美國前國務卿、前美國參議員

亞歷克・羅斯大膽無畏直接處理當代最根本的問題之一:修正人民、企業與政府之間失靈的社會契約。本書發起挑戰,使讀者重新思考對民主體制、資本主義與全球化的認知。

　　　　　　　　── 亞當・格蘭特（Adam Grant）
　　《紐約時報》第一名暢銷書《逆思維》（Think Again）作者
　　　　　TED播客節目《工作人生》（WorkLife）主持人

任何人想要了解目前的局勢,一定要讀這本令人不安的書。

　　　　　　　　　　── 《出版者週刊》（Publishers Weekly）

羅斯的觀點全面宏觀，不是從人民的角度、甚至也不是從政治人物的角度來分析……這本書（非比尋常的）格外流暢易讀。

——《紐約時報》（*The New York Times*）書評

羅斯精確捕捉到當代社會的改變，透過實際案例以及引人入勝的敘事技巧，記錄個人、企業與政府之間的平衡如何轉移……本書裡的故事改變我們對於世界如何運作、應該如何運作的認知，同時也擬出我們應該如何前進的全新觀點。

——《彭博商業周刊》（*Bloomberg Businessweek*）

慷慨陳詞、一針見血，明確揭示美國可以如何重新塑造企業的行事作風，以及人民的生活方式。

——《科克斯書評》（*Kirkus Reviews*）

引人入勝、清楚明晰的編年敘事，從政府與國際事業的高度提供絕佳的鳥瞰視野。羅斯針對科技的未來與科技帶來的影響，皆透過本書進一步鞏固他是全球最有遠見的思想家之一。全書讀來非常暢快、欲罷不能！

—— 大衛・裴卓斯將軍（General David Petraeus）
美國中央情報局（CIA）局長；曾任伊拉克戰爭指揮官、
美國中央司令部（United States Central Command）
駐阿富汗聯軍司令

這本書相當特別。現在大家都在談不確定性,近年來發生的事讓許多人陷入困難,而本書不但釐清局勢,更指明方向。亞歷克讓讀者不但能理解狀況,而且還得以懷抱希望,能做到這些事的人並不多,這顯示出他是我們這個時代最傑出的思想家之一。我們的社會應該怎麼走,這本書將協助所有人定位前進的方向。

—— 韋斯・摩爾(Wes Moore)
作家、退伍戰士、社會企業創業家

亞歷克・羅斯是敏銳的分析者,也非常會說故事。這本書讓我們了解,荒謬的政策與權力集中,毀掉許多人的生活;也讓我們了解到,正是這種共同的憤怒引燃21世紀的許多政治行動。最重要的是,羅斯願意對權力者說真話,並且推薦一套大膽但切實的解決方法。

—— 安瑪莉・史羅特(Anne-Marie Slaughter)
新美國基金會(New America Foundation)執行長
普林斯頓Bert G. Kerstetter '66大學政治與國際關係名譽教授

目錄 CONTENTS

●●●●●

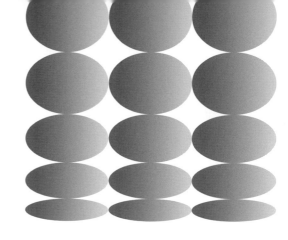

獻給我的孩子柯爾頓（Colton）、
泰爾（Tehle）與索伊爾（Sawyer）。

我們在這個狂飆2020年代所做的選擇，
將形塑他們長大成人後的世界。

引言

　　今天早上我做的第一件事是煮咖啡。我翻身下床，煮了一壺咖啡，然後幫小孩做早餐。今天我要出差，所以我打包好過夜行李，預訂前往機場的共乘汽車。我和太太費麗絲蒂（Felicity）把小孩塞進自家的車子裡，然後她載他們去上學，再開車到她教書的小學上班。當所有人正要開始一天的生活，我已經在排隊通過安檢，隨著「現在請各位登機」、「扣好安全帶」、「準備起飛」廣播聲響起，時間是9點整，我已經在空中。

　　這是一個平靜無波的早上，但是如果一層層抽絲剝繭，仔細檢視驅動我們每天生活的發明與精巧設計，各位會大吃一驚。我起床後不到三小時，就坐在一個隔熱絕緣的金屬艙，在離地幾千英尺的高空中急速飛越整個美國。這是結合科學、科技、工程與數學的神奇技藝，前幾代的人可能會認為這是巫術。然而，我正安穩的坐在這裡，滑動手指瀏覽電子郵件。

　　儘管很少人注意到，但我們的生活是建立在一個網絡系統上，由個人、政府與企業三方合作並交換資源。當這個網絡系統和諧運作時，我們就像是得到日常生活的魔法：數千數萬種技術在看不見的地方運作，讓我們的生活更加便利。

　　舉例來說，回到本章開頭提到的那壺咖啡，甚至是水；從我家水龍頭流出來、後來裝進咖啡壺裡的飲用水來自公共自來水系統，這個系統是在1920年代建造，目的是要確保自來水安全無虞。我的咖啡是在本地咖啡烘培坊Zeke買的，一杯咖啡平均不到0.3美元。我可以用這麼實惠的價格每天享用過去被認為是奢侈品的東西，是因為幾世紀以來農業進步，再加上我們和中美洲咖啡豆生產國自由貿易協定的結果。

　　我們也可以想想，一趟簡單的通勤旅程包含哪些要素。我的太太踏出家門後，開著日本設計、美國阿拉巴馬州（Alabama）製造的本田汽車（Honda）送小孩上學，道路是由美國政府興建，交通規則是經過數十年沿革，以避免用路人相撞。如果真的發生意外，我們可以信任本田汽車安裝在車上、符合政府規範的安全氣囊。

　　同時，我使用手機裡的共乘汽車應用程式安排前往機場的車輛，司機則是用政府設置的衛星定位系統（GPS）找到我的定位，並且導航到機場。到了機場，我覺得很安心、內心平靜，因為我知道美國運輸安全管理局（Transportation Security Administration，簡寫為TSA）能夠確保槍械不會被帶上飛機。美國運輸安全管理局在我的登機證上使用的條碼，以及我的駕照上的條碼，都是運用美國政府資助的大學所研發的科技[1]。

我搭乘的飛機是波音公司最先進的科技產品，由美國現存四大航空公司之一管理；飛行員通過美國聯邦航空總署（Federal Aviation Administration，簡寫為FAA）的嚴格訓練，他會駕駛飛機穿過由美國政府雷達監控、受到航空交通管制的天空，航程將在美國氣象系統的監測之下避開風暴。

飛機起飛之前，我用蘋果公司（Apple）製造的手機傳訊息給費麗絲蒂，訊息是透過AT&T管理的網路送出，而網路的蜂巢式電波頻率是由美國聯邦通訊委員會（Federal Communications Commission）授權。我還用了手機裡好幾個應用程式，包括領英（LinkedIn）、Instagram、Otter等，而這些應用程式仰賴的觸控螢幕科技，則要歸功於美國中央情報局（CIA）與美國國家科學基金會（National Science Foundation）。我看看時間，現在是9點15分，我知道這個時間是準確的，因為時間標準是由一個國際機構制定，成員包括全球164個國家。

這些在政府、企業與公民之間無聲無影的交織運作，每一天無時無刻都在進行當中。這是一個安靜的平衡。我們不會刻意坐下來，然後思考這個精密均衡的狀態是由政府建立制度、設定規則，使企業能製造、銷售物品，好讓每個人過著更便利舒適的生活。因為我們覺得至少在理想上，這些事情本來就應該這樣運作。

然而，過去20年來，這種平衡狀態已經不再。

我們再仔細看看那壺咖啡。自由貿易協定讓我、本地咖啡烘培商，以及開發中國家的好幾十億工作者都受惠，卻為西方已開發經濟體的勞工階級帶來衝擊。結果，美國與歐洲國家的政治光譜兩端，都因此出現動亂不安。

1920年代建造的自來水系統也在崩毀。100年前我們還能執行大型公共工程專案，但是不知道為什麼，我們不再建造橋梁、鐵路或新的公共設施系統，而是一直把這些設施使用到崩毀，然後再修修補補。在美國，新興基礎設施的建案數量跌到歷史新低，並不是因為沒有需求，而是因為政治過程幾乎停擺。

費麗絲蒂的車是在阿拉巴馬州製造，因為這個州有稅務優惠與反工會法規。勞工到頭來並沒有拿到好處，利益全都流向企業股東。同時，這款車的安全氣囊被發現有瑕疵必須更換，而且至少16人已經因此死亡。

我的孩子就讀的公立學校不只人數太多，就連資源也不足。我兒子還會在教室裡穿著冬天的厚外套，因為學校的暖氣系統無法運作。種族的緊張情勢在悶燒，隨時會爆發。

我為了前往機場而使用的共享汽車應用程式，建立在金光閃閃的美國創新浪潮最頂端。但是，這個應用程式的創建者卻變成一個大笑話，用來諷刺充斥男性浪漫的男性億萬富翁；他因為這個圈子裡的厭女文化而被踢出自己創辦的公司。除此之外，在這間公司，駕駛員的工作條件彷彿停在19世紀，而不是21世紀，拿的幾乎是最低薪資，沒有任何勞工保障或福利，因為他們的聘雇狀態被歸類為獨立的契約承攬者。

波音公司與我搭乘的航空公司最近收到大量政府金援，然而美國的航空公司在這十年間創造出超過490億美元的自由現金流。他們沒有使用這490億美元來紓困，不是因為把錢拿去投資新飛機與更好的服務，也不是用來提供員工更好的薪水。都不是，那490億美元當中有470億美元，都用來買回自家公司的股票了。[2]在那段期間，波音公司的自由現金流高達580億美元，其中430億也花在買回庫藏股上，而不是投資讓飛機更安全，但他們的確有這個需求。買回庫藏股對乘客或員工來說完全沒有好處，只是幫投資人抬高股價而已。一旦有麻煩，又是由全體納稅人付錢幫他們解決。這就是2020年代的企業社會主義（corporate socialism）：把納稅人的費用社會化，而企業的獲利則是私有化。

讓社會運作良好的因素

人類文明最基本的特色之一就是社會契約。在世界上每一個社會中，人們努力長達數千年，要在個人的權利與責任，以及個人與握有更大權力的國家或企業之間尋求均衡。社會契約就是讓兩者均衡的和音，它定義公民、政府與企業的權利，也定義公民、政府與企業對彼此的責任。

社會契約的確實內容從來就不是一成不變，因為它包含社會的明文法律，以及沒有寫明的社會規範。但是，社會契約的基本概念很簡單：人類作為社會的一份子而共同生活與工作，會遠比每個人單獨奮戰的成果更好。

古代人類得以迅速繁榮起來，就是因為他們學會一起合作獵殺長毛象，或是定居某處開始農耕。但是，當人類大量聚居之後，這個種族殘忍衝動的一面也跟著顯現出來了。早期人類要能夠緊密的共同生活並繁衍後代，就必須認同某些行為是不可被接受的，例如謀殺與竊盜。他們必須找出基本的行為守則，在可以做的事與應該做的事之間畫清界線。

這一套道德準則，就是社會契約的核心，它是古往今來任何一個社會運作良好的黏著劑。它能召喚出人性最好的一面，把最糟的部分留在門外。

有了形式簡單的道德準則，人類就能開始發展。分散的村落逐漸形成城邦與現代國家；政府出現了；教會與學院也開始生根；行會與商業興起。這些都是把人類成就組織起來的新穎、有效方式，但是也能包藏人性的天使或魔鬼。所以，隨著社會生活愈來愈複雜，賴以為基礎的行為準則就必須因應改變，不只規範個人的行為，也制約所有新興的社會勢力。

每一個社會契約都持續受到各方勢力的測試，也不斷經過重新協商。通常而言，這些改變緩慢穩定、幾乎不可見，大多數會自我修正。當某個震撼社會的科技出現，政府與企業都會因此調整。但是，有時候修正得太少又遠遠不夠；有時候會有一大段長時間的停頓，平衡狀態傾斜而發出哀鳴，沒有什麼辦法能夠校正，直到整個崩塌、顛覆世界。此時將產生巨大的憤怒，能夠撕裂家庭、社群與國家；能夠導致傷亡，直到各種制度與政府為失衡而憤怒的人們做出改變才消停。憤怒是否存在，取決於社會契約是否管理良好，抑或故障失靈。

在時代轉折的時刻與常見的改革發生時，我們的選擇將把社會帶往完全不同的方向。美國的1930年代就是如此，當時總統羅斯福（Franklin Roosevelt）推動新政（New Deal），

完全改寫了社會契約，同時期的德國與義大利則遭到法西斯
主義全面席捲。

美國契約的緣起

社會契約通常會在大局變動時重新改寫。在1800年代，
劇烈的科技變革橫掃世界大部分的地區，大幅改變社會的結
構。這一波轉變所啟發的社會契約，仍然以某一種形式主導
著世界上的已開發國家。

在1800年，將近75％美國人是在農場工作，[3] 但隨後工
業革命來襲；到了1900年，在農場工作的人數銳減一半。而
這段期間內，美國製造業勞工則增加超過7倍。1801年，英
格蘭與威爾斯的人口有17％住在都市，[4] 到了1891年，這個
數字已經增長超過3倍；19世紀法國與德國的城市人口也暴
增。在這段期間當中，西方經濟體的主要產業從農業變成工
業，勞工從農場遷移到工廠。

這段轉變的過程相當混亂，尤其是在工業化初期更混
亂，當時社會契約還沒有完全調整適應。這段時期被稱為
「恩格斯停滯」（Engels' Pause），名稱來自馬克思主義哲學家
弗里德里希・恩格斯（Friedrich Engels），我們從查爾斯・
狄更斯（Charles Dickens）的作品中就可以看到這個時期的

工業化、不平等，以及貧困造成的汙穢環境。那個時代面臨迅速的科技變革，但生活水準非常糟糕，因而衍生出各種意識形態運動，例如馬克思主義，以及歐洲歷史上最大的革命浪潮。

工業化還能運作下去的原因在於，工業化的社會在幾十年之間徹底改寫社會契約。如果要說人類歷史上的偉大創新，答案很可能是科技產品，例如輪子、時鐘、蒸汽引擎，或是微處理器（microprocessor）。如同科技重塑了經濟活動的面貌，創新發明也重塑了人類；其中包括勞工退休金、免費國民教育以及最低薪資等，都興起於19世紀工業化引起的動亂。勞工與公民動員起來，要求政府以及快速擴張的工業組織重新改寫社會契約，使工業化不只對企業主有利，要讓更多人受惠。隨著時序從19世紀末進入20世紀，全新的制衡與均衡措施不斷出現，包括反壟斷的保護措施、所得稅、童工禁令、社會安全網、環境標準等。這些社會契約的修訂，讓社會可以駕馭迅速發展的工業創新，促使全體公民一同提升。

全新的社會契約

由於工業革命引起的動亂，政府、人民與企業之間發展出基本的平衡態勢。現在，企業掌握著形塑我們日常生活的力量，帶來的影響好壞參半；國家則掌握要求各界遵循規範的力量；而人民則掌握選擇領導人的力量。

然而，到了21世紀，西方世界的這股均衡狀態已經開始鬆動，造成的傷害滲透到亞洲與開發中經濟體。近幾十年來，出現好幾項讓人頭暈目眩的因素正在擾亂世界，例如數位革命、全球化、解除管制、民粹主義，以及全球氣候危機的到來。這些因素在世界每一個國家以及國際之間的角逐場上，從根基開始重新塑造政府、公民與企業之間的關係。但是，許多社會並沒有發展出新的社會契約，可以因應這些巨大的改變。

最初那一群社會契約理論學者，一直都暗暗擔心著政府的權力；然而現今社會上最令人擔憂的是，企業的權力愈來愈大。現在的跨國企業大到像是國家，也扮演國家的角色。這種趨勢已經干擾到地緣政治，而且會繼續干擾下去。同時，回到各國內部，人民受到企業的支配更甚於政府，在許多方面都是如此，包括隱私權、永續發展、平等權與勞工權利等。

在過去的50年間，美國與其他已開發國家政府無法在這些領域大步前進，於是由企業填補了空缺。同時，反壟斷制度以及對企業權力的規範漸漸鬆脫，結果導致勞工運動與民主政府弱化，侵蝕數千萬勞工的經濟展望。過去30年來，光是在美國，最富裕的1％人口擁有的資產多出21兆美元，而底層50％人口的財富則縮水9,000億美元，中產階級停滯蕭條。[5]這個趨勢在西方國家蔓延，而開發中國家則在密切觀察、吸取經驗。

如果過去40年來美國的貧富差距維持穩定，而不是擴大到目前這種如同電影《瘋狂麥斯》（Mad Max）的狀態，那表示應該有50兆美元流向所得水準在90百分位數以下的勞工，等於每一名勞工每個月收入會多出1,100美元。[6]

我們現在身處在資訊時代的某種「恩格斯停滯」。從前成功修訂並重新調整均衡的社會契約，已經不再均衡了。這個世界的未來取決於這個2020年代，取決於我們如何重寫企業、政府與公民之間的社會契約。

這本書的目的是要指明哪些地方出錯了，然後找出方法來解決它。我們會回頭看看過去半個世紀以來，世界各國的企業、政府、勞工與公民發生了什麼事。也會探索這些改變如何影響全球的樣貌，以及每個人無論貧富、無論身在已開發或未開發國家，正面臨怎麼樣的後果。然後，我們會向前看，查明重新取回均衡所需的所有改變。

過去25年來，我的工作集中在企業與地緣政治的交會點，工作領域包括美國國務院、政治運動、學術圈與創業界。這段期間，我在世界各國工作，待過這些互相重疊的領域裡從上到下的各種位置。為了寫這本書，我訪談世界上許多位政界與商界的重要領導人，了解他們對過去與未來的獨特觀點，然後把這些觀點匯集成一個敘事更廣闊的故事。這本書的內容將會奔馳四方，從制定全美國環境標準、位於阿肯色州（Arkansas）的董事會，到加勒比海的避稅天堂；從非洲辛巴威採用中國設計的監控設備，再到我的出生地西維吉尼亞州（West Virginia）的山丘上，看那裡的人們因為買不到胰島素而垂死。我們也會看到，北京政府所做的決定，將如何攪亂歐美核心國家的政治局面，以及這些看似毫不相關的事件竟然如此緊密交纏，而且就連能夠改善問題的各種解決方法，也同樣彼此密不可分。

我會把幾位公眾人物與知識分子的不同觀點呈現出來；我希望各位對這些人的意見有認同也有不認同的部分，但是這些意見能幫助各位將思考範圍凌駕眼前的危機。在我看來，如果兩個人對每件事都意見一致，那就表示其中只有一個人在思考。

在本書前三章，我會深入探討過去50年來的社會契約三大支柱，也就是政府、企業與公民，各自發生什麼變化。

第一章討論1970年代企業力量興起，從那個時候開始，資本主義破壞力最強的幾個面向有如脫韁野馬，企業唯一奉行股東價值至上的教條。此後50年間的發展顯示出，這種趨勢帶來的殘酷代價是，儘管企業力量興起，但絕大多數員工、社群或其他利害關係人等，並沒有感受到這些收穫。這一章明確列出過去半世紀以來的錯誤，並檢驗更廣泛的影響，無論是預期中或是意料之外的影響都有涉獵，最後針對如何改變這個趨勢而提出建議。我會將所有論點串在一起討論，展現出我們確實可以避免資本主義發展到最糟的境地，並且讓世界級大型企業去做他們最拿手的事，同時又能對全世界有益。

第二章的焦點轉移到國家，討論過去50年已開發國家的政府力量衰退、而企業的力量卻相對大增。我訪談多位政治人物與政治學者，深入檢視美國政府，並探問美國政府不再有效運作的原因。我會衡量各種因素的影響力，包括極化（polarization）、人才流失、遊說的問題，並且探索政府內外應該做出哪些改變，才能回復到一定的均衡狀態。這一章的結尾將放眼全球各國，檢視哪些因素是美國獨有，哪些因素在其他國家也同樣常見。此外，我也會提出為什麼極權模式會漸漸立足於全世界的自由民主政權當中，以及我們應該如何應對。

第三章探討的是傳統社會契約的第三支柱：公民與他們的勞力。當政府的力量在21世紀塌陷時，勞工組織與勞工的力量也在崩解。這一章將列出近年來勞工力量的衰退，探索為什麼工會的力量在美國與英國等地變得如此薄弱，而在其他地方卻相對較為強盛。當股東資本主義（shareholder capitalism）帶來破紀錄的獲利時，同樣一股力量卻削弱勞工的力量，而且這波轉變又因為勞工組織的停滯而更加惡化。於是，我訪談了幾位世界最大工會的領袖以及新興勞工運動的發起人，我想了解一個簡單的問題：21世紀的勞工運動會是什麼樣貌？

　　企業、政府與公民形成社會契約的三個核心角色，也正是本書前三章的主題，每一章敘述的大故事就是關於這三個支柱為什麼開始變形，以及每一項分別要做出什麼改變來應對2020年代與2030年代的需求。但是，這三章的內容大部分還是限制在各國的邊界以內，要釐清的是世界上196個國家要如何各自努力，為自己的國家建立起更好的社會契約。然而，這個世界的現實狀況卻是，現在最令人憂心的幾個問題已經變成全球性的問題，並不局限在某個國家的邊界之內，而是轉移到國與國之間的空隙當中。氣候變遷、人權侵害、避稅逃稅、網路戰爭、經濟危機、疾病全球大流行等，這些因素會影響全世界的人，需要各國一起應對。新世界的任何社會契約都必須納入應對這些問題的方法，並且觸及到各國的國界之外；這是從前工業時代的社會契約不需要達到的功能。

　　因此，本書後半部將轉向探討這些國際議題的本質。在第四章，我會先把焦點放在有關稅收的主題。要了解全球政治與經濟的局限，以及用20世紀的政策來解決21世紀的問題而產生的諸多問題，「稅收」是如同萬能鑰匙的重要關鍵。在現行的體制下，每一年都有好幾兆美元的稅金不翼而飛，整個國家被外部利益挾持，但如果我們把這個體制修理好，閱讀本書的讀者當中99％的人可以繳比較少的稅，政府可以運用的錢也會比較多。稅收問題就像許多全球問題的縮影，各國政府被這些問題分化、擊破。我訪談了解避稅天堂的專家、政府官員與銀行業者，他們都清楚這個影子體系的來龍去脈。我們還會探討政府在全球舞台上必須做些什麼，來解決避稅以及其他全球協作的問題，例如氣候變遷。

　　第五章要探討的主題可能是21世紀才出現的新形態問題。儘管有些議題是只有政府才能解決的跨國問題，例如避稅問題，但是全球舞台上還有其他議題，由於各國政府步調不一或停滯不前，需要企業與公民帶頭領導。這樣的構想不免有爭議，我們會在這一章解釋。不過，對於當前最熱門的某些議題，包括數據、人工智慧、隱私權與網路戰爭等，把太多權力單獨交給政府相當危險。當程式碼變成武器時，21世紀的私部門可以擔任領導，在全球的社會契約當中提供穩定的力量。第五章著重在中國與美國之間的科技制霸競賽，以及這兩個國家對於社會中的數據應該如何使用，展現出非常不同的兩種模式。中國的企業與政府立場完全一致，都朝向令人窒息的監控國家前進。但是，為了公民的隱私權，也為了制約政府過度管控，由企業擔任政府與公民之間的重要緩衝力量是可行的做法。要讓這樣的機制運作，必須設下幾項制衡策略。然而，2020年代與未來的社會契約有一個全新的面向，那就是我們不太可能在沒有企業的領導之下，順利解決某些最有爭議的議題。

在第六章與結語中，我會開始歸納能讓社會契約運作良好的所有關鍵。我們已經看過這個結構下的缺口與裂縫，我們會探詢方法來重新縫合這個結構，建立一個更均衡的體制。第六章是一場巡禮，我們會探索全球各地許多不同形式的社會安全網。我會挑出世界上196個國家所提供最有用的特色與創新，也會找出一些最令人擔憂或發展脆弱的社會政策。只要放眼全世界，我們就可以開始釐清理想的未來社會契約樣貌。

本書描述的每一項趨勢，都已經有許多書籍個別討論過，但是，我們還是很難在思考這些大趨勢的同時，看清楚它們如何彼此交織連結，遑論想像出可以讓世界回歸均衡的解決方法。不過，這就是本書的目標。為了讓政府更有效的為公民服務，我們必須填補避稅問題造成的資源缺口；為了讓稅務制度有效運作，我們必須禁絕股東資本主義中最糟糕的陋習；為了改善資本主義，我們必須讓勞工擁有比現在更大的力量；除此還有許多其他解決方法，而且它們彼此互相交織連結。

我的目標再清楚不過：在2020年代的起始，公民與各種體制都在狂飆怒吼，為了讓世界能夠再次順利運轉，比起周遭發生的各種破壞行為，我們必須施展更多的創造行動。

第一章
•••••

股東資本主義與
利害關係人資本主義

凱蓓瑞拉・柯立（Gabriella Corley）被小兒科醫師診斷
患有第一型糖尿病，當時她才7歲。她和美國的160萬人一
樣，身體不能自行製造出足夠的胰島素，¹這種荷爾蒙負責
穩定血液中的葡萄糖。在人類歷史上大多數的時候，罹患這
種病等於被判死刑，她的血糖將不受控制的升高，遲早會酮
酸中毒，並讓她陷入昏迷，最終導致死亡。但很幸運的是，
凱蓓瑞拉被診斷患有這種糖尿病是在2014年。

將近一個世紀前，加拿大多倫多大學（University of
Toronto）三位科學家發現一種方法，可以從牛的胰臟提取
胰島素。²1922年，14歲男孩李奧納德・湯普森（Leonard
Thompson）成為他們的第一名病患。李奧納德躺在多倫多綜
合醫院（Toronto General Hospital）的病床上奄奄一息，這幾

位科學家為他施打胰島素後，幾個小時之內，他的血糖值就回歸正常。不久後，這三位科學家來到某間醫院的大病房，[3]這裡收治因酮酸中毒而病危的孩童。科學家一床走過一床為病童施打胰島素，當他們正在為最後幾床注射時，最先接受注射的幾個病童已經慢慢從昏迷中恢復意識，家屬也圍繞在床邊歡喜不已。身為人父的我想像這幅畫面，感覺就像是在見證奇蹟。

在那個年代，大部分第一型糖尿病病患會在確診後兩年內死亡，[4]而胰島素讓他們重獲新生。這三位科學家是弗列德里克·班廷（Frederick Banting）、查爾斯·貝斯特（Charles Best）、詹姆斯·寇利浦（James Collip），他們明白這項發明的重要性，於是將胰島素的專利權賣給多倫多大學。[5]而他們發明的這劑神藥，以3加幣（在2020年約等於32美元）賣出，由三人平分。為了慶祝胰島素的發明，他們去吃了一頓午餐犒賞自己。

即使這筆錢相當微薄，在當時還是引起爭議，因為那時候許多人都認為，科學家或大學為醫療創新申請專利是不恰當的做法。多倫多大學最後不收任何授權費，讓製藥公司製造胰島素。[6]1950年，默克集團（Merck）當時的總裁喬治·默克（George W. Merck）發表演說，其中有一句話很有名：「我們要永遠記得，藥物是為了人類的利益，不是為了獲利。」一個世紀後，這種思維與做事的方法已經幾乎不存在。

如今，銷售胰島素的製藥公司有三間，劑型分為速效配方或是慢速配方，施打方式也有幫浦型或是筆針型。製藥公司並沒有運用他們的市場力量讓糖尿病患者更能負擔胰島素的費用，而是利用影響力來增加淨利率。

凱蓓瑞拉的母親安潔雅·柯立（Andrea Corley）是學校的行政助理，丈夫是工友，兩人都在西維吉尼亞州的艾爾金斯區（Elkins）公立學校任職，他們的工作地點距離我長大的地方不遠。夫妻兩人一年的薪水合計約6萬美元，[7] 醫療保險是由西維吉尼亞州公務員保險公司提供。安潔雅告訴我，凱蓓瑞拉起初確診時，他們家的醫療保險可以負擔女兒所有醫藥需求的費用，但是一年後，胰島素處方藥的共負額（co-payment）*增加到一個月大約25美元。於是，他們加入一項保險計畫可以負擔凱蓓瑞拉的醫藥費用，條件是她必須定期和藥劑師見面。但是，他們的保險公司把給付年限訂為兩年。安潔雅指出，第一型糖尿病並不會在兩年後就消失，她說：「這種病無法根治，也沒有辦法回復正常，這種疾病會跟著她一輩子。」

---

* 編注：指患者針對某項醫藥費用必須負擔的固定金額。

後來，這家人發現凱蓓瑞拉對藥物中的某項成分過敏，於是換成另一個廠牌的胰島素，[8]但是保險公司對這種藥的理賠金額只有藥價的20％，柯立家只得每個月自掏腰包300美元，這還不包括幫浦與其他醫藥必需品。醫師也建議家裡要準備注射型腎上腺素（EpiPen）以防凱蓓瑞拉發生嚴重的過敏，他們又要多花200美元才能讓女兒活命。

交由市場做選擇的結果

在世界上許多國家裡，簡直無法想像會發生這種狀況。其中有十幾個國家對國民提供普遍的醫療照護，雖然醫療品質差異甚大，但是每個人都能得到照顧。[9]全世界最先進國家的當中，許多政府都提供國民免費或幾乎免費的醫療照護，[10]其中，瑞士與荷蘭提供全民普及的醫療照護，費用是透過嚴格管制、大量接受補助的非營利機構來負擔；[11]有些國家像德國與智利，一小部分的人會自行負擔私人醫療保險，其他人則是受到國家的醫療保險保障。[12]

美國政府透過「聯邦醫療保險」（Medicare）與「聯邦醫療補助」（Medicaid）這兩項計畫來為長者與貧困者提供健康保險。2010年通過的《平價醫療法案》（Affordable Care Act）擴大聯邦醫療補助的範圍，但是投保人每年還是得支付好幾百美元。當已開發國家普遍將健保視為人權，美國卻仰賴市場來照顧多數國民，約有六成美國人是透過私人保險公司取得醫療照護。[13]我們接下來會看到，一旦關乎生死的決定交由市場做選擇，人民並不會每一次都能得到最好的結果。

後來，柯立一家透過藥局的一項特殊專案，才終於取得平價的胰島素與注射型腎上腺素，他們是在保險公司不再給付藥物費用之後才開始這項計畫。[14]在錯綜複雜的體制當中，這項計畫為他們開啟一扇窄小的窗口，可以買到平價的藥物，但是這扇窗隨時會被關上。而且，即使有儲蓄計畫，即使有醫療保險，柯立一家每年仍然要付1萬4,000美元到1萬8,000美元的醫療照護費用。安潔雅說，就算現在勉強撐得過去，但是她擔心未來。胰島素的價格正在飛速上漲，凱蓓瑞拉現在才12歲，但她長大後可能負擔不起醫藥費用了。

「我很害怕當她長大，必須自己買保險的時候，她可能根本買不到，」安潔雅表示。她的害怕並非毫無根據。當成年人失去醫療保險的保障、無法負擔自己的糖尿病醫藥費時，就會發現美國的健保系統有多殘酷。

2017年，明尼亞波里斯（Minneapolis）的亞力克・史密斯（Alec Smith）決定搬出童年的家，住進自己的公寓。[15]他即將滿26歲，美國成年人到了這個年紀就不能加保在父母的醫療保險內。這段過渡時期會相當複雜，因為亞力克兩年前才剛確診第一型糖尿病。

　　以前亞力克計畫要成為護理人員，但是得了這種病後，這個職業選項是不可能了。他找了一份管理餐廳的工作，新的計畫是要自己開一間運動酒吧，不過，這份工作並沒有提供醫療保險。亞力克的媽媽妮可・史密斯霍特（Nicole Smith-Holt）開始研究兒子可以買到哪幾種醫療保險，結果令她震驚不已。亞力克每個月必須支付超過400美元的保費，而且他必須先自掏腰包支付至少8,000美元，保險公司才會給付超額的醫藥費。亞力克的年薪還不到4萬美元，這表示他的收入有三分之一以上要拿來支付保險費與醫藥費。最後，亞力克決定放棄買保險，而是直接自費購買胰島素。但是，他和媽媽都不知道這項選擇的代價是什麼。

　　胰島素市場超過90％掌握在三間公司手裡：丹麥的諾和諾德（Novo Nordisk）、法國的賽諾非（Sanofi-Aventis），以及美國的禮來（Eli Lily and Co.）。[16]這三間公司雖然表面上競爭，但是無數訴訟都顯示，他們就像同業聯盟一樣聯合起來哄抬胰島素的價格，你來我往的一步步推高金額，而且這種情形已經發生過十幾次。[17]2001年，一個小玻璃瓶的胰島素平均價格是14美元；到了2019年，同樣一瓶藥的價格是275美元。[18]平價胰島素稀缺的狀況，已經在全美國造成相當戲劇化的衝擊。最近幾年甚至出現胰島素小偷，從藥局或是別人家門口偷走藥品。當年發明胰島素的人把病童從死亡邊緣救回來，然而一個世紀後，根據數據資料顯示，人們再度因為無法取得藥物而瀕臨死亡。耶魯大學（Yale University）一項研究發現，美國有將近四分之一的糖尿病患者因為胰島素價格過高，施打的藥量低於處方劑量。[19]研究人員更發現，在2017年到2019年間，共有13人因為自行減少胰島素劑量而死亡。[20]

其中一個人就是亞力克。亞力克的媽媽和法醫、刑警與亞力克的女朋友談過之後發現，他在等下一次發薪日才能買藥。剛開始妮可很生氣兒子沒有找父母幫忙，也氣自己沒有察覺到警訊。直到公開自己的經歷後，她才知道亞力克發生的事並不是特例。她開始收到其他人寫的信，信上描述20幾歲的親友被診斷出糖尿病後勉強度日，第一次試著以年輕的成年人身分自立，設法賺錢支撐自己剛獲得的獨立生活。

傑西・波依德（Jesy Boyd）和亞力克一樣患有第一型糖尿病，而且也是第一次搬出父母家住進公寓。[21]傑西剛搬出家裡的時候只有20歲，所以他還可以附加在家庭保險裡。但是，他用自己的餐廳經理薪水來支付醫藥費。傑西的媽媽辛蒂・施雷爾・波依德（Cindy Scherer Boyd）說：「他試著自己負擔所有開銷。」

2019年春天，辛蒂才知道傑西付不出胰島素費用。他拜託父母幫忙去藥局買胰島素再送到他的公寓，他們抵達時發現傑西意識不清、語無倫次。他們立刻送他去醫院，他治療完高血糖症狀後就出院了。他也答應父母下次絕對不會再把用藥劑量降得那麼低。

然而到了下一個月，辛蒂聽說傑西請病假沒去上班，便打電話給他，電話卻一直沒接通。[22] 辛蒂和朋友匆忙趕去傑西的公寓，才發現他已經死了。他的背包裡有一張電工技師的工作申請表。家人在訃聞中寫道，傑西是因為第一型糖尿病的併發症而過世。不久之後，辛蒂接到妮可的訊息後，問她傑西是不是減少胰島素的劑量。

以前妮可的政治活動僅限於投票，兒子死後，她變成勇於發聲的倡議者，還找來許多父母加入這場戰鬥。2019年，為了抗議胰島素價格過高，她幫忙在禮來公司的印第安納波利斯（Indianapolis）總部外策劃了示威活動。妮可站在街道中央擋住車流，大聲宣讀因為減少胰島素用量而死亡的病患名字，其中有他的兒子和傑西。後來妮可遭到逮捕。

妮可和丈夫詹姆斯一起努力倡議，要求明尼蘇達州（Minnesota）的州議會立法，如果患者沒有醫療保險而且手邊藥品的存量不足，那麼胰島素的共付額必須限制在35美元以內。2020年4月，《亞力克史密斯緊急胰島素法案》（Alec Smith Emergency Insulin Act）通過。這是一場勝利，但是妮可非常清楚，胰島素與注射型腎上腺素等藥物會變得這麼貴，問題出在根本的體制，而州政府層級的改革無法解決這個問題。

「製藥公司可以逍遙法外是因為，沒有任何一條法規限制或禁止他們抬高價格，高到他們認為市場可以忍受的金額，」妮可接著說：「一旦面對不付錢就等死的狀況，當然會有人認為『我會付，不管要我做什麼我都付』。就因為這些公司可以這樣做，他們就這樣做了。」

這個論點值得加以強調。一個世紀前胰島素專利金只有3美元，而現在的胰島素產業已經和當時有如天壤之別，甚至也和喬治・默克可以在第二次世界大戰後說出「藥物是為了人類的利益，不是為了獲利」的情況大不相同。這種巨大反差代表的是，過去半個世紀以來橫掃整個商業界的大幅改變。從20世紀中期開始，企業的力量與規模一飛沖天，影響到每個人的日常生活。這種情況不只出現在美國，在全世界也都一樣。世界上的主要大企業都成長得更大、更集中、更偏向追求獲利，政府與個人則是力量消減。原有的均衡狀態被徹底撼動，最近幾年甚至連受益相當大的企業領導人，都對他們迅速得到的權力發出感嘆。

究竟企業的目的是什麼？又是如何運作？過去50年來，我們見證到一場靜默的重新想像。但是，我們是怎麼走到這一步的？

如果「貪婪是好事」

　　社會契約的歷史是一段關於權力,以及權力如何隨著時間推移而重新分配的故事。綜觀歷史,資本、勞工與國家的權利與責任,多半取決於掌握最多力量的團體,它必須能夠立下規矩而不必動用高壓手段,以免導致暴動或革命。在從前的農業社會中,專制統治者對領主、農民以及這些人的經濟生活,行使幾乎絕對的主權。工業革命時期,權力的天平向著富裕、有政治裙帶關係的資本家傾斜。20世紀早期,美國與歐洲的勞工透過工會與選舉來牽制企業的權力。如今,權力又再次集中到私部門。

　　導致這種轉變的因素是什麼?過去50年來,企業如何形成這麼大的規模、聚集這麼大的力量?如果各位想要了解誘發這個狀態的關鍵,只要檢視一個構想,甚至是一個句子就可以。

　　在大蕭條與第二次世界大戰的災禍之後,美國與歐洲的經濟開始起飛。但是,勞工組織與政策制定者都對經濟進行極為嚴格的把關制約,他們都很清楚獨大壟斷與股市危機的代價。在這個情境下,絕大多數企業都坐上一個清楚的社會位置。大家普遍認為公司要能獲利,同時也要增進員工福祉、支援他們做生意的社群,並且做出對大眾有益的事。

　　不過，並不是每個人都認為這個模式有道理。1962年經濟學家米爾頓・傅利曼（Milton Friedman）在著作《資本主義與自由》（*Capitalism and Freedom*）中寫道：「企業只有一個、而且是唯一一個社會責任，那就是利用手上資源，投入在為增加獲利而設計的活動上，而且只要沒有違反遊戲規則就可以。」[23]

　　這個想法和當時的社會契約截然不同。在當時，可以拯救性命的專利只賣幾美元，喬治・默克可以表示獲利是企業營運的次要動機。然而，在傅利曼眼中，那些決策在市場上既沒有效率、又有缺陷。根據傅利曼和他在芝加哥大學的同事的理論，如果每一個人都追求最大的獲利，並且把這些獲利再拿去投資，世界會得到好幾倍的好處。在傅利曼眼裡，企業只應該忠於股東，任何一項會讓股東少賺一美元的領導決策，就是管理不當。這種獲利最大化的哲學，後來被稱為「股東優先」（shareholder primacy）。

　　這樣的想法並沒有立刻受到歡迎，然而到了1970年代，原本蓬勃發展的戰後經濟開始停滯不前，有一小群主要支持者逐漸對這種理論產生共鳴。經濟學家將問題的矛頭指向政府管制與沒有效率的管理，這種不滿造成傅利曼的理論開始流傳，並在1980年代成為主流。股東優先的想法和雷根與柴契爾時代極為契合，傅利曼的思想為解除管制與涓滴經濟學

（trickle-down economics）*提供智識上的基礎。不久後，針對羅斯福新政制約企業力量的反對聲浪浮現，這些批評者認為政府限制企業的時間太長，大企業的經理人過於自滿而不再追求獲利，結果造成整體經濟停滯。如果企業快馬加鞭追求最大獲利，就能推動整個國家、甚至全世界成長繁榮。為了達到目標，必須把獲利放在最優先。奧立佛·史東（Oliver Stone）執導的《華爾街》（*Wall Street*）中，主角高登·蓋科（Gordon Gekko）有一句話簡潔扼要的傳達出傅利曼的理論，並席捲企業界，那就是「貪婪是好事」。

股東優先主義

股東優先造成的影響就是，公司股東與利害關係人之間被劃下一條清晰的界線。利害關係人是指受到企業營運影響的人事物，包括員工、社群、國家、顧客與環境。在全新的模式之下，股東的獲利排第一而且最重要，任何一項針對利害關係人進行的投資，就變成一種負債。

在1980年代中期，惡意收購興起、企業掠奪者輩出，從許多方面來說，他們就是股東優先的先鋒。他們會找出經營困難或是發展停滯的公司，並買進這些公司的股份直到掌

＊ 編注：主張富人的消費與投資最終將惠及窮人的理論。

握控制權。接著他們會將公司各部門重組，為股東創造最高的報酬，並且裁撤任何一個他們認為沒有效率的部分。通常這就表示裁員、遷移總部、賣掉不動產與承擔更多債務等，就是要窮盡所有工具與方法，將資產轉為短期的投資報酬。企業領導人的心頭蒙上陰影，人人都害怕遭到惡意收購。然而，一連串的法律決定讓企業更難以抗拒惡意收購，尤其當股東要求轉虧為盈，最終迫使許多企業轉而奉行股東優先，以免突然成為被收購的目標。

綜觀整個1980年代，併購風潮席捲全世界好幾個大經濟體，推波助瀾的是一種不干涉主義（laissez faire），對於管制與反壟斷的態度愈來愈自由放任。本來美國在世界上是反壟斷的帶頭者，從20世紀早期就堅定反對獨占壟斷，曾經發起好幾百件訴訟案控告大型企業，以打倒19世紀末「鍍金時代」（Gilded Age）形成的獨占企業，例如標準石油公司（Standard Oil）與美國鋼鐵公司（U.S. Steel）。[24] 在第二次世界大戰仍餘波盪漾之際，政策制定者建立起新一波的反壟斷手段，因為全世界都已經見識過獨占企業如何助長日本、義大利與第三帝國的威權政體勢力。[25] 當時世界各國正在起草新憲法與法律制度，美國通常會鼓勵這些國家（對日本則是強迫）制定強硬的反壟斷新法。但是到了1970年代，有一支新學派在壟斷與競爭的辯論占了上風。

　　這套新理論是由法官暨法律學者羅伯特・伯克（Robert Bork）廣為流傳，他認為經濟集中唯一不好的地方，只有在於對消費者收取高價而形成明顯可見的傷害。所以，只要獨占企業收取的價格合理，就是完全可以被接受的。伯克對於反壟斷法的狹隘詮釋，完全吻合傅利曼教條以及1980年代的政治氛圍。負責把關的政府監督單位對大企業提出的訴訟案愈來愈少，伯克的理論幾乎完全成為政府應對商業競爭的基礎。同時，私部門透過併購而更加穩固的茁壯成長。我和許多人都有相同的經歷，我們原先是在地方銀行開戶，不久後它就被規模比較大的區域銀行買下，然後又被全國性的銀行買走，最後又被另一間全國性的銀行併購。類似的狀況出現在經濟體的各個產業當中。

　　同樣在這個時期，企業界也開始體認到在華盛頓擴張影響力的好處；我們會在下一章繼續深入探討這個部分。在傅利曼的哲學下，企業可以將獲利最大化，只要遵守法律條文上的字句就好。然而，透過政治遊說與不限金額的政治獻金，企業可以透過影響法律制定重畫疆界，只要投入相對小額的資本，就能獲取高額的報酬。

　　這些趨勢之間彼此互相強化，造就1970年代以來企業規模與權力的快速擴張。股東優先的思維揭開資本主義最醜惡的一面。理論上，股東手上的獲利應該能夠造福眾人，因為它可以增加整體經濟的效率，並且釋出多餘的資本重新投資到社群之中。

但是，在實務上，這套機制卻排擠掉其他利害關係人，例如員工、當地社區與環境。在第二次世界大戰後經濟起飛的那幾十年間，幾乎每一個中型或大型城市都有一個大型的企業總部。企業高層坐在當地的董事會裡，出錢支持學校課後輔導、當地的藝術與運動計畫等各種專案。企業執行長的小孩和中階主管的小孩都是上同一間學校。就算景氣不好，公司也不會因為顧問或企管碩士認為資遣員工對財報有利，就叫員工走路；公司反而會支撐到最後一刻，因為公司與社區是如此唇齒相依，都感受到對彼此的長期責任。這就是社會契約在超地方（hyper-local）*的情境下運作的樣貌。

但是，股東優先的概念一出現，人們的思維就跟著改變。1980年代的併購風氣導致小型城市發生裁員潮，企業也將總部連根拔起，遷移到可以減免稅收的有利地點，所有地方經濟體宛如自由落體般跌落。我在西維吉尼亞州的查爾斯頓市（Charleston）長大，親眼見到所有銀行、礦業公司、化學公司都被東西兩岸的企業吞噬。股東資本主義代表著，如果遷移企業總部在經濟上有好處，那麼即使這間企業和當

---

* 編註：指情境適應非常小的地域特性而發展。

地社區已經一起成長了幾十年，也會選擇離開，或者至少更動名義上與稅務上的總部地點。結果，全美國工作機會增加的地區當中，三分之二都只集中在25個市郡；而且，歐洲的情況也是如此。[26]

企業大到不能倒

快轉到現在，我們已經目睹傅利曼願景的第一個部分順利發展，世界上最大的公司獲得可觀獲利，股東則得到極高額的報酬。但是這個願景中的第二個部分，也就是承諾這些獲利會回流並進而造福每一個人，卻從來沒有發生。我們看到過去幾十年來，所有經濟成長的好處流向企業高階主管與股東，而不是流向員工。我們也看到各個社區的錢慢慢外流，這些過往的強健地方經濟體，現在都流向金融熱點與股東手上。我們看到大量的經濟集中，而不是當初承諾的健康競爭。這是一個壟斷的新時代。

2019年，美國500大企業的營收合計達14兆2,000億美元，其中將近一半來自美國50大企業。[27]那年的國內生產毛額（Gross Domestic Product，簡寫為GDP）是21兆7,000億美元，[28]這表示，美國500大企業占全國GDP三分之二，前50大企業則占三分之一。當「財星500大企業」名單在

1955年首次公開時，前50大企業的產值占全國產值還不到
16％。[29]自從1930年代大蕭條以來，美國沒有哪一段時間是
由這麼少的企業控制這麼多的財富。

　　大企業確實帶來幾項好處。大型企業有規模經濟的優
勢，大量買賣可以節省成本，理論上，消費者應該會享受到
較低的價格。然而，實情卻非如此，大公司傾向於利用影響
力來鞏固自己的獨霸地位。由於這些大企業的財富以及全球
經濟的流通性質，他們能接觸到小型競爭者碰不到的資源。
大企業可以運用境外金融系統來將稅單最佳化；他們可以
運用全球供應鏈與勞工市場來降低成本；他們可以施加有效
的影響力來戰勝政策制定者；他們可以發動價格戰爭，提高
競爭者進入市場的門檻，也可以在競爭對手還沒成功營運前
買下對方；他們掌握比較大的數據庫，可以用來勝過規模較
小的對手；他們可以創造回饋迴圈，讓經濟力量帶來更多經
濟力量。股東資本主義的興起，讓企業有誘因發展得愈來愈
大。而隨著獨霸地位不斷增強，大型企業可以讓其他企業幾
乎沒辦法和他們競爭。

　　資本主義的命脈在於競爭。為了勝過別的公司，企業被
迫回應消費者的要求，追求更有效的營運方式，搶占開發新
產品的先機。在競爭激烈的市場中，消費者支付公平的價
格，企業賺得公平的獲利。新進企業的目標是拉下舊企業，

或是打進尚未被占領的市場，而基業穩固的企業的目標，則是藉由投資創新來擊退對手。社會主義與共產主義經濟發展失敗，原因之一就是缺乏競爭所帶來的經濟動力。聰敏的創業家或雜亂無章的新創公司能夠因為靈感、努力與毅力的優勢而取得成功，正是有賴於競爭的存在。

如果企業變得大到不能倒，創新與創業精神就會消沉頹喪。這就是我們今天看到的樣貌。並不是每一間跨國企業都會採取反競爭的做法，但是只要有機會，股東資本主義就會迫使他們這樣做，而後果將會非常嚴重。我們已經看到製藥產業的例子，缺乏競爭的結果是犧牲人命。作家暨社運人士麥特·史托樂（Matt Stoller）告訴我，這種情況等於是「連續犯罪」（crime spree）。

我們在胰島素市場看到的經濟集中，現在已經成為許多產業的常態。在美國，絕大多數國內航線由四間航空公司掌控：美國航空（American Airlines）、達美航空（Delta Air Lines）、西南航空（Southwest Airlines）與聯合航空（United Airlines）。[30]由於這種牢而不破的情況，某些中型與小型城市的航班減少、票價高漲，而且某些節點只有一間航空公司經營，實際上根本是獨占企業。[31]美國將近70％手機用戶的訊號是由AT&T與威訊（Verizon）這兩間電信公司提供；[32]有線電視用戶當中五戶有四戶是由特許通訊（Charter

Communications）與通播集團（Comcast Corporation）提供服務；[33]美國的啤酒70％以上屬於百威英博集團（AB InBev）與摩爾森庫爾斯（Molson Coors）旗下；[34]Google則是掌握全世界超過90％的網路搜尋量。[35]

史托樂的研究顯示，市場整併的情形也發生在利基產業，例如流動廁所、監獄電話系統、綜合武術聯盟、桌遊，以及啦啦隊器材。他說：「這種社會運作方式根本就充滿腐敗。如果你相信腐敗，認為企業可以破壞公共利益讓私人得利，而且似乎很多人都這麼認為，那麼這也沒關係，而且它運作得很好。如果你認為不應該這樣，那就要確保人民不會被市場的力量支配，而且要由政府來建立結構。企業的權力應該是由政府授與。」[36]

隨著美國變成企業集團之國，大規模併購對消費者、員工、社群等造成的影響，在很多產業都清楚可見。其中一個最明顯的領域是，曾經被美國夢宣揚得最響亮的產業，那就是家庭農場。

德瑪瓦半島（Delmarva Peninsula）距離我在巴爾的摩（Baltimore）的住家車程不到90分鐘，它像一個170英里長的逗點，把切沙比灣（Chesapeake Bay）和大西洋隔開。這裡的地景平坦、沼澤遍布，半島沿岸是寧靜的漁村與海濱小鎮，和美國東岸大都會的知識產業狂熱相較，完全是截然不同的兩個世界。除了觀光產業，德瑪瓦半島的主要經濟產業是農牧業，尤其是家禽業。這座半島分別由三個州管轄，其中之一是德拉瓦州（Delaware），這個州的雞隻比人類多超過200倍。[37]在半島上開車四處繞，你會看見數不清的成排鋁製屋舍，長600英尺、寬60英尺，裡面住了好幾萬隻雞。同時，你也會看到許多生鏽荒廢的雞舍，而且數量不斷增長，它們是這十年來為了以最低成本養出最多雞隻的戰爭殘骸。[38]

在美國大蕭條期間，許多農場破產，隨後羅斯福政府採行的政策是讓小農能夠在食品市場震盪時存活下來。當肉類、乳製品、穀物或是其他作物的價格像大蕭條時期那樣暴跌，農民就必須生產更多食物以支付債務與生活開支。但是，增加供應量只會讓價格跌得更多；這種連鎖反應曾經讓美國在短短五年內，每九座農場就有一座農場被法拍、破產倒閉。所以，羅斯福政府的因應做法是透過增加各種稅收、配額與補助來支撐農民，穩定整個國家的食物供應量，並且在後來幾十年之間，為眾多小型農場的營運提供了安全網。[39]

然而，到了1970年代，全世界對肉類的需求量增加，美國希望能夠迎合世人的脾胃，於是政府開始撤除這些價格與供應量管制。飼養牛、豬與家禽要耗費很多穀物，但羅斯福新政管制食物產量，所以玉米與大豆的產量無法滿足需求。[40]這時，在1971年到1976年間擔任美國農業部長的食品業界高階主管厄爾‧巴茲（Earl Butz）出馬，他在國內展開巡迴演講，鼓勵農民提高產量迎合全球對穀物的需求。巴茲鼓勵農民將穀物產量提升到最大，因此輪作、土壤管理等保育農法完全不被採用。他總是喜歡說：「不擴張就出局」、「不改變就等死」。[41]

　　起初，許多農民也對政府推廣大規模單一作物的做法抱持懷疑，就連受惠於後續貿易協定的食品公司也很警戒審慎。當時威斯康辛州（Wisconsin）的議員蓋洛德‧尼爾森（Gaylord Nelson）發出警告：「企業農業將威脅美國鄉村地區造成權力轉移。」[42]不過，許多人完全相信巴茲的願景。農民紛紛貸款購買更大片的土地，美國的食品外銷量開始成長。然而，巴茲對自由市場農業的願景很快就開始崩毀。1979年，在蘇聯入侵阿富汗後，美國禁止穀物進出口到蘇聯。美國農民一夜之間就失去最大的國際客戶，成堆穀物賣不出去。[43]截至1984年，全美國農業的舉債金額來到2,150億美元，僅僅六年就翻高一倍。[44]數以千計的小農破產倒閉，[45]存活下來的小農則趁機買進低價的法拍農場，並擴大經營規模。這種整併的做法持續好幾十年，到了2011年，美國70％的農地都掌握在11％的農場手裡。[46]

　　這樣的趨勢在農業各部門都相同。好幾代以來支撐起美國鄉村地區的家庭農場，遭到企業農業取代。食品製造變得更加集中在少數幾間大公司手裡，鄉村社區遭受強烈的打擊。

有人或許會說，這種整併的趨勢源自市場上那隻看不見的手在施展魔術，農場愈有效率愈好。但是，當農場追求效率最佳化，動物、環境甚至農民本身的處境卻更加糟糕。大規模營運的做法是把動物塞進最小的空間，而且每隻動物的產出必須愈多愈好。結果，圈養環境看起來比較像工廠而不是農場，政府甚至不把這些大型設施視為農場，而是稱作「集中型動物飼養經營」（Concentrated Animal Feeding Operation，縮寫為CAFO）。[47] 現在美國人消費的牛肉、豬肉、家禽、牛奶與蛋，大部分來自集中型動物飼養經營。動物不是在草原上吃草，而是被關在籠子裡吃飼料槽裡的玉米和大豆。而且，即使是這種工廠式農場，也無法跟上市場的需求。

過去60年來，美國對肉類的需求愈來愈高，而且幾乎只有雞肉的需求量不斷增加。[48] 其實，在1960年至2012年期間，美國人的平均牛肉與豬肉消耗量反而持續下降，但是雞肉消耗量卻幾乎成長超過三倍。

戴夫·雷飛德（Dave Layfield）的家族早從17世紀末就在德瑪瓦半島從事農業。數代祖先種植穀物與其他農作物，但是，1970年代現代畜產模式起飛後，他的父母老戴夫·雷飛德（Dave Sr. Layfield）與派翠西亞·雷飛德（Patricia Sr.

Layfield）開始經營養雞事業。[49]

在第二次世界大戰之後，雞肉生產更加集中，養雞業者開始和所謂的「整合業者」簽訂契約。這些整合公司掌握雞肉生產的大部分過程，像是孵小雞、運送到農場、提供飼料與其他必需品、載走成雞、屠宰、包裝雞肉，最後賣給商家。雞農要做的事只有付出勞力、土地與設備。在這種整合模式發展起來之前，只有一小部分雞農擁有基礎設施、人脈與資金來飼養肉雞，而不是飼養蛋雞獲利。但是，整合業者進入市場後，負擔起孵育、飼料、運輸、處理的成本，等於降低進入肉雞產業的市場門檻。當德瑪瓦半島與其他地方有更多農戶開始飼養肉雞，全美國的超市湧進低價雞肉，美國人也因此調整了飲食習慣。

雷飛德家從事小規模的養雞業已經幾十年，歷年各時期飼養的雞隻數量介於3～6萬隻雞之間。一直到2019年底，雷飛德家的小型養雞場只有兩棟舊雞舍，每一棟可以容納1萬6,000隻雞。雖然政府把他們歸類為集中型動物飼養經營，但是他們的規模在現代家禽飼養業來說算是小，德瑪瓦半島有些大型養雞場可以同時飼養超過100萬隻雞。

戴夫小時候每逢週六就要負責「打掃飲水機」的工作，把長型金屬水槽裡的飼料與殘渣刷掉。這不是一件簡單的工作。刷洗時，他的身邊會圍繞著好幾千隻雞，空氣中阿摩尼

亞的味道刺鼻、灰塵瀰漫。戴夫從小就比同年齡的小孩還要
高，現在的身高已經達到6英尺6英寸（約198公分）。有一
次在清洗水槽時，他的頭不小心伸進一個黃蜂窩，結果頭
皮、胸口與背部共有26處被叮咬。那時候他還不到13歲，
當下就決定以後要做別的工作；長大後他進入不動產開發產
業，但是有需要時還是會到養雞場幫忙父母。不過，養雞業
愈來愈集中在少數業者手上，雷飛德家也愈來愈難經營下去。

在經濟學中，由一間公司掌握生產流程的許多環節，經
濟學家稱為垂直整合（vertical integration）。某間公司掌握
愈多供應鏈，就愈能降低生產成本。生產成本較低，代表價
格更低；價格較低，代表會有更多消費者。垂直整合模式
讓美國鍍金時代的獨占企業得以稱霸產業，現代畜產整合業
者也利用這一點來鞏固雞肉供應鏈的獨霸地位。當整合業者
運用經濟規模的優勢時，獨立的飼料廠、孵育場、雞農與加
工業者等，就幾乎不可能繼續在產業裡生存，整個產業開
始集中在這些整合業者手中。在2018年，美國將近半數雞
肉是由三間公司提供：泰森食品（Tyson Foods）、聖徒光榮
（Pilgrim's Pride）與桑德森（Sanderson Farms）。[50] 除了養雞
的集中飼養場之外，這三間公司掌控雞肉加工流程的每一個
環節。但是，獨漏這一項可不是他們不小心犯錯。股東資本
主義有一項經過驗證的策略，就是把資本支出轉嫁到他人身

上（這些支出包含興建與維修幾千棟養雞場，或是全職員工的薪資與福利等）。這樣一來，他們的負債就會比較少，獲利就會比較高。所以，現在多數的商業養雞場都是和大型畜產整合業者簽約的契作雞農。整合業者與雞農的關係，和現在的汽車共享營運業者與駕駛員的關係相當類似，這些司機擁有汽車的所有權並負責維修車輛。關鍵在於，每一位雞農都要負責建造、維修集中飼養場與相關的設備，而且資金通常來自整合業者提供的貸款。在這種互動方式下，整合業者掌握所有的權力。

採用這種營運模式的整合業者，對於雷飛德這些雞農的收入有非常大的掌控權。[51]雷飛德家與其他雞農的收入，取決於他們和其他雞農的績效表現差異，而且成果會每週結算一次。每次「採收」一批成雞，整合公司會根據好幾項變數將雞農的表現排名，這些變數包括每一隻禽鳥的重量、飼料消耗率、死亡率等，然後再根據績效來付錢。如果某個雞農用的飼料比較少、消耗的能源比較少，卻能養出比較重的雞隻，他們的收入就會比「轉換率」較低的雞農還要高。戴夫說，父母的收入是根據他們家的表現和其他雞農做比較，每一千隻雞的收入從150美元到300美元不等。戴夫表示，這種排名計算方式通常很不透明，他告訴我：「有時候根本就像是在抽獎。有幾次我爸媽拿到第一名，但是他們不知道原因；也有幾次落到最後一名，他們同樣不知道原因。不過，第一名和最後一名的差異非常巨大，甚至大到吊車尾的雞農繳完貸款、電費、食物支出之後，完全沒有剩下一點餘額。」

　　整合業者在雞隻供應商之間訂下競爭條件，這樣就可以盡可能拿走最多獲利，同時把雞農繼續困在跑步機上賽跑。這種付款結構對於擁有最多資本的雞農最有利，因為現代的飼養、飲水供應與通風系統，比起老舊的養雞場，更能夠讓雞隻有效成長。沒過多久，比較老舊的養雞場就會看到自己的排名漸漸往下掉，連帶收入也往下掉。除此之外，在1980年代，整合業者開始公然要求老舊的養雞場升級設備。[52]這些投資成本大部分落在雞農身上，許多雞農因此負債累累。如果雞農無法跟上要求，通常都是因為業者的年紀較大、設備較老舊，於是他們得承擔整合業者不再續約的風險。戴夫表示，一旦失去契約，年邁的雞農就只能任由雞舍荒廢，他們不僅賣不掉農場，也拿不到新契約。

　　這就是戴夫的父母現在的處境。戴夫還小的時候，他的父母每一次送出成雞，通常都能名列前茅，但是比較新穎現代的養雞場出現之後，他們的排名就掉到中間。到了2019年，他們家合作的整合業者孟泰爾（Mountaire Farm）要戴夫的父母投資8,000美元升級設備，他們照做之後，孟泰爾給了他們一批小雞。[53]數週後，整合業者來收取這一批雞隻時，卻告訴他們必須再拿出8萬美元升級設備，不然就會失去契約。雷飛德家一籌莫展。如果升級設備，孟泰爾可能隔年又要他們再付出大筆金額升級一次。他們也可以賣掉養雞場，但是新主人需要花更多錢升級設備。不管怎麼做，最後還是雷飛德家要承受。儘管他們還有第三個選項，那就是拖到契約到期，但是這樣他們的養雞場會變成沒有契約又賣不掉的狀態。最終，雷飛德家選擇第三個選項，戴夫的父母都已經超過70歲，而他們最有價值的唯一資產卻變成幾乎一文不值。

「現代畜產業基本上是任由幾百位老農與老舊農場凋零，」戴夫說：「如果用Google地圖查看德瑪瓦半島，你會看到好幾百個長型生鏽的長方體，這些都是老舊廢棄的雞舍，每一間雞舍背後幾乎都是不走運的老農，這就是農業現代化與工業化的代價。」

以上狀況對當地社區來說，影響同樣慘烈。在地農民負擔多數風險，為了讓集中飼養場的設備保持在最先進的狀態，他們背起貸款、負債累累。然而，大部分的獲利卻流到當地經濟以外的地方，因為這些獲利掌握在食物鏈上層的整合公司與股東手上，在遠方的金融節點才兌現。以泰森食品為例，這間企業的市值超過400億美元，持股最多的股東清一色是資產管理公司，這些公司座落在少數幾個地方，而且都是大都市，這些都市從過去30年來的財富成長受惠良多。好幾十年前，當獨立農場經營比較穩定的時期，獲利會回到當地城鎮、社區以及其他的小型企業。不過現在這些地方的經濟已經被榨乾，代價是由雷飛德這樣的農家承擔。

現今所有的誘因都迫使農場不斷擴大規模，不只畜產業，就連生產玉米、大豆、小麥與作物的農業都是如此。植物要盡量多產、產量要盡量提高、空間要盡可能縮小。農牧業的整併趨勢深深傷害美國的鄉村社群。在1950年代，人們在雜貨店每花1美元購買食物，就有0.5美元回到農家手上；現在，農家則只能拿到0.15美元。[54]隨著家庭農場無法繼續活絡當地的經濟命脈，愈來愈多年輕人離鄉背井到都市中心尋找收入更高的工作。鄉村人口銳減，留下來的人比較老也更加窮困。[55]美國鄉村將近四分之一的兒童在貧窮線下長大。美國鄉村人口的自殺率也比都市人口的自殺率高出45％。不只是美國，世界各地的民粹主義領導人利用這些社群在經濟與政治上的不滿。這種現象反映在我的故鄉西維吉尼亞州，從我出生到現在，當地人口從210萬減少到180萬，我的同學當中只有很小一部分的人選擇留下來。在政治上，當地居民本來絕大多數偏好「支持工會的民主黨人」（union Democrats），現在則變得比較激進，主流民意支持民粹側翼。隨著當地愈窮、愈病，政治上就從支持工會轉變為傾向本土主義。

企業經理人只想推高股價

　　1990年代蘇聯垮台，顯然資本主義戰勝了，之後股東資本主義便加速發展。企業把傅利曼思想再加碼推進，導致短期計畫愈來愈多。企業資深高階主管的收入愈來愈取決於股權多寡，而不是薪資高低；這表示公司股價愈高，經營團隊的獎賞更豐厚。[56]私募股權、主動投資與各種併購行動如火如荼展開，反壟斷的保護措施更加薄弱。

　　經濟學者發現，1997年到2014年間，美國有四分之三的產業變得更集中，大部分產業中規模最大的幾間企業市占率也增加了。[57]在1970年到1989年，美國總共有6萬6,847件企業併購案，平均每年3,342件；到了2000年到2019年，總共有23萬6,895併購案，每年平均增加3.5倍的案量。[58]2019年，這些併購企業的總市值達到1兆9,000億美元。比起1979年，從營建業到金融業，幾乎每個產業裡的新創企業市占率愈來愈小。[59]在潛在競爭者甚至還沒爬出搖籃之前，根基穩固的企業就已經透過併購與其他手法將他們消滅。

　　「小型經濟單位是傳統上美國經濟的核心，現在則是輸家的遊戲，」哥倫比亞法學院教授吳修銘說。「現在的製造業有點像是笨蛋的遊戲。在許多領域中,製造業者的生存空間都受到壓迫。」

　　在西歐與中歐,這種發展態勢特別令人擔憂,因為和美國相較起來,這兩地更是以中小企業為主,而且和在地文化更加緊密結合。在美國,小型企業受到大型商場與大型連鎖賣場的衝擊,幾乎已經消失殆盡,但是在義大利、法國與西班牙等國家,這些衝擊並沒有讓小型企業受到太大的影響。如今,這些小型商家必須抵抗數位平台的來襲,以及承受新冠肺炎全球大流行影響而加速的整體經濟浪潮,因此陷入岌岌可危的狀態。話說回來,我曾經在義大利波隆那(Bologna)的大學擔任教授,當我行經大學街區時,很驚訝看到當地人經營的各種書店、雜貨店,以及琳瑯滿目、各具特色的零售商店,要是在美國,這些店家絕對不可能存活下來。在德國、瑞士與奧地利也有好幾百萬間由家族經營的「中小企業」(Mittelstand),他們的影響力通常綿延好幾個世代,而不是只經營幾個季度,而且他們通常拒絕被大公司收購。

　　當企業的規模愈來愈大,他們從整體的經濟當中拿走的獲利也愈來愈多。1955年第一次公布的財星500大企業,當時他們的總獲利金額是83億美元(大約等於2019年的790億美元)。[60]到了2019年,財星500大企業的總獲利金額達到1

兆2,000億美元。[61]但是，現代企業並沒有幫員工加薪，也沒有幫消費者降價，而是把大多數獲利都交給股東。

如果員工擁有受雇公司的股權（所有權股份），他們會因為這些資本增值而受益，但是他們拿到的金額在在顯示出，員工通常不會是企業的擁有者。美國最頂端1％的有錢人擁有價值15兆8,600億美元的股票，而底層50％人口擁有的股票價值僅1,800億美元。[62]美國1％富裕人口的人數遠遠不及底層50％的人口，但是擁有的股票價值卻高出88倍。

這種趨勢擴及全球。現在全世界排名第26名的有錢人，擁有的資產比全球半數人口擁有的資產還要多。這樣的狀況比較像是倒退到中世紀，而不是持續進步。

企業為了繼續符合市場的期望，一季接著一季追求獲利，於是開始依賴短期策略來衝高股價。其中最常見、而且可能對社會最沒有貢獻的策略，就是買回庫藏股。企業發現到，他們不必拿營收來投資創新或勞動力發展，而是只要把營收拿來買進自家股票，就能幫自己增值。這樣做可以減少自家股票在股市的供給量，也就是減少自由流通量（float），因此股價會被推得更高。這種股價操縱做法是合法的行為，因為在1980年代股東資本主義政策盛行時，美國證券交易委員會（Securities and Exchange Commission）訂了一條規則，讓企業高階主管與董事不會因為利用買回庫藏股的手法操縱股價而遭到起訴。[63]因此自1990年代開始,買回庫藏股變得無所不在。

買回庫藏股完全證明了,如果股價對於股東資本主義那麼重要,它就是一個主要誘因,讓企業不要把資金投入有生產力的用途。買回庫藏股對社會的生產力,就像是燒掉鈔票的篝火。當人們拚命搔頭卻想不出來,為什麼股市如此興旺、企業高階主管的薪俸達到創紀錄的高額,然而整體經濟比較沒有活力、勞工也沒有受惠,他們要找的答案就是價值好幾兆美元的買回庫藏股。

過去十年之間,名列標準普爾500指數(S&P 500)的500大企業花費4兆3,000億美元買回庫藏股,這筆金額幾乎等於企業淨利的一半,此外還有39%(3兆3,000億美元)則成為股東紅利。[64]這數兆美元不是用在研發、員工薪資、培訓、設備或任何可以為公司增加產能的用途。以股東紅利來說,至少股東拿到這些錢可以再投資或是拿去花在別的地方,但是把錢用在買回公司的股票,這些錢等於是蒸發掉。

這4兆3,000億美元沒有拿來生產任何東西,而是用來推高股價,而股價是企業董事會要求高階主管的唯一指標。

當獲利的50%都用在虛有其表的買回庫藏股上,問題就大了。

有些傅利曼學派的純粹主義者申辯說:「這就是資本主

義。」但是，這種說法模糊了事實，因為實際上，每當這些企業陷入危機，就會要求政府金援。他們把所有的自由現金流量用來買回公司的股票，沒有錢救自己，反而要求納稅人來救他們。這根本不是資本主義的純粹形式，這是企業社會主義。時機好的時候，這些企業是資本主義者，把利益放進個人的口袋；時機不好的時候，他們是社會主義者，用教師、水電工、護理師繳納的稅金，拯救他們讓資產價值轉正。2020年美國的航空業就是這樣做。儘管美國航空業在這十年間賺進超過490億美元的自由現金流量，這些航空公司依然收到大筆政府金援。[65]他們沒辦法把這筆錢拿來解圍，並不是因為資金已經拿去投資新飛機、提供更好的服務，或是給員工更高的薪資。根本不是，他們把其中的470億美元用在買回庫藏股上。

在2020年的危機期間，我們甚至看到更多極端誇張的企業社會主義案例，聯準會（Federal Reserve）身為美國的中央銀行，卻為美國大企業提供數兆美元的流動資金。我們稍晚會繼續探討，當其他國家優先保障公民的受雇權、讓小型企業能繼續營運的時候，美國的官方政策就是援助國內最大的企業，投注好幾兆美元，給那些在十年間花掉將近一半獲利買回自家股票的大企業。

利害關係人資本主義興起

過去十年來，股東資本主義的荒謬程度顯而易見，而且已經發展到極端狀態，但現在這股浪潮似乎開始反轉了。諾貝爾獎經濟學家約瑟夫・史迪格里茲（Joseph Stiglitz）一再強調傅利曼觀點的缺失，他甚至在2018年世界經濟論壇（World Economic Forum）的一場講座上直接了當的說：「他錯了。」[66] 好幾十年來，傅利曼的教條並沒有為多數人帶來更有效率、有效能的經濟運作。就連企業領導人也開始反對股東資本主義，倡導回到利害關係人資本主義（stakeholder capitalism）。在《紐約時報》（*The New York Times*）一場訪談中，Salesforce執行長馬克・貝尼奧夫（Marc Benioff）說：「『企業的唯一要務就是營利』（the only business of business is business）的說法影響一整代的執行長，我甚至會說他們是被洗腦。這句話說明一切。我們對社會唯一的責任是什麼？就是賺錢。企業園區之外的社區？不關我們的事。我以前就不贊同傅利曼的說法，這幾十年下來更顯示出他的目光短淺。為股東創造最大獲利的執念，把我們帶向糟糕的經濟狀況、種族與健康不平等，以及氣候變遷造成的災難。難怪現在那麼多年輕人認為，資本主義無法帶來他們想要的平等、包容、永續的未來。」[67]

「利害關係人資本主義」變成所有企業高階主管選用的

熱門詞彙。

幾十年前把股東資本主義帶進主流的「企業圓桌會議」（Business Roundtable），在2019年8月共有181名成員聯名簽署承諾，除了對股東傳遞價值，也會對利害關係人傳遞價值。承諾書上寫著：「每一間公司將完成各自的企業目標，但是同時也對利害關係人有共同承諾。」[68]這些利害關係人包含員工、顧客，還有企業營運地點所在的社區。這份聲明造成的影響是，敦促企業回到20世紀中期多數私部門所採用的、更為健全的經營方式。

簽署這份承諾書的企業當中，有些企業採行更具社會意識的策略。2020年1月，貝萊德投信（BlackRock）承諾將環境永續作為投資策略的核心依據；[69]在接下來那個月，摩根大通集團（JPMorgan Chase）也宣布減少對化石燃料公司的投資。然而，要是沒有更普遍的問責工具，企業圓桌會議的宣示究竟是否落實，只能全憑猜測。

我們必須做的是，制定一套非常清楚而透明、針對各種產業的測量方法，還要設定目標與衡量基準來定義誰是企業的利害關係人，以及企業的利害關係人目標要達到什麼程度的表現。就像我們用財務報表來衡量企業的財務表現，我們要制定出同等功能的工具。

對於這種朝向利害關係人資本主義前進的趨勢，避險基金專家、億萬身家的富豪丹尼爾・羅布（Daniel Loeb）表達反對，他說：「投資者願意冒險投入資本，正是期盼投資能帶來獲利，而利害關係人資本主義會扭曲這種誘因。所以，我贊同傅利曼的論點。如果將定義不完全的利害關係人權利視為優先，可能會導致某些企業高階主管轉而追求個人目標，或者變成幫他們掩蓋能力上的不足（直到難看的股東投資報酬數字赤裸裸的揭露真相）。」[70]善辯的羅布準確捕捉到，現在我們需要的是，定義清楚誰是利害關係人，而且就像股東有一套量尺衡量企業的表現與責任歸屬，利害關係人如何確認企業的表現與責任歸屬，同樣也要有一套衡量辦法。

舉例來說，現在大部分公開上市的企業必須揭露執行長與高階主管的薪酬。或許我們可以比照「吉尼係數」（Gini coefficient）來測量公司內部的員工收入，並且揭露最高與最低所得者的距離，以及員工的平均薪資（包括平均數與中位數）落在哪裡。

我在這裡提出的假設，並非表示同酬是最好的做法，也不是表示只要係數大於零就是衡量執行長薪資的理想量尺。我的意思是，公開執行長的薪酬能讓這些高階主管公開負起責任，不僅是對股東，也對任何批評他們薪資的人負責。同理，如果我們認為在一間企業裡，清潔人員賺的錢不可能和執行長差不多，但是如果有一套機制來衡量、判斷，究竟清潔人員與執行長的薪資應該相差十倍、百倍還是千倍，這樣的做法應該相當合理。

股東利益的誘因難以抵抗

我記得曾經在達沃斯（Davos）世界經濟論壇期間參加一場派對，地點是在某位億萬富豪的山間小木屋裡。利害關係人資本主義的批評者羅布，正在和億萬富豪同儕西恩·派克（Sean Park）聊天，討論私人飛機的花費與海拔高度之間的關係。

「我不會為了多飛五千英尺的高度而花上1,000萬美元，」派克對羅布說。

「我就會，」羅布咧嘴露出自滿的笑容回答。

我並不會因為羅布有錢或是擁有私人飛機而憎恨他，也不相信是政策失靈才造就出億萬富翁。但是，我確實相信，羅布對利害關係人資本主義的批評，必須放在脈絡中檢視，那就是當經濟不平等到如此荒謬的地步，結果就是製造出圍繞在我們四周的憤怒。

劍橋大學皇后學院（Queens' College）院長暨傳奇資產管理人穆罕默德·艾爾艾朗（Mohamed El-Erian）告訴我：「對某些企業而言，獲利動機與社會責任總是在拔河。」他還說：「這些公司會漸漸被提醒，如果不關照鄰居，他們的房子就不會好……不過如果讓這些企業自己去做，他們行動的速度又不夠快。」

確實，許多高階主管覺得陷入困境。所有誘因都持續要求執行長必須以股東的利益為導向，要是抵抗這種誘因，將充滿風險又非常耗費成本，即使這樣做的理由很充分也一樣。舉例來說，亞馬遜（Amazon）在2020新冠肺炎全球大流行期間，宣布投入40億美元加強保障近60萬名員工的安全，結果股市和公司的意圖背道而馳，股價隨即應聲下跌7.6％。[71]就因為公司投資40億美元在員工上，股東價值便蒸發830億美元。為什麼？因為在這些交易者眼中，亞馬遜的決定是從股東手上拿走獲利，對財務報表造成威脅。這種荒謬的股東資本主義，讓勞工與股東互相爭奪利益，掩蓋企業真實的體質與價值。亞馬遜的業績在兩個月後大幅成長，他們也透過增加的市值拿回4,000億美元，股價更提升達到將近30％。

這樣的制度既不道德又很愚蠢，亞馬遜在疫情期間投入資金保護員工，卻導致股價下跌，我們不應該信任這種制度來管理整體經濟的體質與穩定。此外，值得注意的是，許多公司可能也會遲疑要不要投入資金保障員工的安全，因為他們太清楚這樣做會讓股東不高興。和亞馬遜的傑夫‧貝佐斯

（Jeff Bezos）相比，大部分執行長任職的時間沒那麼長，也比較容易受到董事會的影響。所以，這些執行長可能會採取比較輕鬆的做法，把資金拿來買回公司的股票，而不是用來保護員工。

現在，執行長在季度財報視訊會議上說話的方式都變了，因為要考慮到有人工智慧（AI）在聽他們說話。[72]演算法會衡量執行長說話的語調，加重某些字眼的權重，評判為較樂觀、較受重視（因此就會產出對這間公司比較有利的報告，推動投資人買進更多股票），或是比較不討喜（因而釋出賣掉股票的訊號）。現在執行長使用的文字語言是由員工打造，特別針對演算法想要聽到的內容而進行最佳化。不只有糟糕的人類判斷推動股東資本主義的瘋狂失常，糟糕的演算法也幫了不少忙。

呼籲企業採行利害關係人資本主義的理由相當充分。過往紀錄顯示，利害關係人資本主義能帶來更有包容性的成長，這代表我們會有更穩健的社區、更穩定的長期成長，長期來說，利害關係人與股東會得到更好的報酬。在股東資本主義之下，投資人也會看到報酬衝高，但可以肯定的是，就連股東也不會因為這個制度受益。各位可能會感到驚訝，但是，在利害關係人資本主義扎根愈深的企業，也就是對環境衝擊負起責任並照顧員工、顧客與社群福祉的企業，賺的錢比擁護股東資本主義的同業更多。[73]現在，我們的社會處在交叉路口，利害關係人資本主義是通向緩解狀況的唯一途徑。有待解決的最大問題是錯綜交會的議題，經濟、種族、氣候變遷與健康等，因此我們同樣需要互相連結的回應方式，企業界也應該被納入。企業無法解決每一個大問題，但是如果沒有企業界的參與，就解決不了任何一個大問題。而在股東資本主義的營運模式下，許多執行長無法採取有意義的行動。

以最低薪資這個議題而言，如果美國最低薪資根據1960年來的生產力成長按比例增加，現在的最低薪資應該是每小時22.5美元。[74]然而，實際上現在的最低薪資是7.25美元，而且從2009年以來就幾乎停止成長，導致許多企業玩的是懦夫賽局（game of chicken）*。近期最奇怪的一件事就是，沃爾瑪（Walmart）的執行長道格・麥克米倫（Doug McMillon）呼籲國會提高最低薪資。為什麼他要提出這種會減少企業淨利的要求？麥克米倫青少年時期的第一份工作，就是在沃爾瑪拿最低薪資當搬運工。但是，他要求國會提高最低薪資，

---

* 編注：賽局理論中的一項，指的是比賽中兩方駕車面對面行駛，先轉向的那方判輸，被視為弱者。在懦夫賽局中，最糟的狀況是雙方玉石俱焚、車毀人亡；贏家則是莽撞不理性的參賽者，因為除非對方先退讓，自願當懦夫，否則他可以威脅與對方同歸於盡。

並不是因為自己的經驗，也不是因為他總說「重生基督徒精神」是他身為父親與企業領導人的驅動力。畢竟，他大可以提高沃爾瑪的員工薪資，要多高就提多高，只要董事會同意就好，根本不必親自和國會周旋。問題是出在股東資本主義。如果沃爾瑪片面提高薪資而競爭對手並沒有這麼做，他們就會因為犧牲潛在獲利遭到市場重擊。但是，如果是由國會規定企業提高基本工資，這個改變同時也會立刻影響到其他競爭對手，沃爾瑪的風險就會比較小。

　　而且，這對麥克米倫來說也沒有損失，如果賺取最低薪資的人收入增加，就有更多錢在沃爾瑪消費。這樣做表面上對沃爾瑪與競爭對手都有幫助，但是華爾街分析師會透過降低股價，對企業的片面行動施予短期懲罰，麥克米倫與競爭對手很難提出合理的理由，說明如果顧客比較有錢會帶來長期的好處，也無法解釋提供辛苦的員工超過僅能糊口的薪水是應該的做法。

　　目前所有略具規模的企業，都被一股穩定的拉力趨向以股東價值為依歸，因此狀況很難改變。

　　英國前工黨（Labour Party）內閣成員道格拉斯・亞歷山大（Douglas Alexander）說：「我看不見有效的內部協商或是外部壓力，沒有什麼證據顯示企業會更公平、更平等的分配獲利給利害關係人。」

　　不過，我們還是有可能逆流而上。而且，有一些企業已經開始這樣做，並且提出全新的模式。

環境成爲犧牲者

　　在股東資本主義之下，最快遭到犧牲的其中一個主要利害關係者就是環境。由於企業轉而追求股價，他們要盡量壓低員工福利、社區投資與長期的研發經費，而且這股力量驅使企業不要理會汙染或環境傷害。沒有花在降低環境衝擊的一美元，就會成為財報上一美元的獲利。如果環境汙染的成本可以推給大眾或未來子孫來承擔，獲利就更有空間成長。結果，企業通常不會做出對環境負責的決策，除非法律要求他們這樣做。企業以地球作為代價來追求獲利的例子，實在多不勝數，從能源、運輸、製造到農牧業，每一個產業留下來的環境都比以前更糟糕。

　　這些影響現在明顯得令人絕望，而且愈來愈難翻轉。2019年的全球平均氣溫，大約比19世紀末的全球平均氣溫高出攝氏1.1度。[75]如果沒有採取「強烈的行動」，聯合國（United Nations）預期到了西元2100年，全球氣溫會再提高攝氏3.2度。[76]氣候變遷將動搖社會基礎，乾旱與饑荒會愈來愈頻繁發生，自然災害也將愈來愈嚴重，70萬平方英里的土地

（比阿拉斯加還大）會沉到海洋下，造成數千萬人流離失所。[77]

　　環境議題已經成為企業必須付諸行動的責任，但是大致上來說，這些行動比較偏向做公關，不然就是做得太少或行動太小，無法彌補企業對環境造成的真正損害。

　　工業化的原罪就是摧毀環境。現在是人類歷史上第一次，我們必須讓地球成為社會契約的關鍵。即使沒有法律的約束，企業也必須在經營上各方面都擁抱永續；即使要犧牲短期的經濟產出，政府也必須致力降低汙染與碳排放、保護自然，並促進綠色科技發展；公民同樣必須檢視消費選擇帶來的衝擊。然而目前由股東主導的經濟誘因，正在阻礙真正的改變。

　　雖然面臨這些挑戰，美國已經有一小群企業開始朝著這個方向前進，甚至創造出一種特殊的企業結構來抵抗股東優先的趨勢。這些企業證明，將營運對環境的衝擊減到最小也可以獲利。我們甚至看到這樣的企業，出現在最需要改革的產業領域中。

　　以時尚產業為例。提到環境衝擊，大多數人並不會第一個想到時尚產業，但是它占了全球碳排放量的10％、水資源消耗量的20％，比所有國際航班與海運事業加總起來還要多。[78]大部分人並不知道自己的衣物造成多少浪費，但是如果時尚產業依照目前的成長率繼續發展，到了2050年，這個產業的碳排放量將占全世界碳排放量的50％。有些品牌並不在乎利用人性的消費衝動來賺錢，但是有些品牌率先採用比較永續的方式製作顧客的衣物，其中一個著名的例子就是Patagonia。

Patagonia是共益企業（benefit corporation），簡稱B型企業（B Corp），這種企業類別比較新穎，他們的目標在於服務公眾利益的同時保有獲利。Patagonia是加州第一間B型企業。[79]這些企業的法律目標是保障董事會成員與高階主管，讓他們做出的決策不必著重在短期內盡可能提高股東價值，但是能夠在賺取獲利之外，也創造公眾利益與永續價值。企業必須建立這種法律保障，聽起來可能很荒謬。但是，我的朋友克雷格‧紐馬克（Craig Newmark）把他的網站Craigslist賣給eBay之後，eBay竟然告他，而且還告贏了。對方提出的其中一項呈堂證據是，對股東來說「營利事業沒有將經濟利益最大化」，即是管理人未善盡職責，因此違法。[80]令人難過的是這種法律保障的確有必要。而所謂共益企業，就是讓企業可以為利害關係人著想，而不必擔心被判違法，而且，他們還可以在企業使命中，明確標舉對利害關係人應盡的責任。

在Patagonia的營運模式中，數十年來環境就是他們的利害關係人。創辦人暨美國攀岩家伊凡‧修納德（Yvon

Chouinard）在戶外運動愛好者之間相當知名，也是環境主義者當中的代表人物。1950年代，修納德還是青少年時，就在加州優勝美地（Yosemite）的攀岩熱潮中展露頭角。修納德與志同道合的夥伴被暱稱為「垃圾袋」（dirtbag），他們住在沒有電的地方，放棄事業、也不理會世俗的衛生標準，把時間花在優勝美地山谷的高聳岩壁爬上爬下。[81]

修納德自學如何使用熔爐與鐵砧後，開始製作手工鋼製岩釘（攀岩者鑿入岩壁用來固定繩索的釘子），並且將後車廂當作店面，每支岩釘以1.5美元賣給其他攀岩同好。[82]這些設備後來變成攀爬「大岩壁」的黃金標準工具，但是修納德並沒有因為成功而改變生活方式。他依然住在車上，靠著貓罐頭、翻找垃圾桶（dumpster diving），以及用攀岩工具獵捕到的小野味維生，賺到的錢大多都用在攀岩或衝浪之旅。[83]他的修納德裝備公司（Chouinard Equipment Ltd.）總部設在父母家後院的雞舍，到了1960年代，產品擴充到其他攀岩裝備與服裝。而服裝事業在1973年起飛，他與太太瑪琳達（Malinda）把它分出去成立新公司Patagonia。

大約是在這時候，文森・史坦利（Vincent Stanley）加入這間公司。史坦利厭倦在洗車廠工作，請伊凡叔叔給他一份差事做。他原本只打算做幾個月，但是一做就將近50年，公司裡裡外外的工作他都做過。

現在，史坦利在公司的正式職稱是「哲學長」（director of philosophy），其實他的工作就是緊盯著Patagonia公司的使命（他說：「我們不知道還有什麼名稱可以稱呼我。」）他訓練員工了解公司的歷史與價值，在耶魯大學擔任學生創業家的顧問，[84]並且傳播共益企業的福音。史坦利說話像個輕聲細語的詩人，顴骨高聳、舉止像老爺爺，他在自我介紹時立刻就能讓人心情放鬆。

雖然Patagonia誕生於戶外，這間公司並不是一直把自己視為環境保護的倡導者。史坦利說：「1970年代早期，我認為我們想的是，任何和環境保護有關的事，都是政府的事。」他表示：「我們只是一間小到不能再小的公司，所以並不認為自己有什麼辦法……去處理我們對環境的影響。」[85]

不過，Patagonia在自己的跑道上努力減少在環境留下的痕跡。同樣在1970年代早期，修納德不再製造最具代表性的岩釘，並開始販賣岩械，這是一種鋁製的楔子，攀岩者使用完後可以拿掉，也不會讓岩壁受損。[86]這項決定有風險，因為岩釘的銷售占全公司70％的營業額。[87]但是，在1972年的產品型錄上，修納德用了12頁的篇幅向顧客解釋這項決定。不到幾個月，岩械熱賣到來不及製作。[88]

1996年，Patagonia更是躍進一大步，讓服裝生產線100％改用有機棉。在這之前幾年，他們在波士頓開店，但三天內就因為好幾位員工病倒而休業。[89]公司很快就發現原因：儲存在地下室的棉製衣物散發甲醛飄散到通風系統。

這件事讓Patagonia開始調查供應鏈，結果讓他們扼腕：這些棉製衣物不只是用含有甲醛的樹脂進行加工，種植棉花所使用的殺蟲劑與肥料，更是讓周遭環境所有生物滅絕。史坦利告訴我：「栽種棉花前清理田地所使用的化學藥品，本來是用來作為神經毒氣使用。」

經過研究後，他們發現唯一的辦法是改用有機棉。同樣的，這項決定也有風險，因為改用有機棉就要更換整個供應鏈的機械設備，每一件衣物的製造成本將增加3～5美元。[90]許多人認為這樣會讓公司比較沒有競爭力，但是修納德發布最後通牒：「如果我們找不出改用有機棉的方法，我就不做運動服裝。」

為了說服員工認同這項決定，Patagonia讓員工親身體驗現實的狀況。他們將員工分成40人一組，坐上大巴士開往加州中部的聖華金谷（San Joaquin Valley）。旅途的第一站是傳統棉花農場，他們還沒下車就能聞到空中飄散著殺蟲劑的味道。「聞起來就像身在通風很糟糕的實驗室裡，」史坦利說。大家把手插進土壤後，發現土壤貧瘠不堪。「（土壤）裡面沒有任何生物，因為噴藥之後要三年蚯蚓才會回來。」

員工接著來到公司打算合作的有機棉供應農場，差異溢渭分明。

「我們看到小鳥停在田野上，土壤裡面有生物，」史坦利說。「員工回來之後會說：『好，這件事不再那麼抽象，而且和閱讀化學藥劑的報告完全不同。公司做出正確的決定，我們要幫忙讓這件事順利進行。』我想這是一個很大的轉折點。」

改用有機棉之後，Patagonia被迫減少三分之一服飾生產線，花費很多年才回到原本的銷售額水準，史坦利說：「但是我們這樣做之後，公司就有了嶄新的身分認同。我們建立起全新的顧客關係基礎，員工也致力追求同樣的理念，而且願意繼續做下去。他們有文化上的信心，相信自己做得到。」[91]

2020年6月，Patagonia仍然是唯一只用有機棉的主要服飾品牌。[92]過去這十年來，公司的使命是要對抗「快時尚」；快時尚的做法是迅速轉化當季與當下的高端時尚（high fashion）並大量製造。2011年的黑色星期五當天，Patagonia在《紐約時報》刊登全版廣告，警醒消費者服飾對環境造成的衝擊，呼籲消費者在購買不需要的東西之前必須再三思考。廣告上有一件公司最受歡迎的抓毛絨夾克，標題用大寫字母寫著：「不要買這件夾克」。

在2015年，Patagonia決定發起「舊衣貨車」（Worn Wear

Wagon）活動，讓行動貨車到處巡迴幫顧客修理損壞的Patagonia衣物。修納德在活動發表會上受訪時說：「我很少買新的Patagonia衣物，因為我根本不需要。」他自豪的說身上的襯衫已經穿了十年。[93]兩年後，他們擴展這項計畫，設立線上平台讓顧客可以交換或買賣Patagonia的二手衣物。

Patagonia在鼓吹與行動上愈來愈主動，他們在2017年和美國原住民團體（Native American）與幾個草根組織共同控告聯邦政府，因為政府計畫縮減猶他州（Utah）兩個國家紀念區的面積。[94]這間公司在自家官方網站上宣布這項訴訟案，還加上說明寫著「總統偷了你的土地」。其他企業對這種決定可能會裹足不前，但是，我在國務院的前同事珂莉‧肯納（Corley Kenna）現在是Patagonia全球溝通團隊的主管，她告訴我公司員工完全支持這項決定，到最後連顧客也支持她們。

「我們的社群會獎賞我們，而且我們吸引到很多新的族群，他們以前不知道我們公司，大家都認為『哇，真的太棒了，這間公司竟然願意這樣做！』」肯納還說：「這不是哈佛企管碩士班的行銷課會推薦用來銷售夾克的做法。那也不是我們這樣做的原因，但是最後這對企業的各個方面都有好處。」

2017年美國國會通過《減稅與就業法案》（Tax Cuts and

Jobs Act），Patagonia 捐出 1,000 億美元的獲利給環保團體，執行長蘿絲・馬卡里歐（Rose Marcario）在領英上發布貼文說這種減稅規定很「不負責任」。[95]修納德也在個人簡介頁面中批評鄰居懷俄明州（Wyoming）利用國家的鬆散稅法，並且表明：「我很樂意繳納自己的稅金。」[96]

Patagonia 的營運模式可以拋開經濟考量，這是大多數企業辦不到的事。首先，Patagonia 是一間私人公司，這表示他們需要面對的股東只有區區幾個人而已。第二，這間公司可以負擔資金投入購買有機棉原料，並採行其他環保政策，是因為他們的衣物比大部分品牌還要貴。Patagonia 要消費者「別買」的那件抓絨毛夾克，在 2020 年 6 月時的稅前售價為169 美元。[97]所以，這間公司有時候會被貼標籤，大學生叫他們「Fratagonia」，戶外運動愛好者則說它是「Patagucci」。[98]*但是，這並不是要瞧不起這間公司的策略。Patagonia 已經證明，為了更永續、更高品質、可以用更久的產品，許多人願意支付更高的價格。

企業開始致力於將更多負責任且永續的做法帶進時尚產業，而這種行動也在中國出現耐人尋味的立足點。中國是廉

---

* 譯注：「Fratagonia」是 Patagonia 與美國大學兄弟會（fraternity）的合併字；「Patagucci」則是 Patagonia 與高價時尚品牌 Gucci 的合併字。

價製造的首都，也是世界最大的成衣製造國，並且受惠於快時尚爆炸而獲取相當可觀的經濟報酬。但是，這股爆炸般的趨勢也摧毀中國的環境。[99]國際綠色和平組織（Greenpeace International）的詳盡調查指出，許多國際知名品牌例如Abercrombie & Fitch、愛迪達（Adidas）、Calvin Klein與H&M，都是由中國供貨，而這些中國工廠經常把織品的有毒染料排放到河道中。[100]知名中國環保運動人士馬軍也在隔年發表報告，指出成衣工廠違反的環保條例超過6,000件，包括非法將有毒廢水排放到供應飲用水來源的河川。[101]

不過，葉壽增與陶曉馬的例子卻完全相反。1997年，他們在上海創辦高價服飾品牌「之禾」，講求「天人合一」，呈現出現代極簡風的服飾美學，毛衣與外套都是自然色調。[102]之禾不使用薄棉紙包裝產品，而是提供可重複使用的布袋；價格標籤的原料是玉米纖維而不是塑膠，鈕扣採用天然材質例如貝殼。在生產與製造過程中，之禾承諾只使用環境友善的原料，像是天然染料；如果使用棉花，就只用有機棉。之禾只和自己擁有生產設備的供應商合作，而不是把產品外包給代工廠。之禾與他們的供應商表示，之禾參加許多獨立的非政府組織，來檢視並驗證他們宣稱的永續理念是否落實。[103]也許最重要的是，衣服本來就是應該可以穿很多年，而且要比短期流行更耐久。

當西方時尚產業依靠中國紡織工廠的能力來製造快時尚產品，之禾卻反向而行，強調中國製造的慢時尚。之禾和Patagonia一樣，都證明這是成功的模式。之禾自1990年代創立以來，在中國拓展超過200間店面，但是中國以外的地區卻幾乎不知道這個品牌。不過，2019年有了改變，之禾買下瀕臨破產的法國高級訂製服裝品牌Carven。[104]並且招募歐洲本地的時尚經理人，把之禾（Icicle）這個品牌介紹給廣大群眾，創造出「中國製造」的全新理念就是用衣著來展現永續精神。

近幾年來，時尚產業終於跟上之禾與Patagonia的腳步，出現一股新浪潮專注在環境友善的衣著。根據2020年1月英國巴克萊銀行（Barclays）的報告，永續時尚的成長潛力可達1,000億歐元。[105] 2017年，研究中國消費者趨勢的一份報告指出，58％的消費者願意付更多錢購買重視環境責任的衣物。[106]

Patagonia與之禾等類似企業漸漸吸引忠誠的顧客，這些顧客不只對產品有興趣，也很關心企業的使命。Patagonia透過身為共益企業的地位，不斷表態他們的政治立場，也在真實世界中對環境做出貢獻。而且，顧客每一次都支持他們，顧客對Patagonia的品牌忠誠度，甚至變成某種政治宣言。

企業與富豪採取行動

　　許多企業所謂的企業責任只是空口說白話，就像是對公民揮揮手來分散注意力，不讓人看到企業食物鏈裡更明顯的傷害。但是，也有很多例子清楚顯示，世界上某些大企業正在採取積極正面的行動，並且證明他們身為領導企業，可以在營運上做一些有意義的事，優先考量眾多利害關係人的權益，而不是只在乎股東。其中一個令人讚嘆的例子正是沃爾瑪。

沃爾瑪的轉變

　　無論從營收還是員工數量來看 ，沃爾瑪都是地表上最大的公司，[107]他們有210萬名員工，全球除了美國與中國的軍隊，沃爾瑪是員工人數排名第三的雇主。[108]沃爾瑪在全球的零售商場總共占地超過40平方英里，總面積幾乎是曼哈頓（Manhattan）的兩倍大。[109]如果沃爾瑪是一個國家，將會成為世界排名第25大的經濟體，在泰國前一位。[110]由於沃爾瑪的規模龐大，他們的決策可以改變整個經濟體。許多知識分子諷刺沃爾瑪，認為他們是資本主義與消費文化最糟糕的化身。但是這間公司實在太大，也太會做他們擅長的事，現在有一群離經叛道的左派知識分子認為，沃爾瑪與（為數不多的）同儕正在鋪設社會主義的基礎。柯利‧多克托羅（Cory Doctorow）寫道：「我們現在被企業與組織全面包圍，他們的規模和極盛時期的蘇維埃經濟體一樣，極有效率的從四面八方取得貨物與資源，完全不是透過市場機制，而是靠著計畫經濟（command economy）在運作。」[111] 他的意思是，上個世紀失敗的社會主義，如果向沃爾瑪與亞馬遜等企業學習如何配置貨物與資源，可能會以更聰明而有力的方式捲土重來。

外界批評沃爾瑪對待勞工很苛刻，而且企業的環境足跡更是可觀。面對這些批評，2005年高階主管承諾將利用企業影響力，把更多環境友善的產品帶給消費者。[112]

根據《有毒物質管制法》（Toxic Substances Control Act），如果主管機關能夠證明化學藥品會「對人體健康或環境造成過高的風險」，美國政府可以勒令工廠停工。[113] 但是，由於環境研究者向來謹慎，再加上業界的強力遊說，要證明化學藥品有這種風險將是漫長而艱鉅的過程。結果，大型零售業者可以利用他們的影響力讓某個產品下架，處理速度比政府還快。過去15年來，沃爾瑪利用他們的規模與力量，將市場導向販售更環保的產品。

他們的首波目標之一就是洗衣產品。2007年沃爾瑪宣布，美國分店只販售濃縮洗衣精，因為這種洗劑比起傳統洗劑更省水且包裝比較小。[114]沃爾瑪和聯合利華（Unilever）等供應商合作提高生產量，在當年就完成變革。接下來三年內，沃爾瑪估計這項變革節省4億加侖的水、9,500萬磅的塑膠、1億2,500萬磅的硬紙板。[115]這對環境與企業財報都有好處。供應商節省製造、包裝與運送的成本，沃爾瑪的貨架空出許多空間，可以用在更有利可圖的用途上。其他業者很快就跟進，濃縮洗劑變成全新的常規。[116]

後來，沃爾瑪的注意力轉向下架有害化學物質。2013年宣布店內販售的清潔用品與個人護理用品必須汰除十項化學物質，供應商如果要繼續做沃爾瑪的生意，就要重新調配成分。[117]2017年，沃爾瑪更成為美國第一個同意加入「化學物質足跡計畫」（Chemical Footprint Project）的零售業者[118]；這是一個非營利的志願計畫，將毫不保留針對企業的供應商進行評估，揭露供應商如何使用或丟棄可能有害的化學物質。沃爾瑪也要求供應商自主行動，重新調配清潔、寵物、嬰兒、個人護理等產品的配方，並且表明愈來愈多消費者要求「天然的」產品。

沃爾瑪決心汰除店內有害化學物質的態度，對供應鏈與零售產業形成漣漪效應。非營利組織健康化學（Safer Chemicals）與健康家庭（Healthy Families）每年都會發表年度報告，根據零售業者的化學物質政策來為他們「打分

數」，2019年零售業者平均拿到B-，比起三年前只有D+的
平均分數可以說進步非常多。[119]沃爾瑪、塔吉特（Target）
與蘋果（Apple）都獲得A等。非營利組織感謝這些零售業
者的作為，彌補美國在化學物質安全上「日漸缺乏的管制」。

現在，沃爾瑪積極在其他方面繼續努力，致力於建立更
永續的供應鏈。他們和供應商合作降低溫室氣體排放量、投
資再生能源。[120]此外，他們也跨出非常大的一步，盡量避免
公司製造的廢棄物進入掩埋場、減少食物浪費、縮小貨品包
裝，以及改善物流運輸車隊的效率。[121]

當全世界營收最高的企業腳踏實地以行動來降低環境足
跡，影響將非常巨大，而且政府沒有透過法律或管制條例強
迫企業改變作為，因此企業這樣做更是必要。沃爾瑪對供應
鏈施加壓力，要求他們擁抱永續、汰除產品中的有害化學
物質，比任何政府主管機關更能有效的帶來改變。在這方
面，沃爾瑪應該是私部門所有產業的模範。如果梅西百貨
（Macy's）、諾斯登百貨（Nordstrom）或是克爾斯（Kohl's）
也開始只找使用有機棉的品牌進駐，那麼Patagonia就不再
是例外。大型企業利用自身力量，就可以在市場上激起重大
改變。

高盛的改革

近年來，沃爾瑪重塑環境紀錄，並且專注於把力量發揮在正面目標上，不過，通常被視為資本主義中最糟糕的壞蛋產業，同樣也在道德領導上做出令人訝異的舉動。

沒有幾個企業像高盛（Golden Sachs）那樣影響力遍及各處，高盛可以說是世界上最有權勢的投資銀行。新聞記者麥特·泰比（Matt Taibbi）有一句名言描述這間銀行是「一隻巨大的吸血章魚，纏繞在人類的臉孔周圍，無止盡的把吸血觸角深入任何有錢味的東西上」。[122]高盛就是用來諷刺華爾街力量時最有代表性的企業，但是激進批評者肯定都會驚訝的是，這間公司現在利用這種力量，在私部門的各個產業最高階層推動多元化。

在2020年的世界經濟論壇上，高盛執行長暨董事長大衛·索羅門（David Solomon）宣布，未來高盛承辦美國與歐洲公司的首次公開募股（Initial Public Offering，縮寫為IPO）時，除非公司董事會成員至少有一位是女性或有色人種，否則不接受這間公司的業務。2021年，最低限額增加為兩人。換句話說，如果你的公司所有董事會成員都是男性白人，高盛不會幫你公開募股。

在2018年與2019 年首次公開募股的美國與歐洲公司中，大約有60間公司的董事會成員清一色是男性白人；在美國，2019年1月到8月首次公開募股的公司當中，40％的公司董事會成員全是男性。[123] 高盛是全世界承辦最多首次公開募股業務的公司，他們擁有的平台可以推動最多白人、最多男性主導的金融界，讓這些公司在組織企業最高階層時，必須把多元擺在優先順位。

「創投業者真的不認為，他們有責任要操心企業公開募股那一分鐘的董事會組成，」高盛執行長索羅門告訴我，他還說：「對於企業要有多元組成的董事會，這一點沒有人會爭辯……但是大家都覺得那不重要，也排在很後面的順位。而我們的策略中其中一個項目就是，加速關注創投領域中的某些私募股權社群。就像是打了一道光，並且把光線調得更明亮，而我認為這樣做能讓這場對話往前推進一步。」

索羅門的想法有一部分是因為他的兩個女兒而改變。他告訴我：「她們上大學時，我開始真正能透過她們，用不同的眼光來看待事情，我看到的比我身為職場中的男性白人時看到的更多更廣。我成為執行長後，在第一天就決定將職場多元作為任期中絕對要認真關注的事項。」

也正是因為索羅門支持促進多元的做法，才讓他能夠坐上這個頂尖的位置。當時，索羅門和同事哈維・舒瓦茲（Harvey Schwartz）正在互相競爭，想要成為時任執行長勞埃德・布蘭克費恩（Lloyd Blankfein）的繼任者。舒瓦茲與布蘭克費恩比較親近，被視為比較有可能勝出的一方。但是，在布蘭克費恩退休前夕，董事會希望領導階層針對職場多元提出一份倡議計畫，並且要在他們面前簡報。根據當時高盛投資銀行的共同主管葛瑞格・連姆考（Gregg Lemkau）的說法，這根本是「在董事會面前最難報告的主題」，所以舒瓦茲把報告讓給索羅門（某個高盛主管說，舒瓦茲是要「讓他吃那個狗屎三明治」）。索羅門把握住這個機會。並相當的大膽提出一項推動職場多元的激進倡議，這樣做將會重塑這間投資銀行的結構。索羅門的計畫與簡報讓董事會非常驚艷，於是他超前舒瓦茲，成為比較有可能接任布蘭克費恩的競爭者，沒多久他就接下執行長的位置。

索羅門接任後不久，強制要求高盛的基層員工之中一定要有半數女性，而且他還設定雇用非裔與拉丁裔人種的最低人數。[124]

連姆考建議他，在承辦首次公開募股企業時也針對職場多元設下門檻，索羅門立刻接受這個點子。他問連姆考：「我們可以這樣做嗎？」

「我們要怎麼做都可以，」連姆考回答。

當時他們沒有多少時間可以研究，因為已經是2019年12月，索羅門希望在下個月瑞士達沃斯的世界經濟論壇上宣布這項計畫。連姆考制定政策細節時碰到一些阻力，某些能源企業與家族企業要求不受門檻限制；[125] 至於高盛內部，也有些人害怕這項決定會讓公司丟掉生意。索羅門與連姆考之間往來的電子郵件中，列出2016年以來由高盛承辦首次公開募股的美國新企業當中，約有20%的企業董事會沒有女性成員，這在他們的業務中占據很大一塊比例。但是索羅門仍然繼續進行計畫，連姆考也向內部傳達，這項政策將沒有任何例外。在對外宣布計畫前一天，連姆考告訴索羅門有些人建議把政策限制在美國企業就好，但是索羅門在電子郵件中回應：「這樣不夠大膽，我想要走得更前面。」最後，他們把這項要求延伸到歐洲企業，並且訂定提高門檻的期限。

索羅門說，除了創造更包容的董事會，這項政策其實對企業還有其他好處，而且他有數據可以證明這項論點。高盛發現，2016年以來承辦首次公開募股的美國公司當中，董事會裡至少有一位女性成員的企業，平均報酬率是19%。而董事會成員全部都是男性的企業，平均報酬率只有2%。索羅門說：「差異能創造更好的績效表現。」

確保女性與有色人種能在董事會得到席位，這是邁向減少職場不平等的一步。美國大型企業的董事會中，女性成員只占所有席位的20%，有色人種只占大約10%。[126] 同時，薪資落差與歧視還是存在。不過，由於每年由高盛協助公開幕股的歐美企業有好幾十間，這項政策至少會增加女性與有色人種在董事會占的最低席次門檻。索羅門承認這項政策還是有待改善，並表示高盛在未來幾年會繼續修訂這項政策適用的規模與範圍。「它並不完美，」他說：「但是它傳達出一個非常重要的訊息。」

高盛這隻「巨大的吸血章魚」正在利用自身的力量往好的方向推展，來推翻時下的敘事與標籤般的嘲諷評論。因此他們的做法顯得更加重要。

像沃爾瑪與高盛這樣的企業在社會議題上表達立場時，通常會用價值或社會責任當作理由，但是我們經常會發現，這種決策到頭來只是簡單的經濟算計：長期獲利能不能超過短期成本？對高盛來說，答案是肯定的。高盛把自己放在歷史上的正確位置，可以說是一種長期投資。

「你有滿手機會可以扭轉局勢，」索羅門說他的想法是：「當你看到機會，覺得自己可以改變什麼，我想你有責任試圖往前跨一步，並且真正做出改變。」

富豪的行動

愈來愈多企業領導人都得出這個結論，也試著找出運用企業力量的方式，來達到獲利以外的目標。2019年，美國最富有的非裔美國人、威斯塔私募股權公司（Vista Equity Partners）創辦人羅伯特・史密斯（Robert Smith），承諾將為摩爾豪斯學院（Morehouse College）當屆402名畢業生付清學貸。2020年，世界首富暨亞馬遜執行長貝佐斯承諾，將投資100億美元對抗氣候變遷。[127]比爾・蓋茲（Bill Gates）幾十年來透過比爾與梅琳達蓋茲基金會（Bill & Melinda Gates Foundation），捐出財產作為人道用途，這對夫婦自1994年以來捐出的金錢高達500億美元。[128]

這些行動，例如富裕公民的善舉以及沃爾瑪與高盛的帶頭領導，都具有一種奇異的雙面性。這些做法都非常有啟發性，但是也凸顯出必須解決的問題有多嚴重，以及政府在哪些地方並沒有做到應該做的事。大衛・索羅門的做法完全值得讚賞，他試圖利用企業極大的力量來做好事，這些故事也顯示，當真正握有力量的人秉持正確的理由來運用力量，大家會得到更好的結果。社會契約不一定會一直被磨損。

不過，歸根結柢，個別慈善家與企業可以靠自身力量做到的事也有極限。他們的行動比較零碎，而且和社會契約破損的程度比起來，還是相當不足。我們很容易注意到羅伯特・史密斯捐出好幾百萬美元，但是他也因為利用海外帳戶避稅而深陷逃漏稅的刑事調查。如果放寬視野檢視史密斯的捐款與基金會著力的學貸問題，就會知道個人的行動有其限制。2020年，美國的學貸債務總計高達1兆6,000億美元。這些債務會讓學生長期的經濟展望大幅受限，史密斯的計畫可以解救數千名學生。但是對於美國學貸的總金額而言，他的捐款只是桶子裡的一滴水。美國有4,300萬名學生與他們的家庭，正在負擔1兆6,000億美元的債務，這筆金額光靠慈善捐助無法解決。沒有一個人可以單獨解決這個問題，蓋茲不行、貝佐斯也不行，這要所有最有錢的億萬富翁投入全部身家財產才有可能解決。

英國前外交大臣暨國際救援協會（International Rescue Committee）領導人大衛・米勒班（David Miliband）說：「如果想要看見社會、經濟或政治上的重大變革，必須要找政府的領導階層、企業、非營利組織的創新計畫，還要大規模動員人民才行。」他也表示：「慈善不能取代政府的角色……如果政府沒有帶頭，那麼中階族群或是基層群眾可以介入；但是除非政府也一起做，否則你不應該自欺欺人說你可以解決問題。」

解決方法

現在，各種誘因把我們帶向更加反烏托邦、「瘋狂麥斯」式的資本主義。誘因導致企業傾向買回庫藏股，而不是投資在員工、設備與研發上；誘因讓企業透過併購來擴大規模，隨後就解雇員工而不是雇用員工；各位接下來還會讀到，誘因鼓勵企業瓦解工會，並且把總部搬到對稅務最有利的地點，而不是留在沒有參與稅率逐底競爭（race to the bottom）的地區；這些誘因表示企業會繼續使用化石燃料，不願多付一分錢來使用再生能源。

這些短期、沒有生產力的資本利用最佳做法，長期來說一定會對大家都更不利，陷入夢魘般的狀況。我們現在正在承受的不平等與氣候危機，都是幾十年來不斷最佳化以追求短期股東獲利的直接後果。而且問題總會環環相扣。

對於利害關係人資本主義的舊模式，有一派批評它缺乏前後一貫的指導原則。[129] 1980年代股東資本主義會這麼興盛，其中一項原因就是它的目標很明確。股東資本主義要求企業只需要根據唯一一個變數進行最佳化，那就是企業必須要有財務上的報酬（因此對股東也一樣）。相反的，利害關係人資本主義強迫企業要在幾個不同團體之間做到利益均衡，而且通常這些團體必須彼此競爭哪個事項應該優先。加入愈多變數，就變得愈來愈難計算。

在理想的世界中，企業會放大特定變數，例如股東價值、社會影響或員工福祉；同時也縮小其他變數，例如二氧化碳排放量。然而，在真實世界中，這些決策總是會有妥協讓步。像是利用境外避稅天堂來減少稅金，可以為企業增加更多收入，但是政府的資金卻因此減少，無法推展讓人民更安全、更健康、接受更優質教育的專案。

　　實行利害關係人資本主義並沒有完美的公式做法，要在這些互相競爭的利益中取得均衡，需要的是謹慎對話，並且讓眾多利害關係人都能在對話中發聲。這本身就是一種轉變。在社會契約開始回到任何表面上的均衡之前，利害關係人之間要進行有意義的溝通與協商。

　　要讓這些討論更有效果，我們可以採取幾項實際的步驟，來規畫企業的足跡。將企業決策對各個利害關係人的影響進行量化就是不錯的第一步，衡量時無論是正面或負面的影響都要計入。當代商業界有多不勝數的指標，可以用來衡量股東價值，例如資產報酬率、股東權益報酬率、本益比、內部報酬率、毛利與淨利等，整個業界都是建立在衡量股東價值的會計指標上。我們也需要類似的標準用來計算利害關係人的價值。英國工黨前內閣成員道格拉斯・亞歷山大建議建立一套等同一般公認會計原則（Generally Accepted Accounting Principles，縮寫為GAAP）的標準，來衡量企業造成的衝擊。

　　亞歷山大告訴我：「要衡量大企業帶來的正面與負面外部性（externality），我們必須有一套共同、可以進行比較的指標或語言。」對於下一個世代，他說：「許多調查中都顯示出，他們希望公司看重的價值與自己的價值觀一致。他們希望早上起床去上班時可以有信心,他們不想要任職或投資退休金的公司,和自己的價值觀有所牴觸,或是不符合自己對這個世界的期待。現在我們有很棒的機會要發展一套共同標準,可以更透明呈現出企業造成的負面衝擊與正面衝擊。」

其中一個可能的做法是,利用稅務代碼促使企業改變行為。就像一般公認會計原則提供架構來評估企業的稅賦負擔,我們也可以制定出採用類似衡量指標的架構,來評估企業對利害關係人的衝擊,並根據數據來調整企業的稅金。企業會對誘因有所反應,所以我們必須給他們誘因,以阻絕針對環境或員工權益等議題,甚至是所有議題的逐底競爭。

英格蘭銀行(Bank of England)前總裁馬可・卡尼(Mark Carney)建議,這種手法也可以延伸到企業高階主管的薪資,他認為銀行應該把高階主管的薪資與氣候危機管理連結,企業的作為愈吻合巴黎氣候協議的目標,高階主管就應該拿到愈多薪水。[130]

經濟不平等與環境傷害都是很實際的問題,在接下來十年與更遠的未來處理這些問題,就需要同樣實際的策略。企業要真正了解決策帶來的正面與負面衝擊,他們需要的是數據。如果沒有衡量指標,利害關係人資本主義仍然會是一個華而不實的詞彙,企業只會在公關活動上使用它,而不會在董事會裡談論它。在數位時代,要記錄這些數據、製作報告，並且根據數據做出反應，完全是在企業力量與社會力量觸及得到的範圍內。

　　不過，我們不能指望企業自行做出這種改革，尤其現在誘因仍然很容易誤導他們。儘管有許多企業領導人懂得把握機會，追求更永續、更有社會責任的營運模式，但是也有許多企業領導人不會這樣做。我們必須理解，企業自主採取的行動總有限制。資本主義是一套由誘因驅動的制度，這些誘因根源於薪資報酬、稅與股價，如果要謀取最有權勢的資本家與企業的支持，讓他們為公民與政府利益採取行動，方法就是重新調整誘因。讓誘因變成只要對利害關係人愈好，公司高階主管、董事會與股東獲得的財務利益就愈高。

　　我們必須利用公共政策來收集數據、公開企業對社會的衝擊，並且制定規則強制將這些成本內化到企業中。在某些案例中（例如沃爾瑪的案例），這樣做會為企業帶來長期的經濟好處。但在其他案例中，企業絕對不會有好處。然而，新的誘因會改變市場，朝向市場與社會契約更均衡的狀態。

　　真正的改變也需要社會契約的其他關鍵簽約方出力，也就是政府與一般公民，這兩方必須要具有足夠權力，才能協助驅動企業的選擇與行動。政府與勞工要有更多力量與影響力，但是現在他們卻是舉步維艱。為什麼會這樣？該怎麼做才能讓他們再度掌握力量？

第二章
●●●●●

政府
數十億人被企業治理，
而不是被國家治理

2017年9月20日週三破曉時分，瑪莉亞颶風（Hurricane Maria）從波多黎各東南方登陸，以每小時150英里（約240公里）的風速肆虐，[1] 成為波多黎各島百年來的最大颶風。在24小時內，暴風雨挾帶超過30英寸（約760公釐）的雨量，淹沒波多黎各某些地區。島上的電網與通訊系統本來就不好，受到暴風雨侵襲後更是完全中斷。[2] 超過半數的波多黎各居民，也就是190萬美國公民，面臨沒有飲用水的狀況，有些城鎮甚至有八、九成建築物被夷平。

自然災害侵襲後，正是人民最需要政府救助的時刻。救災需要動員大量資源與調度來援助災民、運送食物與飲水、清除殘骸，以及讓重要的基礎建設再次運作。唯有政府有使命、資源與能力完成這些工作。尤其是在瑪莉亞颶風侵襲時，波多黎各正需要這種迅速、全力投入的反應，但是美國政府卻無能為力，甚至到了極度失能的地步，造成幾千人無辜喪命。[3]

美國政府對瑪莉亞颶風的應變，打從一開始就很糟糕。第一批食物、飲水與設備花費4天才送到島上。[4]颶風登陸5天後，資深政府官員才來到波多黎各。[5]美國總統一直到第6天才終於出席聯邦救災會議。白宮到第8天才鬆綁一條已經制定幾十年的航運管制，解除船隻運送物資的限制。[6]颶風登陸後13天，美國海軍旗下兩艘醫療船之一「安慰號」（USNS Comfort）才抵達波多黎各。這艘船的設備足以同時照護250名病患，但是實際上每天平均只收治6位災民。[7]在風災過後滿兩週當天，五角大廈才派遣9,000名士兵登島，這個人數大約只有2010年海地地震第一週的一半兵力。[8]美國政府在清理道路、發配食物與飲水，以及重建偏遠地區時，速度都非常緩慢。[9]

在這段日子，波多黎各居民掙扎求生。颶風過後數週，超過半數的當地居民還是沒有電力與電訊，[10]醫院甚至得在電力短缺的狀況下為病患進行檢傷分類，還要疏散、搬運病患，而且物資愈來愈不足。首府聖胡安（San Juan）一位心臟血管外科醫師坦承：「在波多黎各如果你生病了，最好的辦法就是上飛機，離開這座島。」[11]當地的電網一直到11個月後才終於完全恢復，[12]兩年後還有數萬名居民在防水布下生活，而且美國政府依然沒有為任何一項永久道路重建計畫找到財源。

政府對瑪莉亞颶風的應變不佳，是出於好幾個重要關鍵。其中一個是單純運氣不好。瑪莉亞颶風緊接著兩個同樣等級的強烈颶風而來，也就是侵襲美國墨西哥灣沿岸地區（US Gulf Coast）的哈維颶風（Harvey）與爾瑪颶風（Irma）。爾瑪颶風的邊緣掃過波多黎各，就已經將電網損壞。美國政府負責災害應變的單位「聯邦緊急事務管理署」（Federal Emergency Management Agency，縮寫為FEMA）在瑪莉亞颶風來襲時，能夠撥給波多黎各的資源已經很少。

另一個原因是波多黎各的殖民歷史。根據官方說法，波多黎各是美國的領土（territory），而不是一個州（state）。波多黎各島上共有約320萬居民，[13]比愛荷華州（Iowa）、內華達州（Nevada）、阿肯色州以及其他17州的人口還要多，但是，這些居民不能參與美國總統選舉，波多黎各在美國國會的唯一代表也沒有投票權。雖然波多黎各人是美國公民，但是許多美國本土居民並不是這樣看待他們。瑪莉亞颶風登陸後幾天，有一份民意調查發現，幾乎一半的美國人並不知道波多黎各人是美國公民。[14]如果瑪莉亞颶風是像哈維颶風與爾瑪颶風那樣侵襲美國本土，民眾與聯邦官員絕對會強烈要求政府採取更強力的救災行動。[15]

在瑪莉亞颶風來襲前，波多黎各的財務狀況也不太好。1950年代早期，美國政府試圖刺激波多黎各經濟，宣布到島上設立商店的企業可以享有租稅減免。[16]其中有一項條款可以免掉美國領土內的企業營利稅，於是製藥公司與其他製造業者紛紛到波多黎各成立公司，結果過度刺激當地經濟。然而，租稅減免的規定在1996年廢止後，[17]企業撤離的速度和當初抵達的速度一樣快，於是波多黎各政府開始從華爾街借錢。後來，隨著大量人口外移以及2007年到2008年的金融危機打擊，這座島嶼的經濟跌到谷底，銀行還鼓勵首府聖胡安的官員去借更多錢。最後，債務使當地財政陷入癱瘓。當地政府沒有錢來維修道路，也沒有錢可以發放民眾的退休金，因此醫院倒閉，就算電網壞掉都沒有人修理。早在瑪莉亞颶風來襲前，波多黎各政府就已經阮囊羞澀，連運作都有問題，更不可能有錢救災重建。

雖然波多黎各的財政岌岌可危、基礎建設也搖搖欲墜，瑪莉亞颶風的救災應變還是屬於聯邦政府的責任。但是，聯邦政府失敗了。聯邦緊急事務管理署的重建計畫，在物流運送上可以說是一場災難。官員沒有預料到颶風造成的損害規模有多大，而且對於當地實際狀況的反應也太慢。他們沒有足夠的人力，[18]也低估災民對食物、飲水與設備的需求有多大，甚至沒有預料到運送物資給有需要的災民會有多麼困難。

　　像聯邦緊急事務管理署與紅十字會這樣的大型組織，理應有使命與資源來應變瑪莉亞颶風這種等級的災難，同時也要和非常多單位協調合作。瑪莉亞颶風的救災應變不只牽涉到聯邦緊急事務管理署，還有國防部、波多黎各政府、紅十字會、美國國民警衛隊，還有無數政府機關與民間團體，每一個組織都有不同的職責功能。在一個大型災區部署這麼複雜的系統，一定會遺漏重要的事項，在波多黎各，其中一個被忽略的問題就是食物救濟。

　　災後復原進行了三週，聯邦緊急事務管理署估計需要提供波多黎各居民每天220萬份飲食。但是，當時他們每天只配送出20萬份飲食，其中三分之二還是即食品（Meals Ready-to-Eat，縮寫為MRE），也就是事先包裝好的保久軍備糧食；剩下三分之一則是聯邦緊急事務管理署能夠提供的熱食，來自一個非營利組織「世界中央廚房」（World Central Kitchen），負責人是廚師荷西・安德烈（José Andrés）。

廚師為波多黎各出力

　　安德烈在瑪莉亞颶風登陸後第五天抵達波多黎各。他搭乘的是暴風過後第二班飛抵聖胡安的商務飛機，[19]和第一批美國政府資深官員同一天到達。但是，美國官員當天晚上就飛回華盛頓，安德烈則是預定了一個旅館房間，因為他要餵飽一整座島上的人。

我是在2009年認識安德烈，當時我為美國國務院工作，打算召募他參與一項國務院的計畫。在貧窮社區裡，人們會露天生火焚燒乾糞、木材與煤炭來烹煮食物並為住處取暖，這項計畫的任務就是提供他們乾淨的爐灶。我們最初的幾項工作主要都在海地進行，但爐灶計畫才剛開始推展，海地就遭到大地震侵襲。

安德烈生性活潑，做事說一不二。他第一次到國務院跟我見面時，穿的是沾有汙漬的白色廚師袍，汗流個不停。他看起來像個瘋子，藍色眼睛好像在燃燒，用黑莓手機飛快打字，興奮說著歸化美國籍的過程（他是西班牙人，四年後成為美國公民）。他對海地的乾淨爐灶工作十分投入，也和當地人建立起情感連結。過了幾個月後，海地遭到大地震侵襲，於是他開始帶著營養的食物給這座挨餓的島嶼。這些行動後來演變成「世界中央廚房」，這是他創建的非營利組織，宗旨是逐一提供熱食來撫慰災後的社區。這個組織發展了七年，依然只有三名全職員工，但是沒多久就不一樣了。

瑪莉亞颶風襲擊波多黎各後，安德烈打電話給紀錄片工作者內特・穆克（Nate Mook），他曾經幫安德烈在海地的工作拍攝一檔電視節目特輯。[20]不久後，兩人在聖胡安一起腦力激盪，想出一項計畫來為波多黎各居民提供熱食。隔天早上，他們向當地供應商訂購燃料與食材，聚集好幾位當地廚師與餐廳經營者，在某間餐廳的停車場做出2,500份餐點，隔天他們做出4,000份餐點。[21]很快就有更多志工與鄰近的餐廳加入，安德烈開始將這項行動稱為「＃廚師為波多黎各出力」（#ChefsForPuertoRico）。不到一週，他與團隊每天提供的餐點多達2萬份。[22]這個團體打入當地經濟圈，利用餐車作為行動廚房，提供熱食給島上偏遠地區的居民。他們拿到一份政府合約，但是契約很快就到期了。安德烈試著延長合約，讓這個團體能擴大工作範圍，卻遭到聯邦緊急事務管理署拒絕。管理署後來承認，官僚體制的繁文縟節讓官員不能延展合約。[23]即使如此，安德烈還是找到另一個變通的辦法。災後不到數週，世界中央廚房就把波多黎各最大室內體育館柯利西歐（Choliseo）的廚房變成營運基地。進駐之後一個月，他們利用遍布全島的16間廚房，每天做出超過14萬6,000份餐點。[24]

世界中央廚房能夠迅速擴大工作規模，運用當地已經存在的網絡與企業，把真正的食物送到災民手裡。而聯邦緊急事務管理署卻進展緩慢，甚至連手邊就有的即食軍糧都沒辦法順利運送。

　　過去，美國政府運作的是世界上最有效率的物流網絡；而如今，狀況卻完全不同。一個由廚師領導的非營利組織，能夠勝過握有200億預算、1萬4,000名員工的聯邦機構，[25]這一點怎麼想都令人費解。但是，瑪莉亞風災後的復原狀況就是活生生的例子。

　　功勞當然應該歸給安德烈、穆克與世界中央廚房，他們代表最沒有資源、卻是最有效率的社會企業精神。這種對比也顯示出，政府既搞不清楚狀況又沒有效率。從華盛頓到聖胡安，各個階層政府機構都失敗無能，因而造成致命的結果。瑪莉亞風災過後將近一年，波多黎各政府仍表示僅有64人因颶風喪命，但是2018年8月官方正式發布的死亡數字高達2,975人。[26]真實數字可能還更高，哈佛研究員估計大約有8,000人在風災期間死亡。無論如何，在美國官方紀錄中，瑪莉亞颶風被列為歷史上傷亡數字最高的自然災害之一，足可比擬九一一恐怖攻擊與1906年舊金山大地震的死亡人數。[27]絕大部分死者不是死於颶風，而是因為災後好幾個月缺乏適當醫療、電力與乾淨飲水才導致死亡。[28]如果政府能夠行動得更快、更有效率，就可以拯救無數生命。

　　在2017年的颶風季節後，聯邦緊急事務管理署官員承認他們沒有掌握好瑪莉亞颶風的救災應變，[29]並且針對將來的災難應變計畫提出幾項改善建議。但是，他們也開了一個令人擔憂的先例，那就是官員讓人民降低對聯邦政府的期望。

安德烈與世界中央廚房挺身投入救災，但是能做的就是那麼多。如果握有200億美元預算、1萬4,000名員工，又專責應變緊急狀況的政府機構，竟然決定撒手，他們也不可能彌補政府單位留下的空缺。

這種令人擔心的趨勢已經持續幾十年，聯邦緊急事務管理署的力量弱化只是其中一部分而已，美國與世界其他國家政府的權力與效能都在持續衰退。就在股東資本主義盛行時，許多國家的政府效能則日趨低落。我們必須仔細了解他們走下坡的始末與癥結。美國從第二次世界大戰後就在全世界居於激勵與領導的地位，但是現在，我們也應該看看其他勝過美國做法的模式。

政府為何存在？

現在的情況是，在隱私權、永續、勞工權益、多元等議題上，世界上數十億人受到企業的治理多過受到政府的治理。

我們每一天都受到演算法無聲無息的導引，科技巨頭在全世界對每一個人收集的資料，比任何政府收集的資料還要多。40年來對抗全球暖化的努力，一向都是由少數幾間石油公司來定義，而不是由196個主權國家政府、以及倡議採取行動的公民群眾來決定。我們的稅制、交易與勞工法律，絕大多數是由跨國企業內的政府事務部門起草，而不是由民選的立法人員提案。我在寫這本書當下，比起20國集團國家領袖的決策，全球20大公司執行長所做的決定，對我的家庭生活影響更大。

私部門的力量愈來愈大，擴展到曾經是政府主導的領域。我們看到沃爾瑪與Patagonia和環境有關的故事，看到傑夫・貝佐斯承諾投入100億美元對抗氣候變遷，也看到比爾・蓋茲在公眾健康上的努力。但是，目前為止我所舉的例子，不僅顯示出過去半世紀以來企業力量的興起，也顯示出事情的陰暗面，那就是政府的權力反而變得相對衰弱，無法應對真正的改變。就連最低薪資這麼基本的議題，一個世紀以來政府都是重要管制者，現在卻呈現權力真空的狀態。美國聯邦法定最低薪資是7.25美元，從2009年以來就沒有漲過。社運人士與亞馬遜員工卻直接向亞馬遜請願，要求將最低薪資提高到15美元，亞馬遜也答應調高薪資低標基準線，而且改變的速度比耗費數年訴請國會還要快。在這個政府似乎失去能力、無力採取行動的時代裡，私部門正在填補這個糾纏難解的空缺，盡可能去做他們能完成的事。

然而，光是把這種責任推給個人或企業，仰賴他們慷慨解囊、伸出援手，是相當危險的做法。不只是因為他們所做的工作很零碎片斷，也不只是因為掌握企業大權的是股東；危險來自一個根本問題：政府究竟是為何而存在？

社會契約讓穩定的民主政體能夠出現，這是一種歷史性的創新發明。社會契約破解一個始終存在的問題，那就是獲得權力的人很可能會濫用權力。透過民主體制，個人可以團結起來，運用集體的力量讓所有人都過得更好，同時又能防止權力遭到恣意濫用，因而很有可能導致權力最終集中在少數人手上，或是經由世襲而取得權力。代議政府，尤其是民主政體的代議政府，是人類最卓越的發明之一。

一方面來說，這是非常基本的概念，但是從另一方面來看，這麼多年下來，這種概念太容易被忘記了。從雷根時代到現在，人們對西方政府有一個盛行觀念是，政府應該知道什麼時候不要插手；因為政府太大、太笨重又經營不善，應該盡可能把責任交給私部門，市場力量會讓事情運轉得比較有效率。這個觀念在1980年代與1990年代像野火一樣蔓延，傅利曼教條與當時蘇聯垮台的影響如同火上加油。而且確實在某些狀況裡，市場可以發揮神奇力量，而且案例不少。其中一例就是把本來作為軍事用途的網際網路，打造成給消費者使用，變成具有多重利害關係人的系統，其中的核心就是企業。

然而，資本主義勝過共產主義反而形成一種廣為接受的常識，認為所有問題最好都交給市場來解決。結果，以「效率」之名，許多政府功能要不是被閹割，就是移交給私部門處理。儘管有些制衡原則會讓政府明顯變得很沒有效率，但是政府損失的權力顯而易見，而且這種損失形成某種自我應驗預言（self-fulfilling prophecy）。即使政府是人民最需要的力量，如果你持續鞭笞政府沒有效率，於是裁減政府機構的預算、削弱政府的影響力，人們就會喪失信心，投票時更不會支持政府的政策。

有一些領域確實是由政府的角色來執行會比較好。像是建設公共基礎設施與大眾運輸系統，或是確保所有公民都能使用平價的醫療照護，這個時候公部門可以透過企業沒辦法辦到的領導方式走在前面。市場可以為這些問題想出解決方案，但是市場只有排除掉他們「沒有興趣」的數億人口（通常是低收入者），才能真正解決問題，可是這些人卻最需要大眾運輸系統與健康照護等公共服務。所以，當政府在有需要時採取行動，就可以提供罕見卓越的解決方案來協助所有人民。

更何況，一旦政府權力開始消退，而企業或富人填補了空缺，我們將失去民主之戰得來不易的勝利，也不再擁有影響自身命運的能力。最後會變成企業獨裁，我們也將失去有意義的問責，以及民主體制的平等主義理想。一個好的政府是由所有公民主宰，不只是由消費者或股東掌控；政府運作受到法律管控，不是按照某個產品的服務條款來行動。所以，有效的救災、全民健保與全民郵政才能在行動時這麼有力。政府能提供基礎，這是所有人都能使用的同一套標準與機會。政府不像企業，政府收取費用是為了服務可能因為利潤考量被忽視的人。

從這個觀點來看，政府在21世紀的重要性不只是要制衡企業的權力；關鍵在於，政府是社會的後盾，當其他個人或組織消失的時候，政府依然還在。在混亂的改變與全球的危機當中，這是人們可以安居樂業的基石，而不至於總是處在毀滅的邊緣。

但是，這個觀念發生了什麼事？為什麼像聯邦緊急事務管理署這樣的組織，在災難愈來愈普遍時卻退居二線，而不是挺身而進？為什麼全世界開發中國家與已開發國家的政府機構，會這麼僵滯無法動彈？

政府到底發生了什麼事？

政府為什麼癱瘓？

代議政治本來就是刻意設計得很沒有效率。政治領導人

會上台下台，政策目標會改變，公眾意見來來去去。制衡原
則本來的設計，就是要讓任何一個政府單位都不能太快行
動。如果想要加強政府的敏捷度，就不能每幾年讓人民選舉
一次。但是，如果目標是要執行人民的意志，那麼民主體制
正是最佳的選項。政策制定者的工作是引領國家，朝向最能
發揮共同好處的方向。如果不是這樣，他們就會輸掉選舉而
下台。透過民主的進程，政府朝向由公民定義的未來，緩慢
而審慎的行動。

當然，現實的狀況會更混亂一點。綜觀歷史，我們已經
看到不同種族、文化、社經團體，共同在民主體制中為各自
的利益而運作；我們也看到，以民主方式選出的領導人，卻
制定出極權政策而損害民主體制。很多時候，政府的車輪完
全沒有前進。希特勒與墨索里尼都是民選的國家領導人，後
來卻摧毀掉兩國的民主體制。非洲國家的民主選舉，實際上
很常變成獨裁者之間的競選。

如今，許多西方國家的政府，也許其中最明顯的就是美
國政府，正陷入停滯與面臨轉折的狀態。政府組織的規模愈
來愈大，但是似乎在應對2020年代與未來的大挑戰時，卻顯
得愈來愈無能為力。

如果我們進一步鑽研美國政府癱瘓的狀況，會看到其中
有許多關鍵要素，包括極化、拼湊式體制（kludgeocracy）、

被削弱的政府機構、人才流失，以及政府被產業挾持。

我們先說政治上的極化與它的副作用「否決體制」
（vetocracy）。

美國兩大政黨壁壘分明，現在劃分的情況比過去幾百年
來更嚴重，有些專家認為，只有回到南北戰爭時期，才能找
到這樣兩派涇渭分明的例子。[30]這種政治上的楚河漢界，讓
國家治理變成幾乎不可能的任務。

從美國誕生以來，政黨一直是美國政府的特色。但是，
歷史上大部分的時候，兩黨之間意識形態的分界線，都比現
在還要模糊。以前有保守的民主黨人，也有自由派的共和黨
人，而且兩黨都有各種光譜的中間派。這種意識形態的重
疊，讓立法者能夠跨越政黨界線協商或制定法律。以比較近
期的1990年代來看，民主黨與共和黨人投票給對方陣營並不
罕見，尤其是外交政策方面的議題。[31]今天大部分選民可能
會瞧不起這種政治上互利的討價還價，但是這種運作方式讓
民主的車輪轉動了好幾十年。

不過這一切都隨著冷戰結束而改變了。美國失去讓大家
團結一致的外部挑戰，於是各種地理、人口特徵與意識形態
上的趨勢，讓兩黨日漸背道而馳。現在的選民比較傾向以立
法者意識形態的純度來評判他，而不是以這個人協議的技巧
作為標準。與此同時，兩黨在國會席次數量與公眾支持上也

變得更勢均力敵。[32] 在過去，通常是某一個黨在政府行政與立法部門占多數，但是近年來，民主黨或共和黨贏得多數支持時的差距都非常小，這讓居於少數的政黨得以阻礙議事進行。每一次選舉兩黨都得激烈廝殺，所以，和走道另一邊合作的代價就多過好處。

此外，由於美國政府的制衡制度很複雜，當出現這種「我們對抗他們」的心態，就很難成事。聯邦政府如果要制定可以長久存在的政策，眾議院、參議院與總統都必須簽名通過才行；而且，還要能夠經得起法院的挑戰。這些無數的「否決點」（veto point）造成美國政府傾向怠惰，不管做什麼事都需要許多人同意，還要有龐大的驅動力。除非同一個政黨掌握白宮與國會兩院，否則反對黨就可以阻擋立法的進程。

從2010年到2020年的十年之間，只有兩年（2017年與2018年）是由同一政黨掌握白宮與國會兩院。掌權的共和黨利用主政權，立法對大企業與富人減稅高達2兆美元。[33] 國會裡237位民主黨員沒有一個人投贊成票。[34] 現在，民主黨與共和黨不只對徵稅有歧見，在氣候變遷、健康照護、移民、外交政策、經濟管制等幾乎所有議題上都意見不合。過去十年來，兩黨彼此阻撓，[35] 在這些議題上任何有意義的法案都遭到阻擋，無法通過。

阻礙變成政府最主要的運作模式，政治學者法蘭西斯‧

福山（Francis Fukuyama）發明「否決體制」這個詞來描述
這種現實狀況。

福山寫道：「授予權力給不同的政治角色，是要讓他們
可以阻擋整體的行動。比起其他當代民主體制，美國的政治
體制有太多類似的制衡制度，政治學者稱為『否決點』。否
決點會提高集體行動的成本，在某些狀況裡則是讓人根本不
可能行動。」[36]他還表示：「在美國歷史早期，當某個政黨或
另一個政黨居於優勢時，這套體制可以用來抑制多數黨的意
圖，強迫多數黨更加注意少數黨，否則他們很可能根本不理
會少數黨。但是，1980年代以來興起的政黨制度卻是，雙方
比較勢均力敵而且高度競爭，反而變成形成僵局的條件。」

否決體制不只阻擋國會通過有效的立法，而且，要廢止
累贅過時的法條與政府專案也會變得很困難。移除舊政策和
推動新政策一樣難，結果舊法通常凌駕新法，導致第二個問
題發生：拼湊式體制。

由於政策重疊交錯，政府機構很難執行。政治學者史蒂
芬・泰里茲（Steven Teles）創造出「拼湊式體制」這個字，
將法律上的混亂狀況連結到「拙集」（kludge）的概念，這個
詞的意思是程式設計師用來暫時修補軟體的修補程式，功能
沒有一般程式那麼靈活。

美國沒有能力解決大型基礎建設的問題，可以從一個例

子上看出來，那就是我泡咖啡要用到的地方自來水系統。和百年前相比，現在我們對於如何建造、管理自來水系統的知識並沒有變得比較少；然而，建造與管理的過程變得過於龐雜，牽涉到上千個行政階層與經費問題，於是工作變得幾乎不可能進行。

泰里茲描述美國公共政策時說道：「對於任何特定問題，現在的應對方式最應急簡陋、不透明又複雜。健保系統複雜到讓人麻木……高等教育資金籌措的方式錯綜複雜，還有聯邦政府的治理令人迷惑，政府管轄的每一件事，從福利國家到環境法規，比起其他體制與規模相當的國家，美國的政策機制既不直接，也不連貫。」[37]

舉例來說，美國國稅局（Internal Revenue Service，縮寫為IRS）必須持續升級，才能反映每一屆新內閣的稅務政策，為了追蹤世界最大的企業與最有錢的富豪如何操作資金，得要學習世界上196個國家愈來愈複雜的轉帳作業。國稅局不只要處理每個國家的「拙集」，而且資源愈來愈不足，這讓他們難以執法。

近年來愈來愈弱化的美國政府部門當中，稅收機關只是其中之一。2010年到2020年間，被國會削減的國稅局預算達21％，[38] 現在國稅局聘雇的審核人員比1953年還要少。2019年，國稅局審查的案件數比十年前還要少一半。個人年收入達1,000萬美元，也就是收入排名在前0.1％的富人，被查帳的比例在2017年是14.5％，到2018年卻降至6.7％。[39] 2018年，每年收入少於2萬美元的人被查帳的比例，和年收入超過50萬美元的人一樣。[40]不過十年前，國稅局會審查資產價值在200億美元以上的每一間美國公司的帳務；[41]到了2018年，這些公司只有不到一半會被國稅局的放大鏡檢視。在審查大企業帳務的時候，國稅局也經常被他們聘請的律師給打敗。要搞清楚大企業或億萬大富豪的稅務結構，需要相當多專業知識、人力與經費，而現在國稅局卻是三樣都短缺。

我們在其他監督私部門的政府機構也可以看到類似的趨勢。比起1988年，2020年美國環保署的雇員人數比較少。[42]目前的預算經過通膨調整後的金額也比以前低。美國消費者保護機構「聯邦貿易委員會」（The Federal Trade Commission）過去這十年來的預算與雇員人數也在縮減。[43]如果要政府機關處理大型公共問題，就需要更多經費與人力，而不是減少資源。

政治極化加上拼湊式、衰弱的機構，讓美國政府無法應對目前的許多挑戰。我們可以看到政府停滯不振而產生的影響，像是不斷漲價的健康照護費用、不平等又昂貴的教育系統、正在崩塌的基礎建設、都市住宅短缺、經濟漸趨不平等、對氣候變遷無能為力、無法在先進製造業以及新興科技業取得領導地位等。我們也看到美國政府無能準備與應對新冠肺炎全球大流行，導致數十萬人死亡。我們同樣看到緊急事務管理署的拼湊式體制，造成許多波多黎各居民喪生。

應對這些挑戰需要大有可為的構想以及膽識過人的行動。從前，美國聯邦政府、州政府與地方政府透過基礎建設專案，完全改變整個國家的景觀。連接大西洋與北美五大湖（Great Lakes）的伊利運河（Erie Canal）於1825年完工；[44]20多年後，伊利諾與密西根運河（Illinois and Michigan Canal）把五大湖與密西西比河（Mississippi River）連接起來；再十年後，第一條橫貫大陸鐵路（First Transcontinental Railroad）把美國東部與西兩岸連接起來。我在巴爾的摩與華盛頓特區之間通勤往來13年，火車會經過一條1.4英里長的隧道，這是在1890年代由2,400名工人建造而成。在20世紀，聯邦政府協助建造林肯隧道（Lincoln Tunnel）、州際高速公路系統、全國飛航管制系統，以及網際網路。並且透過社會安全、聯邦醫療保險與聯邦醫療補助等計畫，為最脆弱的公民建造社會安全網。現今我們很難想像美國會進行這麼大型的計畫，政府因為拼湊式體制、否決體制，以及缺乏想像力與意願，變得僵化凍結。

政府需要有人注入新思想，來打破這種停滯不振，但是這又牽涉到導致政府衰退的第四個致命因素：人才流失。讓政府節節敗退的主要原因並不是缺乏人才，我會在後面幾章說明主要原因；但是，要是對大學畢業生而言，政府不再是個有吸引力的職涯選項，那就會加重後果。現在最優秀、最聰慧的人才當中，很少有人想要付出職業生涯來對抗官僚體制，或是試圖重建脫軌的政治制度。

在冷戰期間，在整個西方世界與蘇聯各國，都有許多有天份又有抱負的大學畢業生，懷抱使命感與目標，非常樂意為國家效勞。科學系所的畢業生或許會進入美國航空暨太空總署（NASA）或是某間國家實驗室；商學或經濟系學生可能去財政部工作；人文系所最聰明的學生則通常會加入美國外務體系（Foreign Service）、中央情報局（CIA），美國以外國家的畢業生則是進入該國的外交或情報機構。美國國務院與情報局都匯集頂尖大學的畢業生；英國外交部（Foreign Office）與軍情六處（MI6）幾乎都是劍橋或牛津畢業校友。但是，當社會開始將產業界領導人神化，在政府機關工作就愈來愈不受歡迎。奧利佛・史東執導的電影《華爾街》，本來製片者的意圖是嚴酷批評這個產業，但是對年輕人來說卻比較像是啟發。電影主角高登・蓋柯（Gordon Gekko）的生活方式以及他代表的現實真實人物，吸引許多年輕人（幾乎一面倒是男性）投入商業與金融業界。自1990年代開始，很少有頂尖大學的畢業生會認為在政府機關工作是個吸引人的職業選項。他們大多數會選擇進入投資銀行、專業顧問公司或是科技公司，真的對公眾事務感興趣的人會投身「為美國而教計畫」（Teach for America）或是大型非營利組織。

湯姆・弗萊徹（Tom Fletcher）是牛津大學赫特福學院（Hertford College）的院長，這個學院的歷史可以追溯到西元1280年，校友包括英國詩人約翰・多恩（John Donne）、英國政治哲學家湯瑪斯・霍布斯（Thomas Hobbes）、愛爾蘭作家強納森・斯威夫特（Jonathan Swift）。弗萊徹也是這個學院的畢業生，回到母校擔任院長之前，他是英國外交部年輕菁英當中的大紅人，在唐寧街十號擔任外交政策顧問期間歷經三位英國首相，包括東尼・布萊爾（Tony Blair）、高登・布朗（Gordon Brown）與大衛・卡麥隆（David Cameron），隨後他接任駐黎巴嫩的英國大使；這些經歷全都發生在他40歲之前。不過如今，很少有年輕人想要跟隨他的腳步。

弗萊徹告訴我：「政府的問題在於完全被狠狠打敗，不只沒有資源、能量或科技而已。如果這是人才的軍備競賽，政府會輸……看看現在的英國，最棒的人不會想加入快速升遷制度的公務員行列。」

有些國家採用比較創新的方式來召募人才，將最棒的人留在政府單位裡，最著名的例子是新加坡。我在美國政府任職時，白宮每個月會和各個聯邦機構開會討論創新的模範案

例。外國政府唯一一次受邀參與討論，就是新加坡政府代
表，和我們分享新加坡的長期規劃策略（美國的策略相較
之下顯得非常糟糕）。主要的報告人是新加坡公務員亞倫・
曼尼安（Aaron Maniam），他擁有牛津大學與耶魯大學的經
濟、政治與哲學學位，嗜好是寫詩而且還得過獎。[45]他與同
事的簡報內容令人印象深刻。

新加坡之所以能召募曼尼安以及其他各領域閃閃發光的
人才，而且還能留住他們，是因為政府提供的薪酬和他們私
部門同儕的薪酬一樣優渥，包括13個月的薪資，以及和國家
經濟表現連動的績效獎金。[46]擔任公職的工作穩定到被稱為
鐵飯碗，部長階層的薪俸高達年薪100萬美元，和企業高階
經理人差不多。[47]一旦消除讓人才離開公職的財務誘因，真
正的專業人才得以在公務體系聚集、成長，並且也增加擔任
公職的尊榮。

不幸的是，這種情勢並不存在於西方國家。儘管有許
多傑出人才為公職奉獻，我在國務院任職四年期間也曾經
和許多人才共事。但是現在，留在政府機關的人才實在太
少。外界有更好的薪水、更自立，有時候甚至能掌握更多權
力，這些因素都讓我的同事在還有幾十年職涯的時候離開
公職，轉而投入私部門。他們通常會進入摩根大通、Visa、
貝萊德投信、Google、推特（Twitter）、Stripe或是高通

（Qualcomm），還有許多人自己創業。我經常收到還沒有離職的公務員來信邀約喝咖啡，詢問如何轉職到政府之外的組織。

由於政府人才流失，關於發展與執行政策的多數專業知識，也就是真正的治理技能，如今都存在政府之外。私部門能接手這些前任公務員更是高興不過，在政府部門培養出來的技能轉移到企業界很好用，而且他們和前雇主的人際關係也對企業很有幫助。企業如果想要接觸在華盛頓、布魯塞爾、倫敦或其他首都的決策者，前任政府員工就是一種很有價值的資產。

這種狀況在立法部門特別顯著，這些部門的公務員薪資低、工時長（一週平均工時為60～70個小時），大部分人在32歲前就會離職。[48]這些前國會員工一旦來到私部門，不只可以幫新雇主和政策制定者建立關係，還能說明華盛頓的政治運作機制。同樣的，曾經在白宮、各局處或外交體系任職的公務員，也能像這樣離開公職。在華盛頓特區工作靠的是人脈，你握有誰的名片，就和你的履歷一樣重要。

這種獨特的現象不只發生在美國。我和弗萊徹談話時，他也婉轉提到英國政府與金融部門之間有個類似的旋轉門。

「匯豐銀行（HSBC）有一個人叫作古沛勤（Sherard Cowper-Coles），他曾經擔任英國駐外大使，名聲不太好。」弗萊徹說：「他把自己當作匯豐銀行的外交大臣，他會直接

走到某個地方，要求會見最高負責人，因為他自認為是那個
階層的人。他不會自稱是『匯豐銀行外交大臣閣下』，但是
行為舉止就像那樣。」

遊說活動重生

為了探討政府失能的問題，我們至今檢驗過政治人物與
政策制定者的角色，但是最重要、最應該考量的因素來自外
界。私部門在閹割政府，而且將這個角色扮演得相當成功。
現在，美國與世界各國政府不再是民有、民治、民享，而是
被想要收買政府的企業所有、所治、所享。

政策會影響經濟體系的每一個角落，因此企業有誘因與
既得利益，要把這些政策轉到對自己有利的方向。傅利曼有
一項知名的主張就是，企業的目的在於將獲利最大化，「只
要沒有違反遊戲規則就可以」。而過去40年間，也就是股東
資本主義興起期間，私人企業在形塑遊戲規則方面取得相當
大的成功，他們在華盛頓獲得一定程度的影響力，這種狀況
除了出現在美國鍍金時代，可說前所未見。

「遊說」（lobby）這個詞的緣起與實際行動可以追溯到
1640年代，當時英國民眾為了找議員談話，會聚集在下議
院外面的大廳（lobby）。[49]在美國，打從美利堅合眾國誕生

之際，人民就會向立法者遊說。但是在19世紀末期，企業的做法更加出眾、更專業，也更加無恥。[50]當時，鍍金時代的獨占企業投入許多資金討好立法者來捍衛某些政策，好讓他們的壟斷地位繼續下去。因此，遊說行為相當盛行，讓一群退休國會議員為這些大亨向舊同僚遊說。不過，產業界在20世紀早期受到愈來愈多監督，國會頻繁審查企業施壓的影響力，並且要求遊說者每一季都要對參議院與眾議院上呈活動報告。經濟大蕭條與第二次世界大戰後，遊說產業平靜下來，私部門對華盛頓的影響力式微。20世紀中期，私部門與華盛頓之間的關係可以說是相敬如賓，雙方都寧願井水不犯河水。[51]不過，到了動盪的1960年代晚期，民眾傾向支持更強勢的勞動法規、消費者保護、普遍企業管制，企業感覺到應該開始採取比較強勢的防衛。

1971年，就在這波浪潮來襲前，後來將成為最高法院法官的小路易斯・包威爾（Lewis Powell Jr.）寫道：「現今的美國社會，很少有哪些人像美國商人、企業或是甚至企業股東這樣，對政府的影響力這麼小。如果有人懷疑這一點，那就請他擔任『遊說人』的角色，站在國會的委員會面前，以企業觀點發聲。」[52]但是現在，美國社會裡沒有哪些人像企業這樣，對政府有那麼大的影響力。

遊說活動的重生軌跡和股東資本主義的興起一致，兩者之間的連結非常緊密。在1972年，兩個反勞工團體和一個鬆散的企業高階主管組織，聯合起來組成企業圓桌會議。[53]這個團體和一支漸漸壯大的企業遊說者合作，致力於減少管制、減稅，以及阻擋勞工改革方案。[54]這不是勞工組織，而是資本家組織。1970年代企業界投資在政府遊說，最終形成某種雪球效應。取得一些初期勝利後，企業看到這筆不會影響營運的小額投資，竟然能帶來如此豐碩的財務回報，[55]於是他們不再只是在捍衛某一條新規範或法律時才聘用遊說者，而是聘雇全職遊說者來當打手。發生問題時，新的遊說業者就會進入這場影響力的賽局，如果利益和現有玩家互相衝突，企業內的打手會再聘請更多遊說者，於是形成一種迴圈，遊說者創造需求來雇用更多遊說者。

1975年，聯邦政府遊說業者的總營收不到1億美元。[56]2019年，所有遊說者的總營收合計為35億美元，等於是45年前的35倍，而這只是公開報告上的數字。情勢變得就像在鍍金年代一樣，前任國會議員紛紛進入這個行業。在2009年到2019年之間，從國會卸任的立法者大約有四分之一為遊說公司工作，[57]還有一些人擔任私人諮詢、顧問、政府公關人員，不必被列管為遊說業者。

雖然大部分人認為遊說和貪汙有關，但是，遊說是少數幾項受到美國憲法保護的專業工作。《美國憲法第一修正案》（First Amendment）保障公民上訴政府的權利，而遊說是讓公民行使這種權利的其中一個管道。實務上，遊說業者就像是民主進程的傭兵。任何特殊利益團體，不管針對什麼政策，都可以聘請遊說者來發聲。石油公司可能會為了鋪設一條新管線而聘請遊說者，環保團體也可能聘請遊說者來對抗。遊說者的角色也是在協助過勞的政策制定者，幫助他們了解複雜的議題。但是，不可避免的是，遊說者還是為了利益團體的好處而破壞民主進程的平衡，因為利益團體有能力聘請最多、最好的遊說者，而優秀的遊說者非常昂貴。環保團體可能負擔得起聘請一位遊說者來對抗油管計畫，但是石油公司可以聘請十幾位遊說者來反擊。2019年，公民利益團體與工會每花1美元聘請遊說者，企業與商業聯盟就花15美元。[58]遊說者能夠為互相競爭的觀點與優先順序發聲，但是有錢的企業可以放大分貝，將競爭對手淹沒。

在許多案例中，遊說者事必躬親介入的程度令人警戒。2013年眾議院通過一條法案，推翻2008年金融海嘯後施行的金融改革法案《達德─法蘭克法案》（Dodd-Frank Act）當中的部分法條。記者發現，85條法律條文中，有70條直接出自花旗集團（Citigroup）遊說者所寫的法案草稿。[59]如今這種情況相當常見。另一項調查則發現，在2011年到2019年之間，州政府制定的法條當中，超過2100條幾乎是直接從遊說者提案中逐字複製。[60]

地下遊說者愈來愈多

有位頂尖遊說者布魯斯・麥爾曼（Bruce Mehlman）為我詳細說明，目前遊說產業的最新發展狀況。麥爾曼的職涯在企業界與政府之間轉換，他起初在國會山莊（Capitol Hill）工作，後來轉職到思科（Cisco Systems），後來又回到政府機構擔任商務部資深官員，最後又離開公職創立自己的遊說公司。現在，他協助的公司包括沃爾瑪、IBM、Lyft、寶僑（Procter & Gamble）、推特，為這些企業向政策制定者發聲。麥爾曼身材精瘦、能言善道並充滿活力。在職場上，進取又能幹的人很樂意坐或站在桌邊工作，但是麥爾曼桌邊配置的是跑步機。他每天早上開始上班的前兩小時（6:30到8:30）會閱讀當天的資料，同時在跑步機上走路，大約可以走5英里（約8公里）。他手上的客戶超過80個，可以說是華盛頓最多產的遊說者。[61]如果你是國會議員，想了解任何一項法案，麥爾曼給你的分析報告相當完整詳盡，你手下最能幹的幕僚也達不到這樣的程度。

麥爾曼告訴我，過去幾年來這一行的本質已經改變了。登記在案的遊說者以前要負責最艱辛耗時的工作，但是現在這個產業的動作愈來愈低調。許多公司不會直接聘請正規的遊說者，而是召募前任政府官員擔任顧問或策略師。這些人不像麥爾曼這種登記在案的遊說者，他們是「地下遊說者」，不會揭露客戶名單、也不會公開報酬。這種透過非正式途徑產生影響力的管道不一定真的會造成什麼傷害，但是絕對有潛力造成傷害。「我偏好揭露資訊，」麥爾曼說。

他還告訴我：「最理想的狀況是，投資在政策制定者身上的人是誰，這類資訊愈透明愈好。」的確，過去十年來華盛頓登記在案的遊說業者人數在下降，但是花在遊說的資金仍然穩定不變，這表示就連專業遊說者也轉入地下了。[62]

社交媒體同樣助長遊說活動，現在可以做得比較細緻而且以數據為導向，是從前不可能做到的程度。「把政府視為利害關係人的組織，現在可以說是鋪下天羅地網，可能會投個五、六、七次擦板球。」麥爾曼還說：「要影響政策制定者，就要影響他們閱讀的內容。現在我們可以透過大數據，了解這些議員認為誰的言論有說服力，例如他在社交媒體上追蹤誰、回覆或轉貼誰的推特貼文、在臉書上談論誰、在對基層演講時會引用誰的說法，這些資訊都可以用機器搜尋到。這讓最世故老練的玩家得提前多想六步。」

為了說明，麥爾曼提出一個例子，關於一間製藥公司想要影響某位參議員的想法。麥爾曼告訴我，這位參議員與他的幕僚對企業遊說者「格外」警戒小心，所以製藥業者找來一套最先進的人工智慧工具，開發者是美國前國家安全局（National Security Agency，縮寫為NSA）員工。這套人工智慧程式會根據這位參議員使用推特的情況，找出他閱讀的內容，進而知道誰能影響他。他們發現這個參議員在推特上追蹤記者以斯拉‧克萊恩（Ezra Klein），而且很常和他的推文互動。麥爾曼表示：「克萊恩也相當世故老練，你沒辦法找公關人員或是企業高階主管去和他閒聊，讓他做你想讓他做的事。但是，他們大量掃過克萊恩的貼文，發現很顯然他在追蹤一位波士頓大學教授。」麥爾曼說，人工智慧程式發現，這位教授「不太有名」，但是克萊恩提到他的次數卻不少，因此判斷這位教授對克萊恩有影響力。知道這項情報後，製藥業者怎麼做呢？他們委託這位教授進行一項分析工作，預測克萊恩會注意到分析結果，並且以此寫下一些文字，然後就會影響到那位參議員。

這有效嗎？看起來好像不太有效，但並不見得。現在的遊說業者能夠預先準備到這種程度，實在令人戒慎恐懼。不過當然他們並不是每次都這樣處心積慮。

政治獻金大量湧入選舉

過去十年來，美國開啟一道大門，企業用來影響華盛頓的軍火庫裡，多加入一項更直接的工具，那就是政治獻金。2010年最高法院判決,如果限制企業、捐款者或其他團體的「獨立政治支出」,就是違反他們的自由言論權利。從此以後,大量資金湧入美國選舉。在這項《聯合公民案》(Citizens United)判決之前,外部團體在五項全國大選中,總共花費6億8,000萬美元;[63]這項判決之後的五項全國大選期間,總共花費高達44億美元。國會選舉與總統大選的政治獻金,從2000年的40億美元,截至2020年已經增加到140億美元。

不過,有些企業仍然對於公開支持某位候選人有疑慮,因為如果押錯邊,可能對企業有壞處。但是,多虧《聯合公民案》的判決,現在這些捐款人有合法管道,可以匿名捐錢給某位候選人或特定目標。在這項判決之下,政治非營利組織可以捐款給大型政治行動委員會(Political Action Committee,縮寫為PAC)或是其他外部團體,而不必揭露資金來源。透過這些管理「暗地資金」的團體,富人與企業可以支持某位候選人,不必讓外界知道。在《聯合公民案》判決後十年間,這些團體花費將近10億美金在選舉上。[64]在判決之前,這是不可能發生的事。

像這樣對政治獻金採取放任主義的路線,讓企業與富豪有相當足夠的分量,可以形塑政府與立法方向。我和美國勞工聯合會暨產業工會聯合會(American Federation of Labor

and Congress of Industrial Organizations，縮寫為AFL–CIO）
理事長理查・特朗卡（Richard Trumka）談話時，他生動描
述這種情況的樣貌：

> 回溯美國憲法簽署當時，傑佛遜與漢米爾頓之間
> 有一場爭論。漢米爾頓想要成立企業，但是傑佛
> 遜說企業是非常危險的東西，一旦聚積起財富與
> 權力，可能會一舉抹除我們獻身革命所追求的益
> 處。漢米爾頓說：「但是湯姆，我們會給他們一些
> 明訂的權利，我們也可以據此控制他們。」然而
> 現在，企業的權利比坐在這個房間裡的三個人還
> 要多。企業的權利比較多，不是一樣的權利，而
> 是比較多權利。然後最高法院卻決定，金錢等於
> 自由言論。我不認為傑佛遜、漢米爾頓、華盛頓
> 這些人獻身革命，是為了讓漢米爾頓可以對傑佛
> 遜說：「你知道嗎湯姆，我比你有錢，所以我的自
> 由言論權比你多。」然而，我們現在就是面臨這
> 種狀況。

捐款不能保證誰會贏得選舉，但是證據顯示，實際上金
錢真的有影響。2018年，83％的參議員選戰、89％的眾議員

選戰，都是由花最多錢的候選人勝出。[65]結果，這些候選人被牢牢掌握，捐款者首先決定誰可以選上，而候選人就任也在金主的掌握之中。我們很難說某位政治人物對特定議題的立場和特定金主有關，但是政治獻金的影響在整體大方向上愈來愈明顯。候選人需要捐款來贏得選舉，為了得到捐款，候選人必須精心打造平台來吸引捐款人，尤其是口袋最深的捐款人。2018年，捐款給政治活動、政治行動委員會、政黨或外部團體的美國人只有22萬5,000人，占比還不到美國成人1%人口的十分之一，總捐款金額是31億美元；也就是說，這一小部分人口卻提供2018年總競選經費的55%。[66]在這些最有錢的捐款人眼裡沒有吸引力、也沒有為了吸引金主而打造平台的候選人，贏得選舉的可能性很低。

一旦政治人物就任，有證據顯示，他們會繼續優先重視金主關心的議題，而不是重視和一般民眾有關的議題。在2014年，有兩位政治學者研究調查，政策與不同收入選民的偏好之間相關性有多高。學者比較1,800項不同議題的民意與公共政策，做出赤裸裸的結論：「為企業利益喉舌的經濟菁英與組織團體，對於美國政府政策具有相當分量的獨立影響力，然而一般公民與公眾利益團體，對政策的獨立影響力很小，或者甚至沒有影響力。」[67]

由於遊說產業與寬鬆的政治獻金相關法規，美國政府被企業利益以及非常少數的富人有效控制。把政府目前的失能完全怪罪到私部門頭上可能不太公平，但是，孱弱的國家政權確實相對增加工商業界的權力。

說得好聽一點，私部門是美國民主體制停滯不振的共謀者；說得難聽一點，私部門扮演活躍的角色，促成企業極權與企業社會主義，紓困金的代價由納稅人買單，而所有獲利則由企業股東一把抓。

說到這種影響力遊戲，許多企業領導人面對外界批評時，總是回覆他們並沒有違法。每次企業被批評最佳化都是為了短期利益，而不是追求長期利益，或是被批評只為股東著想，而不為員工、環境與顧客考慮時，企業的回應也是搬出同一套說法。但是，這種邏輯有個破綻。

哥倫比亞法學院教授吳修銘說，這種說法是避重就輕，卸除私部門的責任與企業行動造成的後果：「如果這些法條完全制定在企業範疇之外，那就另當別論。但是，如果企業影響這些法條的制定……那麼就是按照自己的規則在玩。」他還告訴我：「我認為，比較老派的企業……不只會在乎是否合法，也都有道德責任的觀念。」

然而自從股東資本主義興起，私部門在乎的是法律上站不住腳，而不是道德上是否正確。史丹佛大學歷史學者尼爾‧佛格森（Niall Ferguson）表示，他們這樣做是從根本上侵蝕美國的社會契約。

「世界上有三種國家，」佛格森告訴我：「有一些國家不算太腐敗，企業界與政治圈的還算相當廉潔。有一些國家則完全相反，貪汙腐敗是普遍的常態……私人利益把國家當搖錢樹。在第三種國家裡，腐敗則是合法、制度化而且透明。大家都知道誰贊助什麼活動，基本上也知道這件事發生時有誰在場。這份社會契約說的是：『我們掌握這些確鑿事證，但是，金錢最大。』」

佛格森所說的第三類國家，就是美國。

社會契約被打破

世界上每個國家，各自都有一些因素在干擾政府的能力，讓他們難以滿足人民的需求，這正是任何複雜社會的現實面。但是在美國，這些力量的匯聚，讓情況變得相當獨特。比起任何一個已開發國家，美國政府的力量轉移到資本持有者的狀況更加明顯。美國是世界上最富有的國家，擁有世界上最大的企業、世界上最有錢的人、世界上最高的國內生產毛額（GDP）、世界上最高額的政府預算。但是，許多達到工作年齡的美國人，卻發現自己在缺乏有效安全網的狀態下謀生。

　　這打破工業革命以來的社會契約。在工業社會中，公民的福祉會跟隨市場的力量而上下起伏，工業化初期數十年不穩定的時期被稱為「恩格斯停滯」，只有在政府開始為公民的經濟保障負起責任後才終於結束。已開發國家執行政策來促進經濟發展，並且確保公民能夠分享到經濟發展的成果。政府也制定社會計畫，避免社會上最脆弱的成員陷入貧窮，這個社會安全網能讓人們不會隨著財富起落而跌落地面。

　　社會安全網已經存在千年之久，有許多不同型態。羅馬帝國為了退休士兵推行退休金計畫，提供土地與一筆錢給老兵。[68]中國唐朝政府分配免稅土地給扶養老年人的家庭，80歲以上的老人還有政府配給的僕役，寡婦也可以得到津貼。[69]早期伊斯蘭哈里發帝國律法中也有類似的社會福利措施，穆斯林必須布施窮人，這種概念稱為天課（zakat），政府也會把部分稅收分給需要的人，西元8世紀時，這些措施推行得非常成功，官員甚至很難找到需要福利救濟的窮人。[70]

　　現代安全網較少採用普遍發放現金的做法，而是傾向鎖定在某些層面。現代福利制度包括退休金、健保、失業保險、房屋津貼、托育補助、食物補助等，目的是要讓國家裡最脆弱的成員能夠脫離貧困。有些國家還會透過其他管道提供各種現金福利，例如減稅、免稅。此外，公共教育儘管不是傳統的社會安全計畫，但是具有社會公益的性質，可以

提供所有人種、族裔、社會階層的兒童一條通向經濟穩定的
道路。

　　相較於其他西方民主國家，美國的社會安全網向來比較
局限。美國文化特別注重個人主義與自立自強，傾向看不起
接受政府幫助的人。美國不像其他已開發國家，不會免費提
供健康照護或高等教育；[71]大部分美國人不依賴政府提供的
社會安全網，而是透過雇主得到健康照護或退休金等好處。

　　這種由私人提供福利的模式，源自巨變混亂的第二次世
界大戰時代的政策，私人企業祭出健康保險等福利制度來召
募新員工，同時也能符合戰時工資凍漲的時局。[72]這種制度
延續到戰後經濟快速成長的時期，當時大部分員工終生都在
同一間公司任職，福利自然非常優渥，因此這種制度運作得
還不錯。但是現今的就業狀況和從前大不相同。在幾十年來
股東資本主義的發展之下，即使是長期聘雇員工的企業，福
利也縮減許多。

　　同時，住房、教育與健康照護等基本需求的費用節節升
高。在2002年到2018年之間，美國房價上漲26％，健康照
護費用上漲35％，學費上漲70％。[73]不斷升高的費用造成不
成比例的影響，低收入家庭的衝擊最大，和較富裕的家庭相
比，低收入家庭的收入有一大部分都是用來滿足基本需求。[74]

　　2019年，研究人員發現，40％美國家庭與貧困之間只隔

了一筆薪水的距離，[75]非白人家庭的比例則是57％；而且這是新冠肺炎全球大流行前的數據。如今，數百萬美國人是窮忙族，即使有工作也落在貧窮線附近。

私人福利也僅只有工作的人才能享受到。在新冠肺炎全球大流行初期，失業率不斷攀高，數百萬人在他們最需要的時候失去健康保險。人們請領失業補助、食物券以及其他福利，美國政府的安全網超量負荷，有些人甚至等待好幾個月才能拿到失業補助。因為疫情而失去收入的人，發現他們收到的補助金只有原先收入的一小部分。[76]

疫情揭開一個令人不安的事實：在美國，由工商業驅動的社會契約不再有效。現在出社會的年輕人更有可能在30年職涯當中換30份工作，而不是終生只做一份工作、為同一個雇主服務。企業對於國家的經濟、政治與社會健康各方面影響深遠，但是這對美國人民來說結果並沒有比較好，而且企業會很高興不必負責主要的福利來源。企業是由市場需求所驅動，而市場需求並不會總是符合人們對公平正義社會的需求。當市場無法達到要求，就是政府應該介入的時候。

打造穩固的社會安全網

像這樣深入探討美國制度，我們便可以知道，內部政治問題和外部商業與私人財富的影響一旦結合起來,最終將會如何扭曲社會契約。簡單攤開來看,實際情況似乎很沒有希望,但其實還是有機會修補或是避免。某種程度來說,美國在對手蘇聯傾覆倒地之後志得意滿,不僅把防護欄從經濟制度中抽離,也對企業與高收入者大量減稅。到了如今才意識到,社會契約被扭曲,政府則放任市場不受約束。

但是,我們可以參考其他許多有效的社會契約與社會安全網,試著再找回平衡。接下來各位會看到更深入的內容,有些歐洲國家以及南韓、澳洲、紐西蘭,都找到平衡的方法,兼顧商業與創新,並且也為了在市場漲退中載浮載沉的勞工提供強大的保護。每一種模式都各有強項與弱點,但是都值得我們參考。

北歐國家、加拿大、澳洲與紐西蘭,皆以民主體制來打造世界上最穩固的社會安全網。在這樣的社會契約之下,國家與制度保障公民從搖籃到墳墓都享有高品質的生活。

美國的政治與經濟體系早就知道結果不會人人平等,但是卻尋求給美國所有人民公平的機會。在日本,狀況則是完全相反,每個人都可以預期獲得幾乎平等的結果。

南韓與以色列雖然在地理與文化上距離相當遙遠,但是都採用美國資本主義式的無管制自由制度,但搭配的是比較強力的社會安全網。

相較之下，世界第二強國的中國，採取完全相反的模式。過去30年以來，中國共產黨成功實施一種社會契約，將資本主義的獲利能力與效率，結合從上而下控管的極權主義。政治控制與經濟自由的結合，在幾十年前是無法想像的做法，但是卻把中國從擁有三分之二極度貧窮人口的農業國家，[77]變成地緣政治大國，不過，在沒有許多正式國家社會安全計畫的情況下，這個必須維持高度成長。

世界各國目前的現實狀況是，開發中國家正在做選擇，探索應該用那一種社會契約邁向2020年代與更遠的未來。世界兩大強權美國與中國，分別提供兩種主要模式。美國一向是已開發國家跟隨的黃金標準，如果美國能改正社會契約，就能繼續作為其他國家的表率。美國立國以來，政府的設計是要夠有彈性來應對人民的需求，但是又要透過多重制衡制度來降低效率，以避免政府權力過大。結果打造出能夠保障人類自由與安全的架構，這樣的目標放眼世界，任何人都會欽羨。但是，美國近來接連的禍事，已經讓世界各國對這個國家的未來與架構產生懷疑，甚至懷疑基本民主體制是否能和活力四射的資本主義並行不悖。

由於這些懷疑，現在開發中國家對中國模式愈來愈有興趣。中國模式是僵化死板的，建立在快速成長與強力執行的基礎上，企業與公民都必須和黨的目標一致。但是，中國的社會契約已經成熟到濫用權力的地步，等於是倒回到幾百年前的社會契約，人民對政府的施政方針幾乎沒有發言權。中國模式到目前為止都運作得很好，幾十年來享受一連串經濟成長的好運氣，隨著經濟開放，人民生活品質大幅改善。同時，當其他國家在2000年代與2010年代遭逢經濟動盪，中國政府的鐵腕，使國家免於受到衝擊。但是，如果中國的成長停滯或衰退，這種被默許的社會契約可能會面臨挑戰。中國人民為了成長與福祉而犧牲掉大多數的自由。一旦成長與福祉停止發展，那麼這種交換看來就對幾億人口而言非常不好了，這時候，要維持政府主導的社會契約，只能仰賴極權主義與脅迫。

現在美國肩負修正美國模式的壓力，要創新也要向西方民主國家借鏡。如果沒有做到，世界許多國家會轉而走向相對極權的路線，繼續從一般人民手中拿走權力。

第三章

●●●●●

全球勞工的困境

　　費雪車體公司（Fisher Body）二號工廠催淚瓦斯的煙霧與子彈的煙硝，揭開美國勞工的黃金年代。

　　1936年底，在密西根州弗林特市（Flint）的通用汽車（General Motors）大型工廠區，汽車工人與職員聯合起來讓生產設備停擺。勞工的訴求是組成工會，公司則是步步阻擋、打擊他們。13天後，在1936年12月30日週三，工人得知公司計畫將生產壓鑄模（用來塑形車體的設備）的產線遷移到密西根州其他沒有工會組織的城鎮。[1]當晚，這些勞工把自己鎖在工廠裡拒絕離開。弗林特的壓鑄模工廠是用來生產通用汽車1937年款車體的兩座工廠之一，因此，勞工占據工廠就讓通用汽車的生產停擺。不到幾天，這次靜坐罷工蔓延到同地區其他通用汽車工廠，罷工者的要求很直接：最低薪資、改善工作條件，以及新成立的「汽車工人聯合會」（United Auto Workers）必須有協商談判權。

隨著罷工持續進行，工人以工廠地板為家。他們的四周圍繞著製造到一半的別克（Buick）轎車車體，大家就在那裡閱讀、賭博、唱歌、打桌球，在地墊與汽車座椅上躺坐。[2]支持罷工的人送來食物與補給品，同時也在工廠外發起示威抗議。通用汽車收到法院命令要阻止罷工，但公司擔心如果強制驅離勞工可能會遭到報復。[3]因此，通用汽車切斷費雪車體二號工廠的暖氣，希望密西根的寒冬能讓這些工人凍到受不了而離開工廠。

1月11日暖氣被切斷了，但是罷工持續進行。[4]當天晚上，工人打開工廠大門讓食物送進來時，弗林特警方展開行動。他們衝進工廠，點燃催淚瓦斯、用散彈槍射擊工人；工人則丟擲車體零件、用消防水管噴警方。這場對抗後來被稱為「奔牛之戰」（Battle of the Running Bulls），有28人受傷。

衝突過後，密西根州長派駐1,200名國民警衛兵保護罷工者，並且支持勞資雙方協商。[5]當時的勞資糾紛經常以暴力收場，因此州長力挺勞工的決策非常關鍵。罷工又持續了一個月。後來，通用汽車內總共有13萬6,000名員工、44座工廠團結起來加入罷工行動，於是公司和汽車工人聯合會達成協議：工會將代表17座工廠的勞工，員工薪資也會調漲。[6]

勞工歷史學家西尼・費恩（Sidney Fine）把通用汽車的靜坐罷工事件稱為「20世紀美國最意義重大的勞工衝突」。[7]

汽車工人聯合會在弗林特的成功，激勵汽車產業中的工會活動。兩週之內，底特律勞工發起87場靜坐罷工，而不到一年，汽車工人的薪資增加將近300％，汽車工人聯合會的成員人數從3萬人增加到50萬人。[8]其他產業的勞工也開始更積極組織工會。1934年到1943年間，美國就業人口加入工會的比例是以前的三倍之多，從7.6％提高到24.3％。[9]1950年代初期，美國勞工有三分之一是持有會員卡的工會成員。

通用汽車罷工當時正是美國勞工組織蓬勃發展的鼎盛時期，弗林特勞工只是點燃那根火柴。先前的大蕭條讓工資凍漲，也減少工作機會，美國許多人都深感不安與不滿。對於已經幾乎一無所有的工人來說，工會能承諾經濟上的保障。此外，政治氛圍也轉向對勞工有利。根據1935年通過的《韋格納法案》（Wagner Act），聯邦政府保障勞工組建工會以及集會活動的權力，這項法案是羅斯福新政時期眾多支持勞工的政策之一。羅斯福總統簽署法案之後，將政府對勞工的態度摘要如下：「如果我在工廠工作，第一件要做的事就是加入工會。」[10]

也是在這段時間，同樣面臨經濟衰退的德國轉向納粹主義、義大利也朝向法西斯主義發展。1930年代初期的情況，就像現在我們面臨的局面一樣：劇變即將發生，而且不知道未來會走向哪裡。這些轉折點會把社會導向重新塑造政策方針，有可能朝向種族滅絕、本土極權主義，或是迎向自由主義。

　　經過1920年代末期華爾街股市崩盤以及隨後而來的大蕭條，美國政府與勞工組織有效聯合起來重新修訂社會契約，讓它更能符合勞工的需求。這和「咆哮的1920年代」（roaring '20s）那種景氣極盛極衰的循環模式不一樣；咆哮的1920年代反而和美國2010年代非常雷同。美國從大蕭條之後走出來，大家對於誰是不可或缺的勞工有了新的理解：製造車子、飛機、火車、摩天大樓的人才是定義美國成為工業大國的人。而在新冠肺炎大流行期間，大眾也終於覺醒，體認到醫療、食物與各項服務第一線工作者的重要性。

　　通用汽車與企業界被迫坐上談判桌，而勞工保護與權益則是有條有理的編入法律。社會契約是一份繼續存在的文件，需要定期更新與修訂，能讓後來幾十年的經濟成長，同時造福勞工與企業高階主管。

　　但是在20世紀下半葉，大家對美國勞工組織的看法逐漸變得負面，不再認為工會是為勞工階級喉舌的擁護者，而是視為只為維護權力、自大而腐敗的科層組織。現在人們更熟悉勾結幫派的全國卡車司機工會（Teamsters）理事長吉米·霍法（Jimmy Hoffa），比較不認識那些建立現代勞工運動的人物，例如山謬‧龔帕斯（Samuel Gompers）、約翰‧路易斯（John L. Lewis）、西尼‧希爾曼（Sidney Hillman）等人。

工會的興衰

在我的私人生活圈以及職場生活圈當中，人們對工會的看法相當兩極，沒有幾項議題比這項議題的意見更分歧。有人認為工會是達成經濟正義不可或缺的組織；有人則認為工會是舊時代的遺毒，既沒有效率又腐敗。

我第一次和工會成員共事，是以前某個暑期在運送啤酒的卡車上工作的時候。大部分卡車司機都是全國卡車司機工會的成員；還不是會員的工人必須工作數年，才能獲得成為會員的資格。

卡車從倉庫開出去的時間是早上6點，這表示5點15分時我們就要在倉庫裝貨上車。我深信在那間倉庫工作的人是地表上最強悍的人。我當時19歲，正值這輩子身體最強壯的年紀，但是我幾乎無法跟上55歲或60歲的啤酒卡車工人。他們非常強悍，大部分人出身所謂的山谷地區（the Hollows），也就是西維吉尼亞州山脈邊緣延伸下來的谷地。雖然我是土生土長的西維吉尼亞州居民，但是在啤酒倉庫聽到的幾種口音濃重到連我都聽不懂，那是來自古老英語、聲調反覆起伏的口音，只存在於阿帕拉契山脈深處。

　　我的工作是運送啤酒還要守著卡車，因為很多酒吧開在治安比較亂的地區。我們早上7點就會抵達酒吧，這時很多酒吧已經開門了，顧客是剛值完夜班的工人，或是早上一醒來就要喝到酒的慢性酒精中毒者。酒吧裡全都是男人，每個人面前都放著三樣東西：一只酒杯、一罐啤酒、一把手槍。在民風剽悍的山谷地區，我們絕對不敢在午後踏進酒吧。

　　這些卡車司機工會的工人都賺很多錢。在1990年代的西維吉尼亞州，他們的薪資算是相當高，每兩年就能買一輛新車或新的小貨車，而且還有船，可以去度假。他們有經濟能力，加上工會成員身分，自然也有相襯的社會地位，而且他們是拚死拚活努力工作才贏得這些。從他們身上可以清楚看到，當工會組織有效運作時，會是什麼樣子。

　　但是，大學畢業後我開始做第一份工作時，卻看到當工會墮落時，狀況會糟糕到什麼地步。當時我受雇擔任巴爾的摩公立學校的教師，在填寫表格勾選是否加入工會時，我毫不遲疑。教師的起薪是年薪22,459美元，巴爾的摩教師工會（The Baltimore Teachers Union）每兩週會從我的薪水拿走44美元作為會費。對於一個稅後年薪只剩下15,000美元的人來說，這筆錢實在不少。但是如果我不加入工會，每次發薪水還是會被扣走39美元的代理費。也就是說，我不是工會成員所以不能受到工會的保障，但還是必須授權撥款給工會，因為他們會作為代理人，幫忙協商我的薪資。當時我不只要繳學貸，還有自立生活的各種開銷，這筆會員費一年幾乎要花掉1000美元，還真是不少啊。但是，我心想，這是我的工會，是要幫助我以及和我一樣的教師。

不過事情可不是那樣。我任教那些年，沒有什麼證據顯示工會為增加成員福祉而做了什麼事，除了保護或許一開始就不適合來教書的老師。教師沒有加薪，班級人數沒有比較少，也沒有為學生爭取到什麼資源。工會的優先任務是保障工作，實際上就是保障表現不好、或是把個人問題帶進學校的老師，讓他們保住工作。如果你一年以來都沒有寫教學計畫？沒問題，我們會捍衛你。你打了學生？你吸食海洛因？你的學生年復一年都沒有學到任何東西？這些教師有工會撐腰，工會反對任何可能改變學校制度的事務，而我們學校位於全美國學業表現最差的學區之一。我離開的時候，我認為那是個活生生的實例，工會表現得最沒有效率時就是這個樣子：即使改變會帶來相當大的好處，仍投入所有精力與權力用來維持現狀。

美國的警察工會也同樣功能不彰。大部分警察工會一開始都是慈善公益組織，透過募款來幫助殉職員警的遺孀。現在，這些警察工會是改革最大的阻撓者，任何警察執法不當事件都會介入鎮壓。聯邦調查局（FBI）的數據顯示，2017

年到2019年期間，每年平均有50名警察在執法時殉職；[11]同樣在這段期間，每年平均有996位平民被警察殺死，比例是20比1。對於改革，大部分警察工會絕對不會讓步一寸。工會用對待易碎品的方式保障警察，包括給予他們豁免權，所有不當行為都是由同儕祕密審查。

這是另一種逐底競爭。工會固步自封，到最後只重視表現最糟糕的成員，甚至還保護他們。警察工會與教師工會都一樣，連帶把優秀的教師與警察拖下水，而他們才是工會裡占絕大多數的成員。輸家是學生與公民，而且社會要付出非常大的代價。工會真的不必發展成這樣；這樣根本做不成任何事。

工會表現最好的時候，能協助勞工獲得最低薪資保障、失業保險、每週45個小時的工時、病假、反歧視法、童工相關法條以及退休金。甚至我們現在有週末休假，也是多虧工會的努力。歐美中產階級的興起，正是勞工運動打下的基礎。但是，前人所做的努力，離現在已經很久。當我們看向未來時，美國、英國、地中海歐洲國家，以及相對初期的開發中國家的勞工運動，應該參考中歐與北歐國家的模式。此外，勞工運動本身也有非常小的創新，其中發展出來的某些創新實務也可以作為參考。

美國勞工組織的發展在1954年達到巔峰，當時有35％就業人口加入工會。[12]到了2019年，比例降低到10.3％，私部門只有6％勞工加入工會。由於工會的力量來自人數，成員流失就等於權力消退。1980年代以來，即使企業獲利與市值不斷升高，許多美國人的薪資還是停滯不變。這兩股趨勢都是勞工失去談判力量的直接結果；也就是說，工會在弱化。[13]隨著工會成員人數下滑，就連非工會成員的勞工薪資也變得比較少。

工會力量削弱的原因

　　和美國工會消亡息息相關的是全球化、科技、股東資本主義以及社會變遷。在第二次世界大戰之後，經濟與政治力量使得勞工組織大為興盛，但是到了20世紀末最後20年，一切都變調了。向來是工會堡壘的產業面臨規模縮減，例如製造業，因為企業引進自動化設備，並且把生產線遷移到人力成本比較低的海外地區。取而代之的是以知識與服務為基礎的工作，但是這種工作形態比較分散、機動，也很難組織起來。同時，勞工法律也漸漸受到侵蝕，結果使得尚未發展成熟的勞工運動更加脆弱，甚至比小羅斯福時代更容易受到壓制。除了這些因素之外，現有工會的不當運作，也就是我任教時看到的保障不適任教師、錯置優先任務的情形，最終造成大部分勞工並沒有掌握真正的權力。

　　況且，現在美國大部分工會領導人毫無進步，還是在玩前輩100年前施展的老把戲。他們喜歡傳統，而不是偏好創新；喜歡維持工廠式管理的組織，而不是找出策略讓愈來愈去中心化、非固定的就業人力團結一致。現在的工會領導人信任政治人物，而這些政治人物卻是將勞工議題放在待辦清單最後面，跑去和他們聲稱會抵制的菁英交流交際。當工會把所有精力都放在維持現狀，而世界繼續運轉，勞工的薪資自然節節倒退。

　　在美國，有一些例子剛好相反。新興經濟領域裡的勞工正在利用科技，把人們聚在一起，為自己的利益發聲。有些團體率先開發策略，造福非固定的勞動人力。勞工正漸漸產生自覺，無論是加入傳統工會或是透過當地的草根計畫，都必須找到方法來動員人們，如此一來，勞工在意的議題才會被認真看待。雖然美國與英國都有一些正面的案例，但是北歐與中歐國家的路線更加可行，能夠兼顧勞工福祉與經濟競爭力。

　　為了讓勞工能分享到2020年代與未來的繁榮，勞工必須在決策桌上有一席之地，因此要有負責的代表在必要時為勞工發聲、爭取權利；還要有資源，在雇主沒有符合勞工的需求時，勞工可以採取行動。勞工需要機會來發展新技能，也需要可以隨著轉職持續累積的勞工福利，還有把分散在全球各地人們聯合起來的能力。傳統工會可以提供以上其中幾項，但是無法提供全部。現在是時候要邁向勞工運動的新型態。

工會更少，問題更多

在通用汽車工廠罷工之前，勞工組織早就存在已久。許多前現代社會都有同業公會，例如羅馬帝國的「collegia opificium」，印度河河谷的「shreni」，日本古典時代的「座」，還有中世紀歐洲的「行會」（guilds）。雖然這些團體的營運模式與規則各有不同，但是核心功能都一樣，要將勞工聚在一起，提升利益。

現代勞工聯盟出現在工業革命時期，始於英國並拓展到美國、法國、德國與澳洲等地。勞工的工作地點從農場轉到工廠、港口、磨坊、礦坑，工作環境猶如地獄。他們經常受傷，有時候會被操作的機器傷害致死。過度擁擠的血汗工廠讓勞工容易遭受疾病與火災襲擊。大部分人的工資很低、工時很長，工作內容既骯髒又危險，還非常耗費心力。

作家厄普頓・辛克萊（Upton Sinclair）的小說《叢林》（*The Jungle*）有一段文字摘要工業時代勞工的困境。[14]

　　這就是能夠活下去的殘酷條件，他們絕不可能有
機會、也無法期待有任何些許喘息，只能無時無
刻憂慮、無時無刻為錢苦惱……除了身體勞苦，
心神也不斷糾結；日夜奔忙、擔心害怕。事實上
這稱不上生活，甚至連生存都幾乎沾不上邊，而
且付出這麼大的代價，報酬卻是這麼微薄。

　　工會提供勞工一個抵抗工業社會黑暗現實的方法。勞工
無法隻身迫使企業加薪或改善工作條件；但是，勞工團結起
來就能增加集體影響力。

　　當權者並非總是樂見這種事發生。在19世紀與20世紀
初期，工會成員經常被視為共產黨員或激進分子。企業利
用這個形象，將激烈的反工會行為正當化。早期勞工運動歷
史血跡斑斑，勞工與許多不同執法單位之間經常爆發流血衝
突。1921年，在西維吉尼亞州距離我長大的地方約60英里
處的礦脈，礦工與礦場主爆發美國自南北戰爭以來最大的武
裝衝突，估計大約射出100萬發子彈，直到總統派遣2,100名
軍人進駐才弭平衝突。[15]當時，我的曾祖父母住在礦工村，
曾祖母被送往別處避禍才能生下我的祖父，因為當時罷工鎮
壓者會毆打或射殺任何他們認為支持工會的人。

　　雖然在1920年代晚期這種暴力鎮壓手段已經不被接受，

企業還是雷厲風行鎮壓工會活動。弗林特靜坐罷工事件前三
年期間，通用汽車斥資100萬美元（相當於2020年的1,800
萬美元以上）監視工會活動。[16]

　　20世紀初期，美國勞工運動開始和革命政治分道揚
鑣。[17]這個重塑形象的舉動是由美國勞工聯合會（American
Federation of Labor）理事長山謬‧龔帕斯率先開始，也因此
將工會帶入主流。勞工組織廣為被接受之後，他們擁護的
政策也變得比較受歡迎。許多工業時代社會契約的基石，包
括最低薪資標準、每日八小時工時、童工禁令等，都是西方
國家的勞工團體鼓吹或推動的議題。當時這些提案顯得很激
進，但是後來的發展證實，這些提案對勞資之間的權力平衡
非常重要。

　　第二次世界大戰之後，勞工組織是支持工業經濟繁榮的
骨幹。透過工會，沒有大學文憑的人也能躋身中產階級。工
會為勞工爭取到安全的工作條件、還不錯的薪資、生病時有
健康保險保障、退休後有退休金計畫。有了經濟保障，勞工
可以置產、成家，也買得起國家各地生產線上的新產品。在
第二次世界大戰之後的20年間，美國人的購買力翻了一倍。[18]

　　這個時期的經濟發展，完全和支持傅利曼理論的股東資
本主義論點相反。馬丁‧路德‧金恩博士（Dr. Martin Luther
King Jr.）準確指出：「勞工運動並沒有讓國家力量變弱，而

是讓它更強大。數百萬人的生活水準提高,奇蹟似的為產業
界創造出一個市場,並且將整個國家提升到眾人從未想過的
生產力。攻擊勞工的人已經忘記這些簡單的道理,但是歷史
記得一切。」[19]

　　美國工會的黃金年代是從弗林特罷工事件到1980年代
初期,這個時期美國經濟不平等的程度相當低,簡直前所未
見。在1970年代,位於收入頂端1%人口所賺的錢,大約是
現在同樣頂端1%人口收入的一半。[20]企業內部的薪酬也比較
平等。在1978年,員工每賺1美元,執行長大約賺30美元;[21]
40年後的今天,員工每賺1美元,執行長大約賺278美元。
在這段期間,執行長的薪酬成長940%,而其他勞工的薪資
成長只有12%。

　　對勞工來說,加入工會代表薪水會變多。各種不同產業
工會成員的薪資,比起沒有加入工會的勞工還要高出15～
25%。[22]工會能夠影響勞動市場的標準規範,所以,如果產
業裡有很強的勞工組織,那麼就連沒有加入工會的勞工也能
受益。當產業裡的就業人口超過四分之一勞工都加入工會,
那麼非工會勞工的薪資也會增加,估計可以增加達5%。[23]經
濟學家把這種薪資上漲稱為「工會效應」(union effect)。

　　然而,由於美國的工會人數在遞減,過去40年來,各個
私部門的勞工薪資已經陷入停頓。[24]

工會的黃金年代終結

如果說美國的工會黃金年代始於通用汽車的靜坐罷工，那麼終結這個年代的事件就是「職業飛航管制人員組織」（Professional Air Traffic Controllers Organization，縮寫為PATCO）的罷工。在1981年夏季，職業飛航管制人員要求加薪、縮短工時，但是和美國聯邦航空總署的談判觸礁。[25]對話陷入僵局，工會下令1萬3,000多名飛航管制人員在8月3日罷工，全國數千架飛機因此被迫滯留在地面。雷根總統威脅，如果這些人在48小時之內沒有到工作崗位就要開除他們，而他也在8月5日確實這麼做了。聯邦航空總署很快就讓飛機重新升空，總統開除超過1萬1,000名飛航管制人員，政府亦發布命令，這些人永久不得任用。

雷根的決定，對全國雇主傳達出一個明確訊息：不要讓罷工威脅你。隨著雷根政府的示範，許多企業管理階層開始直接把參與罷工的員工換掉，而不是對員工的要求讓步。[26]剎那之間，勞工運動失去最有力的談判策略。工會從此一蹶不振。在職業飛航管制人員組織罷工事件之前的5年間，美國每年平均有234起罷工事件，每次參與人數都超過1,000人；[27]但是在那之後的5年間，每年平均只有72起罷工事件；在整個2010年代，每年平均則只剩下15起罷工事件。喬治城大學（Georgetown University）的卡曼紐維茲勞工與窮忙族研究計畫（Kalmanovitz initiative for Labor and the Working Poor）主任約瑟夫・麥考汀（Joseph McCartin）說，一旦失去罷工的能力，工會就失去所有影響力。

「愈來愈常見的現象是，雇主希望有人罷工，就可以利用罷工來打擊工會或是大幅削弱它的力量，」麥考汀指出：「當勞工沒有能力參與罷工，即使他們是工會成員，也不再擁有從前的力量。勞工無法有效協商，因為他們已經失去那項終極武器。」

雖然職業飛航管制人員組織的罷工加速工會的衰弱，但工會也是自己播下消亡的種子。從1950年代末期以來，大眾對工會的接受程度開始下降。早期事件始於勾結黑幫的全國卡車司機工會理事長吉米・霍法，他在1957因涉嫌貪汙、詐欺、逃稅、勒索、毆打與謀殺等罪而受到聯邦調查。[28]後來霍法因為意圖行賄、共謀與詐欺而下獄。電影《愛爾蘭人》（*The Irishman*）中，勞勃・狄尼洛（Robert De Niro）飾演的全國卡車司機工會殺手法蘭克・希蘭（Frank Sheeran）有一句台詞是：「那時候，全國沒有人不認識吉米・霍法。」毫無疑問，全國許多人都把工會和幫派犯罪連結在一起。

工會也和1960年代的反主流文化浪潮相剋。工會代表老一輩那種墨守成規、平淡無奇的生活型態。美國勞工聯合會暨產業工會聯合會理事長喬治・米尼（George Meany）創造

「沉默多數」（silent majority）這個詞，指的就是這群保守的白人勞工，他們用選票把尼克森送進白宮。

到了 1980 年代中期，工會要面對經濟、政治與社會變遷，打的都是硬仗。企業奉股東資本主義為圭臬，讓高階主管與董事會運用所有需要的影響力，將勞工的薪資壓到最低。接著 1990 年代全球化不斷加速，勞工更加失勢。勞工運動一直以來都受到地理的限制，就算是在美國本土，當企業突然搬遷，勞工也是無計可施。雖然工會在工業化程度較高的美國北方一直都相對穩固，但是在南方並沒有太多吸引力，所以過去 50 年來，一旦勞工要求太多，受到誘因吸引的企業就會把營業地點轉向比較友善的南方勞工市場。美國的工會組織在各地發展的程度差異相當大。卡羅來納州（Carolinas）只有 3％勞工加入工會，而伊利諾州（Illinois）、賓州（Pennsylvania）、密西根州（Michigan）、紐澤西州（New Jersey）等州，平均有 15％勞工加入工會。所以我太太的本田汽車才會在阿拉巴馬州製造。當全世界隨著冷戰結束而快速開放，企業高階主管發現國外有很多廉價勞力可以選擇，因此不論在美國或其他國家，勞工的力量繼續遭到侵蝕。美國工會會員人數大量流失，影響力漸漸消退，對社會與經濟造成非常巨大的影響。

一美元裡的六美分

2008～2009年金融風暴，勞工遭到重擊，卻沒有轉向工會尋求啟發與行動，而是轉向鼓吹經濟保護主義與反移民政策的民粹主義政客。

這股浪潮讓許多企業菁英、政府單位與學術界感到驚訝，多數人以為在1990年代興起的全球化已經永久重塑世界秩序，並且毫無疑問讓我們得到更好的結果。專家進行事後研究反省、撰寫文章闡述觀點，並且跋涉到某些民粹主義高漲的地區去朝聖，他們發現有一大群人被剝奪參與政治的權力，對過去的體制感到憤怒，包括他們的工會。全球化帶來的繁榮注入大城市，例如倫敦、紐約、米蘭、巴黎與舊金山，但是這些好處並沒有散播到英格蘭中部、美國的鐵鏽帶（Rust Belt）、義大利南部，或是法國的城郊地區。除了製造業出走之外，企業併購與稅務減免考量也推了一大把，將企業高階主管的職缺推向更少數地點。2007年以來，美國新增的工作機會有三分之二集中在25個城市或郡縣。[29]英國的情形也是一樣，全國的工作機會增加只集中在三、四座城市；義大利只有米蘭與北方幾個區域有成長，其他西方國家也是如此。曾經是工業經濟的骨幹地區，卻在數位經濟時代被降格，住在這些地區的人在政治上變得激進、極端。

　　我在西維吉尼亞州長大的期間，我們州是最穩固的民主黨票倉，政治立場偏向左傾，屬於支持工會與勞工政策的民主黨一貫傳統。21世紀初期民意轉變，現在的西維吉尼亞州反動、相信輪迴重生，期待回到一段神話般、只存在想像之中的時空。雖然部分反彈源於傳統的排外態度，但是大部分是受到普遍的經濟不安全感所刺激。20世紀中期薪水優厚的工會工作讓許多勞工躍升為中產階級，但是現在這些工作已經沒有了，取而代之的工作機會又不一定足夠養家。除此之外，勞工感受到「被閹割」（emasculation），這樣的想法源於哲學家麥可・桑德爾（Michael Sandel）所謂的「菁英霸權」（the tyranny of merit），意思是：如果你在經濟上飛黃騰達，別人就認為你「功成名就」，不管你做什麼、不管你是什麼樣的人，有錢就有道理，也不管你的所做所為是否對社會有貢獻；反過來說，如果你沒有接受大學教育也不富有，你就沒有社會地位。

　　而在財富擴張的超級大城市中，政治則轉往另一個方向發展。在紐約、舊金山、倫敦等地，勞工階級無法負擔得起都市的生活。房價衝天高，這些勞工每天睜開眼看到的各種好處，自己都無法分享得到。於是，城市形成愈來愈強烈的左傾政治運動的成長基礎。

　　2020年，美國前財政部長賴瑞・薩默斯（Larry Summers，左派人士的眼中釘）與哈佛經濟學家安娜‧史坦博麗（Anna Stanbury）所做的研究發現，美國經濟表現疲弱以及薪資成長遲緩，都是勞工失去協商權所導致的直接後果。[30]他們認為，勞工失去權力比工會衰落更嚴重，而且私部門更加狂熱奉行股東資本主義也是導火線之一。他們寫道：「股東價值最大化的教條興起，使得股東的權力增加得比經理人與勞工更多，很可能迫使企業消減勞工成本，以及……要求重新分配獲利，將資金從勞工轉給股東。」

換句話說，企業賺比較多錢，但是這些獲利很少讓員工受惠。在冷戰結束後那段時期，員工幫公司賺到的1美元，他們可以拿到大約11美分；[31]30年後，他們每賺1美元，自己卻拿不到6美分。這等於員工同樣付出勞力，但拿到的工資卻減半了。

「工會組織衰落，股東權利愈來愈大、要求也愈來愈多，實際最低薪資愈來愈低，勞工保障減少，愈來愈多工作轉包到國內或國外，在在削減勞工的權力，對勞工市場與整體經濟造成的影響非常深遠，」薩默斯與史坦博麗寫道。

現在許多人將美國愈來愈不平等的情況怪罪於全球化以及科技變遷，但是薩默斯與史坦博麗表示，這些論點失焦了。他們表示，過去30年來，科技與全球化重塑許多已開發國家的經濟，但是只有美國經歷到這種勞資雙方之間財富差距急遽擴大的狀況。[32]她們的報告提出解釋：造成美國現在如此不平等的真正原因在於，國家加強股東的力量卻削弱勞工組織的力量，而且加強與削弱的程度比其他工業化國家來得嚴重。

薩默斯與史坦博麗的結論是：「勞工力量衰退，正是不平等持續擴大以及勞工收入停滯的主要原因。」為了處理這個問題，他們補充說明，企業界與整個國家必須重新思考如何創造經濟繁榮的方式。

「（這個結論）提出的是關於資本主義制度的問題，」他們寫道：「我們尤其要提出的議題是，企業應該以股東利益為依歸到什麼程度。我們建議，政策應該調整傾向，變得更支持勞工組織活動，並且賦權給工會。」

這種做法不僅能夠形塑經濟制度，還會形塑文化與政治。如果你努力工作，但是卻持續屈居落後，但你卻聽到都市菁英跟你說，答案在於要拿到大學文憑。於是，你開始覺得被菁英體制的贏家給教訓了，說你沒有價值，說你對社會的貢獻比別人少，無論這些菁英的高收入是不是靠著裙帶關係而來、是不是符合人道規範。和菁英體制平行的文化政治，將經濟成功視為等同於道德價值與社會地位，這在政治上是一股危險的力量，因為這表示，一旦不平等的狀況惡化，人們不只更窮，還會更加憤怒。

工會之國

1936～1937年通用汽車靜坐罷工事件的領導人,如果看到工會現今的樣貌一定很難過。2019年9月,汽車工人聯合會再度對通用汽車發起罷工,將近4萬8,000名員工罷工40天,這是50年來持續最久的汽車工人罷工。[33]後來勞工贏得通用公司小小讓步,但是無法阻止公司關掉俄亥俄州(Ohio)洛斯鎮(Lordstown)的工廠,數千個工作機會要永久遷移到墨西哥,幾十年來美國汽車製造業工作外流的趨勢仍在持續。雖然汽車工人聯合會認為談判結果是勞工獲勝,但是工會成員可沒有那麼樂觀,只有57%投票同意協議結果。[34]

不到一個月,聯邦政府起訴汽車工人聯合會理事長蓋瑞‧瓊斯(Gary Jones),罪嫌是敲詐勒索與侵吞工會款項超過100萬美元,瓊斯辭職。[35]正當罷工的通用汽車員工損失數億美元的薪資時,瓊斯則將這些勞工繳交的會費用來購置昂貴公寓、享用豪華晚餐,以及訂購客製化的高爾夫球桿。他在2020年6月認罪。兩個月之後,他的繼任者也因為侵吞公款與詐欺罪被起訴並遭到逮捕。[36]

大部分工會領導人並不是這麼無恥的利用工會來圖謀不法私利,但是這個例子呈現出赤裸的對比,顯示出許多大型工會現今內部的狀況。現在的工會勞工，權益縮水到最小，而相較於從前勞工待遇最優厚的時期，以前的工會領導人並沒有享受到多少好處，甚至根本沒想過現在的工會領導人竟然這麼奢侈。

近年來，汽車工人聯合會、美國勞工聯合會暨產業工會聯合會、全國卡車司機工會的領導人，都已經離工廠實務工作相當遠。美國勞工聯合會暨產業工會聯合會、全國卡車司機工會等組織，總部都是設在華盛頓特區最精華的地帶，坐擁可以望見國會山莊與白宮的無敵景觀。2019年，全國卡車司機工會理事長詹姆斯・霍法（James Hoffa Jr.，也就是吉米・霍法的兒子）年薪將近40萬美元，[37]對於我曾經共事過的卡車司機而言，這是無法想像的數字。

工會領導人與成員之間的斷裂，也是組織結構變動所導致的結果。現在的美國勞工聯合會暨產業工會聯合會代表55個工會共1,270萬名工人，等於美國約四分之三的工會成員都隸屬這個組織。[38]這種集中的情況讓它更有本錢揮霍，但是卻演變成決策者對勞工關注的日常事務漸行漸遠。美國勞工聯合會暨產業工會聯合會的理事長特朗卡與其他幹部不是由勞工票選出來，而是由這個組織旗下的各個工會理事長選出來。根據哈佛大學勞工經濟學家理查・費利曼（Richard Freeman）表示：「大家都認為他們是『權勢集團』

（establishment）。」

結果這些組織膨脹自滿，變得頭重腳輕，完全無法跟上
21世紀的經濟現實狀況。Uber時代的勞工運動必須敏捷迅
速，有意願嘗試新事物。但是，就像費利曼所說，這些大型
工會是兩者都缺乏。「現存工會是非常科層體制的組織，」
他說：「典型工會並不是非常創新。這些工會領導者的年紀
都是落在50到60多歲，他們不是新創事業領導人。」

更何況，喬治城大學教授約瑟夫・麥考汀也觀察到，許
多年來工會受到多次打擊，它們固著在防衛心態。

「在這個國家，光是要從事勞工運動就是個挑戰，」麥
考汀說：「想想看，大眾文化崇尚個人主義的程度；想想
看，這個國家的勞工市場規模有多大、幅員有多遼闊……想
想看，這個市場如何被種族與移民而切分開來。在美國要推
動勞工運動，一直都是非常非常困難的任務。法律幾乎沒有
支持過勞工運動，大部分時期反而都是在阻擋勞工運動。所
以，爬到工會領導地位的人就養成一種防衛心態。通常他們
最在乎的是保護工會機構，不讓外界摧毀它。」所以，冒險
「一直都不是他們擅長做的事」。

我為了這本書而進行超過100次訪談，沒有任何一次比
訪問美國勞工聯合會暨產業工會聯合會理事長特朗卡，更讓
我覺得矛盾又衝突。走進這個組織在華盛頓特區的總部，

第一眼看到的是一幅17英尺（約5.2公尺）高、51英尺（約15.5公尺）寬的馬賽克壁畫《穩定的工作勝過一切》（*Labor Omnia Vincit*），[39]刻畫的是未來世界的景象，以大理石、玻璃與黃金鑲飾而成。我目瞪口呆，一名警衛告訴我，這是北美最大、獨立無支柱的壁畫。

特朗卡的家族祖上好幾代都是工會礦工，多數皆死於黑肺症（black lung）。我的曾祖父也是一樣，他從義大利移民來美國當礦工幾十年後也罹患相同的肺病辭世。特朗卡聲音沙啞，是因為他曾經在賓州的礦坑工作，當時他一路半工半讀才完成大學學業。[40]特朗卡現在已經超過70歲，身材矮壯結實，留著和美式足球教練麥克・帝卡（Mike Ditka）一樣的八字鬍，看起來就像個經驗老到的美式足球教練。

我問特朗卡，工會如何在2020年代對抗經濟不平等，為工會成員爭取工作機會，他說答案是：「改變這個國家的勞工法律。我們的勞工法寫於1947年，這個國家沒有哪一件事打從1947年以來都沒變過，除了勞工法。」我請他進一步說明，他指向目前正在審議中的法案。[41]這些法條一旦通過，當企業對集結組織以擴大集體談判權的勞工施以報復，並且弱化所謂的「工作權利」法規，就可以根據法律加強處罰。特朗卡補充說：「我們還必須處理貿易法，同時得處理稅法，也要處理所有現行的經濟相關規定。」

特朗卡說的並沒有錯,但是,「必須處理所有現行的經濟相關規定」,並且重新修訂75年來沒有改變過的勞工法,這件事情本身不只顯示出必須改變的幅度有多大,也顯示出特朗卡與他的同儕在過去幾十年間取得的進展非常少。

我們站在窗前,讓他展示望向白宮毫無遮蔽的壯闊視野時,特朗卡告訴我:「大家在談不平等的問題,只是提到收入的不平等;而我們談的是三個層次的不平等:收入不平等、機會不平等、權力不平等。除非能夠解決權力不平等的問題,否則永遠無法解決收入不平等與機會不平等的問題。所以,現在我們的經濟正朝向崩潰的軌道上。如果不平等的狀況繼續發展下去,整個制度會崩潰。」

特朗卡拿起他的蘋果iPhone手機說:「我們沒有得到這支手機的好處。這支手機裡每一個零件都是用納稅人的稅金製作,每一個零件都是。當然你可以說:『如果你負擔得起,就可以得到這支手機的好處。』但是這些東西賺了很多很多錢,納稅人卻沒有分到獲利。那我們的社會要怎麼做?當未來科技的製造產能愈來愈大,我們要確保這些好處能夠公平公正的分給利害關係人。因為,如果我們不這麼做,崩潰的那一天就會愈來愈近,而不是離我們愈來愈遠。」

特朗卡對權力的診斷完全正確;他認為必須把利害關係人帶回制度裡,這也完全正確。但是,我看著特朗卡辦公室裡遙望白宮與華盛頓的景觀,訪談之後再經過那幅大壁畫時,卻有一種不連貫的脫節感受。特朗卡與大型工會試圖累積與運用權力的方式,總讓我覺得哪裡不太對勁,又很沒有效率。特朗卡擔任工會理事長已經35年了,他是通曉內幕的局內人。他每年都會去參加瑞士達沃斯的世界經濟論壇;他在華盛頓時,經常光顧亞當斯甘草飯店(Hay-Adams),這是權貴人士的聖地,菜單上有售價25美元的龍蝦嫩煎蛋,(平衡報導一下,他說這間飯店是工會店家)。他認為外表穿著必須和企業菁英一樣,企業裡的「長字輩」高階主管以及國會議事廳才會願意回應他。但是,我認為這不只是錯的,事實上還完全相反。我的經驗是,工會領導人在華盛頓每吃下一口龍蝦嫩煎蛋,或是在達沃斯每享用一份法式開胃小心,就失去愈來愈多優勢。他們會變得遲鈍。儘管他們是達沃斯的會員,但只是初階會員而已。這個世界已經變得更傾向贏者全拿,特朗卡旗下1,300萬名勞工只會眼見自己的權力慢慢流逝。

特朗卡的工會成員面臨的挑戰還包括全球化以及科技變遷,這兩者都改變他們作為「勞工」的地位,因為工作的本質已經改變了。工作愈來愈流動、短期,今天的年輕人更有可能在30年內做30份工作,而不是整個職涯只為一個雇主服務。隨著科技變遷,勞工必須持續不斷提升技能。在2050

年需求量最高的工作，很可能甚至現在還不存在。只在一種產業擁有一套技能，就可以支持勞工度過整個職涯的這種時代，早就已經過去了。

與其把奮鬥目標放在維持現狀，工會必須讓成員迎向改變。當低技術的產業工作遷移到海外時，工會已經失去第一波契機，他們沒有重新訓練成員取得高技術、科技導向的工作，而這些工作目前依然穩當的根植於美國。但是，工會還是可以重新定位，提供這些服務給工會成員。許多勞工甚至不需要轉換產業，因為研究者估計，到了2028年，由於勞動市場上缺乏技能，企業找不到所需人才的製造業工作機會將高達2,400萬個。[42]為了能夠在2020年代與更遠的未來獲得成功，勞工要學習如何調整工作技能，而工會也可以調整做法，提供資源來協助勞工掌握未來。

莎拉‧霍洛維茲（Sara Horowitz）是「自由業工會」（Free-lancer Union）的創辦人，這個非營利組織為自由工作者提供健康保險以及其他福利。她表示：「大家認為解決方法是回到製造業時代的模式，而且還真的試圖要重新建立那種模式。但是我不認為可以那樣做。我們現在還看不到未來的樣貌，但是卻可以清楚看到，未來絕對不會是過去那個樣子。」

美國碰到的問題，在大西洋對岸的國家也碰到了。英國是某些現代工會組織的起源地，但是前首相瑪格麗特・柴契爾（Margaret Thatcher）領導的保守黨政府在1980年代削弱工會的，從此以後工會一蹶不振。目前，英國的私部門只有14％勞工加入工會。[43]

英國商店通路與勞工聯盟（Union of Shop, Distributive and Allied Workers，縮寫為USDAW）有45萬名會員，我訪談聯盟總祕書長帕蒂・利里斯（Paddy Lillis），但他對未來的計畫並不怎麼令人振奮。這個組織代表不同產業與職業的勞工，有貨車司機、肉販、肉品包裝工人，也有零售業員工與電話客服中心的雇員。這個工會最主要的組織策略是在各地的購物中心發放傳單，告訴大家實體零售業幾乎快要消亡。雖然發傳單是歷久不衰的策略，但是根本比不上亞馬遜與阿里巴巴的規模，也沒有社群媒體那麼有說服力。

利里斯提出比較有關的進展則是出席委員會，和政府官員視訊開會。他很興奮的告訴我，首相特別提到他的工會名稱。這些都是過程與禮節的一環，而不是真正的結果，他們現在真正需要的更多，不只是工會被認可為確實存在的組織而已。工會組織必須要發展新的策略來動員勞工，也要把新的要求提上談判桌。

為了達到這個目的，美國的草根組織正開始實驗一些新方法。

一點點承諾

21世紀工作的本質，並不在傳統工會可以處理的範圍。歷史上，工會組織策略靠的是成員距離夠近，以及會員數量帶來的力量。在員工眾多的大型職場，例如礦坑或汽車工廠，比較容易動員罷工或是建立勞工對工會的支持。然而，當勞工散布在不同地點的辦公室、連鎖餐廳或是連鎖商店，相對就比較不容易一起採取行動。如果大家不是並肩一起工作，就比較不願意在罷工警戒線上並肩合作。

由於企業把工作外包給臨時工、自由工作者，或是獨立承包商，勞工距離太遠的問題就更加嚴重了。這些「替代式的工作安排」讓勞工能有更彈性的工時，也不太需要對公司有向心力，但是這也讓企業不必把某些全職員工享有的福利與保障，延伸適用於這些臨時勞工。[44]契約工到處都有，例如機場裡幾乎所有行李搬運工、三分之一的建築工人，以及超過一半以上的Google員工都是契約工。[45]其他平台經濟的工作，也就是透過像Uber、Lyft、Postmates、TaskRabbit、Instacart等數位平台賺錢的人也是契約工。這些各種不同的獨立聘雇型態，稱為零工工作（gig work）。

零工工作有許多不同的型態，所以很難準確估算出零工工作者的人數。美國勞動部報告指出，大約有10％美國勞工仰賴「替代式的工作安排」作為主要職業；[46]聯準會則估計，大約有30％美國勞工參與某種類型的零工工作。

　　當大家在談論獨立聘雇時，通常直接跳到Uber、Lyft、Postmates、TaskRabbit、Instacart等公司這些「隨叫隨到」的勞動力。這當然是零工工作當中最容易見到的型態，但是，美國只有不到2％勞動力是透過這種「電子媒合工作」作為主要的收入來源，[47]當然如果算進利用這些平台做副業的人，比例會高出許多。不過，在去中心化的勞動人口裡，這種類型的工作仍然相當典型。只要使用過這些平台來工作的人就知道，勞工完全是孤身一人在工作。沒有同事、可以自己安排工作時間，和公司的互動也僅止於行動應用程式出問題的時候。在大部分的情況當中，你的訂單還有你的收入，都是由軟體來安排。

透過行動應用程式來罷工

　　當這些科技平台發展出全新的工作方式，這些契約工作者也正在開闢全新的路徑，將大家組織起來。

　　2017年8月22日，超過100位Uber與Lyft司機集結在洛杉磯國際機場（Los Angeles International Airport）外抗議，要求提高工資。[48]因為他們的雇主為了替乘客降低成本，將司機的薪資費率壓低了。在2013年到2017年之間，全國共乘汽車司機拿到的薪資減少超過50%。[49]

　　有一名抗議者告訴記者:「我們這些司機大部分一天工作10小時、12小時、甚至15小時,一週工作6～7天。幾乎見不到家人,也很少看到自己的家。每跑一英里(約1.6公里),Uber只給0.67美元,讓我們整天都在路上奔波,要我們到機場來等一小時,接一個要去Playa Vista*的乘客,然後他只要付我們4美元。我要請問你,你的時間值多少錢?」[50]

　　這場抗議活動就像其他草根行動一樣,都是透過臉書來組織集結。[51]接下來幾個月,這場行動的組織者組成一個新團體「共乘司機聯合會」(Rideshare Drivers United,縮寫為RDU),目標是為Uber與Lyft的司機提高薪資、改善工作條件。為了讓訴求得到更多重視,這個團體必須招募會員,需要和司機聯繫,而這些司機可能一連好幾天都不會和其他零工經濟同儕的行車路線交會。簡而言之,共乘司機聯合會需要解決距離的問題。

　　於是,這些組織者轉而利用科技。如果這些司機是透過行動應用程式來工作的,何不透過行動應用程式來罷工呢?

　　有一位自由接案的軟體開發者伊凡・帕爾多(Ivan Pardo)挺身協助,幫他們做了一個行動應用程式,作為招

---

* 譯注:南加州洛杉磯附近的科技新創聚集地。

募新會員的一站式工具。[52] 透過這個行動應用程式，抗議活動的組織者可以安排和司機視訊，透過加密頻道和他們溝通，評估他們對組織有沒有興趣，衡量他們對企業政策的感受。但是，即使透過這個行動應用程式，共乘司機聯合會還是必須找到方法，和更多司機取得聯絡。最後，解決點子來自布萊恩・杜爾博（Brian Dolber）。

杜爾博形容自己是社運學者；他留著一叢茂密的鬍子、髮際線倒退、戴著粗框眼鏡、隨意的學術界穿著，外表看起來非常符合這個角色。杜爾博在 2015 到 2017 年間開始偶爾兼差開 Uber，而且就和許多零工工作者一樣，他也有一份正職工作。杜爾博是加州州立大學聖馬可校區（California State University San Marcos）的兼任教授，正在寫一本書，主題是 20 世紀早期的猶太勞工組織。兼任教授是學術人員當中的獨立契約工作者，大部分年收入不到 3 萬 5,000 美元，[53] 每學期的課程安排都會變動，所以杜爾博必須找額外收入。他也把共乘汽車駕駛視為研究的機會，畢竟，要研究零工經濟，有什麼方式比加入它更好呢？所以杜爾博開著他的銀色本田喜美（Honda Civic），載著乘客穿梭在洛杉磯郡的水泥叢林中。

杜爾博是在一場學術會議上得知共乘司機聯合會，於是他決定出席這個組織在洛杉磯的會議，因此認識帕爾多。當時，這個組織只聯絡到大約 500 名共乘司機，但根據估計，全加州有30萬名共乘司機。[54]由於Uber與Lyft的公開資料很稀少，外界難以得知他們旗下有多少契約工，所以要找到這些司機並取得聯絡是很花時間的過程。那個時候，共乘司機聯合會多半透過在洛杉磯機場停車場四處詢問，才找到那些司機加入會員。[55]不過，杜爾博與帕爾多想出一個策略，可以找到更多共乘司機，那就是利用臉書。

「使用臉書最能夠辨別出誰是司機，」杜爾博說：「臉書知道誰是司機，因為司機會下載行動應用程式到手機上。人們並不會跳出來說自己是共乘司機，而是臉書本身就能得知誰是司機……然後對他們投放廣告。」

杜爾博申請到一筆研究經費，於是他和帕爾多做了一則臉書宣傳廣告，針對洛杉磯的共乘司機投放廣告。[56]他們的策略很簡單：當使用者點擊廣告，就被導到共乘司機聯合會的網站，受邀加入組織。[57]接著，志工再用行動應用程式來聯絡有興趣的司機，並討論怎麼參與活動。

身為教授，杜爾博以學術上精準度來經營這個宣傳活動。2018年10月到2019年1月之間，他們召募到1,147位新司機，讓聯合會的會員人數成長超過一倍。[58]在宣傳期尾聲，每一位新招募進來的司機，組織花費的成本大約是73美分。這時組織裡已經有超過1,400個會員，各自為了改變共乘汽車產業，而在不同的政策上著力。組織裡的領導人根據司機的反應打造出「司機人權法案平台」（Drivers Bill of Rights）。

杜爾博告訴我：「要在零工經濟當中組織人群，有一個很大的問題是沒有中央空間……沒有廠房可以讓勞工見到彼此。社群媒體則提供一個出路。」不過他也注意到，科技可以讓組織成形，[59]卻不能取代有動力又積極的組織成員。

「其他工會能召募到職場上一定數量的成員，在這一點上我們以小搏大做到了。方法是利用科技作為工具……來建立真正的關係。我們不是因為科技才能辦到這一切，而是因為我們有優秀的組織者，投入許多時間與精力，而且司機真的都滿肚子怨氣。我想，從某個方面而言，科技已經成為必需品，因為零工經濟讓勞工四散各地。有意思的是，科技造成人們離散，但也是科技讓人們再度連結起來。」

到了2019年3月25日，共乘司機聯合會已經成長為擁有3,000名會員的組織。[60]在Uber把洛杉磯地區司機的薪資每英里降低25％後，這個組織動員起來進行全市罷工。數千名司機參與，好幾百人在Uber洛杉磯辦公室外面拉起罷工警戒線。幾週之內，又有1,300名會員加入共乘司機聯合會。2019年5月8日，Uber預定要在幾天之後首次公開募股，聯合會於是發動全國罷工。[61]數萬名司機登出平台，好幾座大城市都有遊行，包括亞特蘭大、波士頓、芝加哥、洛杉磯、紐約、費城、聖地牙哥、舊金山、華盛頓特區，這股浪潮甚至傳到英國。

5月10日，Uber正式上市的第一天，股價跌掉超過7％。[62]如果換算成投資人損失的資金，這是1975年來表現最糟糕的首次公開募股。比Uber早幾個月上市的Lyft也沒有好到哪裡去。持平而論，Uber表現不好還有其他因素，其中之一是Uber從來沒有轉虧為盈。不過，好幾千名員工集體罷工，對投資者來說也不是什麼好事。

某種程度來說，這就是罷工的重點。這和20世紀的罷工不同，因為當時的罷工行動重點在於停止生產或是造成企業的營業損失，現代罷工的集體行動重點則是要廣為人知，進一步影響公司的品牌形象，以及公司在投資界的觀感，導致股價漲跌。多虧了數位媒體，規模相對小型的罷工或抗議活動，也可以吸引到許多關注。在1936年，通用汽車員工必須讓汽車生產停擺，才能讓他們的聲音被聽到；現在，只要幾條消息在網路瘋傳，就能點燃某項訴求。發起為期一天的全國罷工，也比發傳單更能改變公眾的意見。

「我覺得很多司機都想要影響企業的獲利……但是，我不認為企業是那樣運作，我也不認為得這樣做才能造成最大的衝擊，」杜爾博表示。「如果我們能夠讓夠多人談論這件事，就能讓投資人害怕。投資者不一定要看到每個人都來罷工，他們只需要聽到……這個經營模式有危險，而且員工並不高興。」

　　雖然共乘司機聯合會的策略相當有啟發性，這項勞工運動卻面臨一項現實上的困難，那就是Uber絕對不可能答應某些要求，即使我們認為這些要求非常合理。[63]公司的確可以為司機達成幾項真正的改變，例如要求政策比照傳統勞工的保障、付款機制透明、被踢出平台的司機有管道可以申訴，以及有權利組織集會、不會受到公司報復。但是，如果審視幾項衝擊比較大的改變訴求，例如把司機劃分為正式員工、或是大幅提高工資等，很可能會讓Uber破產。Uber在全球有超過390萬名司機，[64]如果這些勞工都被算作正式員工，這間公司就會變成全世界最大的雇主，比美國國防部、中國人民解放軍與沃爾瑪還要大。我寫作這本書的當下，Uber是一間還在賠錢的公司，就算距離實施這些改變還很遠，光是2019年就已經虧損超過80億美元。它的經營模式讓它無法比照其他產業提供真正的勞工保障。如果真的提高薪資或是把司機歸為正式員工，Uber的服務可能會退回初衷，只提供給有錢人坐的黑頭轎車，不然就是完全退出這個產業。

全球化的經濟型態

　　不過，如果零工經濟是2020年代與未來的指標，那麼我們的社會必須正視這個矛盾。我們必須決定,哪些權利與保障要延伸到所謂「替代性工作安排」的勞動人力,雇主與政府各自要提供什麼保障。如果企業採取類似Uber的經營模式,無法給所有員工最低薪資以及像樣的福利,那麼只剩下下列四個選項。

1. 不管是什麼商業模式,都強制實施應有的勞工保障。那麼,像共乘汽車這樣的零工工作就會回歸到原本的黑頭車接送營運模式,而不是為大眾提供服務。
2. 政府以更高品質、更穩固的社會安全網來填補這個空缺。
3. 政府將零工經濟與其他形式的契約工作視為非法(例如在義大利,Uber被限制只能提供禮車接送服務,而且只能在兩個城市營運)。
4. 制定法律,為彈性工作的勞工保障福利額外開闢財源。

在21世紀全球化與科技導向的經濟型態中,資本變得更流動,勞工也變得更流動。零工工作與其他替代工作安排,比起以前朝九晚五的傳統工作,讓人們更有彈性、更自由。

但是，就像流動的資本有代價，流動的勞工也付出了代價。在下一章，我會花比較長的篇幅來解釋，全球資本流動讓企業合法將稅金減到最低，迫使各國在稅務政策上逐底競爭。同樣的，彈性的勞工市場代表著員工福利不再綁定在同一個地方。為了確保勞工能在2020年代分享到經濟繁榮的好處，我們必須開發出和工作一樣有彈性的薪資與福利模式。為了解決勞工的問題，我們不能每一間企業個別應對。

Uber執行長達拉・霍斯勞沙希（Dara Khosrowshahi）投書到《紐約時報》的文章標題為〈我是Uber執行長，零工工作者應該獲得更好的待遇〉，他寫道：「我們必須給零工工作者『第三條路』，但是必須更明確，因為我們不只需要新觀念，還需要新法律。目前的制度是一體兩面的，每次企業提供額外福利給獨立工作者，就削弱他們的獨立性。如此一來，企業會承擔更多不確定性與風險，這正是我們需要新法的主要原因，我們不能完全靠自己行動。」[65]

霍斯勞沙希的提案是，零工經濟企業應該受到約束，依法建立基金，讓勞工可以用來支付勞工福利，金額則和勞工投入的工作時間相對應。他舉例，如果這樣的法律在全美各地實施，Uber就必須投入6億5,500萬美元給勞動福利基金。這聽起來很美好，但是考量Uber在全國有數百萬名司機，計算下來就不是那麼美好了。以他舉出的例子與算式來計算，科羅拉多州的司機每週平均工作35小時，所以公司每年大約要投入1,350美元到基金裡。如果以健康保險成本與其他勞工福利來看，這筆數字實在是高得驚人。不過，還是要肯定霍斯勞沙希，因為他正視這個問題並提出方案。然而，他舉出的例子顯示，根據Uber這種條件，以雇主為基礎的福利制度會讓司機陷入很糟糕的狀況。

賽局理論在這裡完全不適用。除非Uber能夠併購夠多公司，偶然碰上更好的商業模式，或是Uber所有車輛都變成自動駕駛，除去最大的成本（就是司機），否則Uber絕對無法獲利。

可轉移的福利保障制度

將引領我們迎向未來的勞工運動，必須能夠開關新模式，並且為那些在夾縫中工作、無法納入傳統工會的勞工提供福利保障。現在的人比以前更常換工作，將勞工福利與雇主綁在一起不再是務實的做法。勞工換工作時，應該能夠把健康保險、親職假以及退休金計畫帶著走。受惠於新一代工會領導人的創新技能，我們已經看到這種「可轉移」的福利制度出現。

莎拉・霍洛維茲領導勞工組織的能力來自遺傳。[66]她的祖父協助建立美國最重要的一個成衣工人工會，她的父親則是接案的勞工律師，她母親則是教師工會的活躍成員。霍洛維茲的祖母在曼哈頓下東城區有一間一房一廳的公寓，霍洛維茲小時候經常去玩，還吃著加入即溶咖啡攪拌的冰淇淋當點心。這棟公寓大樓的名稱是以紐約的勞工領袖西尼・希爾曼來命名，住戶都是美國成衣工人聯合工會（Amalgamated Clothing Workers of America）的成員。

霍洛維茲在紐約布魯克林高地長大，她以為每個人都和自己與家人一樣對工會充滿熱忱，直到上了大學，她才知道外界對勞工組織的看法並不是那麼正面。當時，雷根總統才剛剛壓制飛航管制人員的罷工事件，而且在美國與英國，人們對勞工運動的態度也在轉變。

「以現在的文化而言，真的看不到工會能帶來什麼好處，」她說：「當然，工會有許多合法性的問題，但是我認為現在的狀況是，我們倒掉洗澡水的同時也把嬰兒跟著倒掉了。」

1995年，霍洛維茲創辦自由工作者工會。嚴格說來，雖然這是一個非營利組織，但是它為獨立工作者提供的許多服務，都和傳統工會一樣。它協助會員彼此聯絡、組織集會，而且最重要的是，還能提供福利。如今，這個組織提供健保、退休金計畫以及其他保障給契約工作者，這是他們無法透過雇主取得的勞工福利。不過，和以雇主為主的勞工福利計畫不同的是，加入會員的勞工就算換了工作，還是可以保有這些福利。

這一點相當珍貴，因為現在不提供福利的雇主，不只有零工經濟的雇主。舉例來說，光是退休金這一項福利，在這幾年間雇主提供的退休計畫已經改變很多。過去幾十年來，像是給付退休金的「確定給付制」（defined benefit plan）相當普遍，對於已經退休的員工，雇主還是要支付退休金。然而，現在常見的做法則是「確定提撥制」（defined contribution plan），這完全仰賴員工自己存進去的退休金。這種制度對薪資較低的勞工而言特別棘手，因為他們付完基本生活開銷之後，能夠提撥到退休帳戶裡的資金非常少。30年前，美國大約有一半以上的勞工擁有確定給付制度的退休金，現在比例已經落到將近只有20％。[67]

如今，社會契約變得更加個人化，上述情形就是其中一個例子。在經濟愈來愈嚴峻的狀況下，我們的整體社會不論雇主或政府，都做得比以前更少，提供給人民與勞工的保障也更少。除了保證退休金金額降低，健康照護與教育的成本傾向私有化的比例也更高。這種高度個人化的福利保障與社會契約，導致人們為了滿足基本需求，而陷入像電影《瘋狂麥斯》那樣的暴力競爭。

由自由工作者工會率先推出可轉移的福利保障制度，這個模式可以讓其他勞工組織借鏡，政府也可以提供支持並協助推廣。

霍洛維茲說：「我認為，從許多方面而言，我們真的要揚棄過去那種職業公會的模式，朝向自助與互助的模式發展，而且要利用科技把這些功能串連起來。在我看來，人們因為彼此的共同點而聚集起來，也會為了各自的需求如訓練、教育、求職等團結起來。我認為代表勞工的單位仍然會是集體的組織，但是這個組織可能是根據地理位置而建立，可能是根據職業而建立，而不是根據特定雇主而建立。」

華盛頓州的政策制定者已經發展出可能的解方，規定媒合勞工與客戶的公司必須提撥一筆費用。這筆錢適用於在線上或是透過行動應用程式營運的共乘服務、自由工作者接案平台，以及更多不是以網路為基礎的傳統雇傭型態，對於這些勞工而言，這筆資金是可轉移的福利保障。勞工運動領導人大衛・魯爾夫（David Rolf）與創投業者尼克・韓諾爾（Nick Hanauer）合作設計出一套「共享安全系統」（Shared Security System），可以反映出2020年代的勞動本質。這套系統的基礎是社會安全保障，但是也包括以前全職員工享有的就業福利。這些福利是透過自動扣繳薪資而建立，無論勞工屬於哪一種雇傭類型都適用。而且，為了提供社會安全保障，這些福利可以轉移（可以跟著勞工換工作）、按照比例（根據完成的工作比例支付）、普遍適用（不限雇傭類型）。這些觀念相當值得注意，是啟動改變的必要起始點。

但是整體來說，美國或英國還沒出現類似的做法，所以我們最好看看中歐與北歐國家的模式。

中歐與北歐模式

在美國，工會是代表單一企業的員工、為他們發聲；但是在許多歐洲國家，工會代表的是整體經濟中的各種產業，這種「產業式」的勞動談判讓工會能夠滲透到新的行業當中，提高經濟體中所有勞工的薪資。

在丹麥、芬蘭、挪威與瑞典等國，工會跟資方談判有三個層次。在國家的層次上，工會聯盟與工商協會，會為整體經濟當中所有勞工制定標準。在行業的層次上，某些工會與雇主，會為整體經濟當中的個別產業領域制定標準，例如在製造業、金融服務業或零售業。在地方的層次上，工會與個別企業會一起決定某些協議。在這個制度的運作之下，即使勞工沒有加入工會，絕大多數人還是能夠獲得工會員工享有的較高薪資與福利。就像自由工作者工會提供的是可轉移的勞工福利，各個產業與全國層次的協商提供勞工保障與權利，不受限於單一雇主。其他國家的特定產業中，也可以看到類似的制度。

舉例來說，我訪問義大利設計師布涅羅‧庫切內利（Brunello Cucinelli），詢問他為工廠裡的紡織工人與其他勞工支付多少費用。他告訴我，時尚界新創公司與工會之間，在政府的監管之下談出一份全國契約，基本工資的標準是根據工作型態而制定，然後庫切內利再加20％。他們並沒有逐底競爭，薪資標準是由各方利害關係人共同制定，包括企業、勞工與政府，制定出一個各方滿意的最低標準，然後庫切內利再往上加20％。

在丹麥、芬蘭、挪威與瑞典，超過半數的就業人口都有加入工會，超過70％的勞工也是經由集體談判而得到保障。[68]在丹麥、瑞典與芬蘭，工會也有責任處理失業保險，這對勞工而言是一項誘因，可以吸引他們加入工會並負擔相應的費用。[69]現在，這些國家的工會會員人數比例是世界最高的。

和美國與英國不同的是，許多歐洲國家在勞動條件上似乎愈來愈進步。芬蘭首相提出把標準工作時數從八小時降低到六小時。[70]鄰國瑞典有70％就業人口加入工會，[71]就連首相本人都曾經是加入工會的焊接工，因為擔任瑞典金屬工業工會監察委員而接觸政治。這讓我回想到理查‧特朗卡望向窗外，談論著權力以及未來可能崩潰，在瑞典則是由工會焊接工掌握這個權力。

除了工會權力大不相同之外，幾個歐洲國家也已經找到額外的創新做法，確保企業在行動時能考慮員工福祉，那就是讓勞工在董事會有一席之地。

這些國家包括德國、奧地利、丹麥、瑞典、芬蘭、挪威與荷蘭，規定規模達到某種程度的私人企業必須在董事會裡保留特定比例的席次給勞工代表，這種政策稱為「共同決策」（codetermination），讓企業員工能參與高層的決策。

在董事會裡的勞工代表人數，不同國家所設定的門檻各有不同。在丹麥是員工35人以上的企業，勞工必須選出董事會席次三分之一的勞工代表。[72]荷蘭是員工100人以上的企業。德國則是員工人數500～2,000之間的企業必須保留三分之一監事席次給勞工選出的代表；2,000人以上的德國企業，半數的監事席次必須由員工選出的代表來擔任。

英國前工黨閣員道格拉斯‧亞歷山大說，在管理階層有代表，就表示勞工在經濟上能得到更好的結果。

「人們強烈支持勞工代表必須在董事會擁有席次，」亞歷山大告訴我：「這幾年來我們學到多元共融能改變對話，同樣的，如果建立起有效的代表團，光是呈現多種不同的聲音，就能影響對話。許多有『共同決策』制度的國家，比起其他國家與企業，在保有國際競爭力同時，又能持續擁有對員工比較慷慨的社會契約。」

　　這項主張也有數據支持。員工在董事會階層有代表和更高的工作保障與較低的收入不平等，呈現相關。[73]在大蕭條期間，斯堪地那維亞半島的企業當中，董事會有員工代表的企業，更可以接受短期削減成本的措施，例如無薪假或減少工時，而非裁員。在美國，執行長與勞工之間的薪資落差是德國的兩倍，也是瑞典的四倍。

　　資料同樣顯示「共同決策」更能促進企業做出長遠的決策。丹麥、瑞典、德國與奧地利的企業，把營收花在研發的比例比美國企業更高。[74]1998年到2014年間，美國企業宣布共11,096件買回庫藏股，而德國、奧地利、丹麥、瑞典、芬蘭、挪威、荷蘭總計加起來只有533件。[75]雖然許多人會爭論說，共同決策的結果是成長比較緩慢、利潤比較低，但許多研究顯示，這種論述並沒有清楚的證據支持。[76]

　　在德國、奧地利、瑞士與其他歐洲國家，代表員工的還有勞資會議（work council）。這種組織通常和工會有緊密關係，但是各自責任明確。工會和資方談判爭取工資與福利，而勞資會議比較像是個別企業裡的員工倡議者。雖然不同公司的勞資會議各有不同的明確責任，但是它對於直接影響到員工的議題通常可以表示意見。勞資會議與管理階層一起商討員工的工時、假勤與薪資給付方式。資方在裁員或是其他重大人事調整之前，必須先問過勞資會議，而且在制定職場安全標準時，勞資會議也扮演主要角色。在某些案例中，勞資會議對管理階層的決策有否決權。[77]

我曾經在一間公開上市的瑞典公司董事會上列席，他們的高階主管與勞資會議之間的對話，比我在美國經歷過的更正面、更有收穫。勞資會議為員工發聲，但是同時也體認到企業健全能讓未來長期發展更好。難怪很少見到員工大量流動，多數人待在同一間公司數十年。

和代表一個或多個產業勞工的工會比較起來，企業裡的勞資會議比較親近。勞資會議的成員是公司員工，而且是由同事選出來的。大公司的勞資會議就比較大，[78]但是即使是在最大的公司裡，勞資會議只有20、30名成員，每位成員都和自己所代表的同事很親密，同時也和作為協商對象的主管關係密切。這個制度能培養同志情感，你比較能信任一起吃午餐的人會做出正確決定，而不是在華盛頓吃一份要價25美元龍蝦嫩煎蛋的工會領導人。

「大部分勞工對勞資會議的向心力比對工會還要高，」哈佛經濟學家理查・費利曼說。

不過，這並不表示，有勞資會議的產業不需要強大的工會。喬治城大學的卡曼紐維茲勞工與窮忙族研究計畫研究員史提芬・勒納爾（Stephen Lerner）本人也是工會組織者，他表示，勞資會議有時候會獨惠自家公司的員工，而不是整個產業的勞工權益。為了達到平衡，必須同時有內部與外部團體來為勞工發聲。

德國率先發展出這種企業內部的勞工參與決策制度，雖然許多歐洲國家也採行類似的企業治理結構，這種制度還是被稱為德國模式。道格拉斯·亞歷山大表示，英國與美國的勞資關係「向來敵對」，但是有強大的工會與勞工代表的國家，「更能尋求雙方同意的方式」來營運企業。

地中海歐洲模式

並不是所有歐陸國家的工會都能重新塑造整個產業，又同時為企業與勞工帶來好處。採用德國模式的南歐與西歐國家，勞動人口有比較高的比例加入工會，但是勞資之間的摩擦幾乎沒有間斷過，而且通常是兩敗俱傷。

義大利與法國並沒有「共同決策」制度，而且工會認為勞工永遠站在資方的對立面。我這輩子在義大利住過三段時間，每一天都有人在罷工，可能是鐵道員、可能是計程車司機，也可能是任何部門、在任何地方。

對勞工來說很重要的是擁有罷工的權力，但是罷工太頻繁而且沒有結果，也是制度失靈的徵兆。在義大利，罷工實在太頻繁了，企業無法營運也沒有人會皺個眉頭，大家幾乎把罷工當作放假日。你要是問一句，通常人們會聳聳肩說：「今天就是個罷工日。」如果罷工日選在週五或週一，那就變成假日比較長的週末，勞工通常事前就規劃好去度假。而且，通常罷工不是針對某個問題表達不滿或是希望得到某些結果，此外，沒有人會發起線上抗議活動，也沒有人會實地到現場抗議。基本上在義大利，罷工日就是一個休假日。

在法國，罷工通常造成的是五天上學日縮短成四天。在西班牙、葡萄牙與希臘，勞資會議名存實亡、很少運作，而且這些國家經常有罷工活動卻沒有任何效果，結果變成雇主與勞工之間出現一道無法消弭的隔閡，最終兩敗俱傷。

勞資雙方缺乏承諾導致無法運作，無論是在企業內部、產業、整體經濟都缺乏動力。所以，採用德國模式的國家能達成比較高程度的成長，勞工薪資也比地中海國家更高。而且，由於地中海國家的雇主很難解雇員工、甚至不可能解雇員工，有很大一部分人力最後得往黑市去找。許多企業根本沒有意願聘雇員工，因為一旦正式雇用就無法解雇，導致許多工作轉向地下，於是企業要付的稅金就又降低了。諷刺的是，這也導致勞工權利減少。這種制度對企業、勞工與政府都沒有好處。地中海模式比美國或英國模式更差，和德國模式背道而馳；英國與美國模式還可以讓創業精神自由發

展，德國模式的共同決策制度，則讓勞工把公司的成功當作
自己的利益，並且高階主管在下決策時必須將勞工視為利害
關係人。然而，在地中海國家，勞資雙方並沒有這種相互的
忠誠。

目前為止，我們的重點幾乎都放在歐美企業與勞工的關
係。但是在開發中國家，這種動態非常不一樣，本書接下來
會討論到，不過還是值得先在此一提。

過去30年，全球化造成工會工作流出西方國家，為亞
洲、拉丁美洲與非洲國家帶來相當可觀的經濟機會。這些開
發中國家並沒有跟上早期的工業化浪潮，而當西方跨國公司
入駐以及當地企業成立，並且創造出工作機會與經濟成長
時，勞工薪資提高了，許多人因而脫貧。通常主流經濟制度
崩潰時，我們會看到勞工運動開始生根，但是，過去幾十年
來，這種制度在開發中國家對大部分勞工是有利的；條件是
你得不帶感情、純然以分析式的眼光來檢視數據。而且，這
些國家的政府通常會對勞工群眾運動進行暴力鎮壓。

只要薪資繼續上漲、經濟持續成長，那麼就比較不會發
生勞工運動。但是，一旦成長停滯，我們就會開始看到騷
動。極權國家或許可以鎮壓這些平民運動，但是民主國家就
比較難採取強硬的手段。

21世紀的勞工運動

　　私部門並不會自己主動採取「共同決策」制度，或是其他形態的利害關係人資本主義。有些企業可能會重新打造經營模式，變得對生態比較友善、對員工更好，有些企業則可能進行小幅的調整。但是，在全國整體經濟的幅度上，要改變企業的優先順序，則需要外力介入。儘管股東與企業高階主管懷抱最良善的意圖，但是他們還是不會願意放棄權力與自由，以及在目前制度下享有的豐厚報酬。

　　就算基於價值與道德的考量，企業願意讓步、給勞工參與治理的權力，資料卻顯示，美國與英國企業對股東比較有利，中歐與北歐國家的企業對利害關係人比較有利。只要採取股東利益最大化的作為，勞工就會被排除在外、無法參與治理。

　　道格拉斯・亞歷山大說：「我看到的是，一旦缺乏有效的內部談判或是外部壓力，幾乎沒有證據顯示企業會朝向更公平、更平等的方向來分配利益。」

　　要透過爭取加薪來爭取更平等的利益分配，有兩種方式可以做，正面衝撞的內部談判，或是運用外部的壓力，兩種都值得去做。更有可能達成目標的另一個重要機會則是，爭取更平等的股權分配。企業高階主管與勞工之間的薪資差距很大，而在資本與持股的差異更是巨大，而且這是貧富不均持續惡化的原由。有錢人通常不是因為雙週薪資條上的數字增加變得更有錢，而是因為他們的資本價值增加了，也就是他們擁有的股票、房子，以及有價資產的價值增加了。

我認識的富豪身價有幾十億美元，所得稅率卻比我還低。這是因為他們大部分不是因為薪資高而富有，他們真正的獲利來源是資產所得。而我繳的所得稅占年收入的比例，可能還比我雇用來協助寫這本書的20幾歲研究員還要少。我不是億萬富翁，但是我的收入包含薪資與資產所得，這種組合讓我的稅率比剛出社會的年輕人還要低，他們的收入來源只有薪資。

我的稅率比億萬富翁還高，這很荒謬；我的稅率比這本書的研究助理還要少，這也很荒謬。在接下來幾章各位會讀到，我們必須大幅改造課稅制度，不是小幅修正或改革而已，而是要徹底改造。不過，除此之外我們還必須確保，更多勞工也能從資本累積與增值當中得到好處，在過去他們是透過擁有房產實現這一點。擁有自住房屋是美國夢的基礎，也是20世紀歐洲與亞洲中產階級增加財富的方式。讓民眾能購置自住房屋，在美國是透過稅制來達成，繳付房貸的利息可以在報稅時列舉扣除。

這種稅制起初是從401(k)等退休金帳戶開始，但是不應該只停在這裡。矽谷之所以成為矽谷，部分原因是員工可以配股，因而吸引來自各地各領域的人才，例如金融與顧問業。工會組織必須體認到，薪資並不是唯一值得爭取的項目。想想看，如果Uber司機能夠從公司的首次公開募股得到好處，司機的處境會好很多。而且，並沒有任何規定禁止科技公司與大企業以外的員工得到配股作為薪酬。不是只有新創科技公司才可以這樣做。

薪酬除了工資之外還有配股，這並不是完全沒有風險，但是風險卻令人驚訝的低。2008年金融海嘯之後，股票市場回復得比房價還快。在新冠肺炎全球大流行期間，股市恢復的速度驚人，而且在疫情中還漲到歷史新高。

以配股為基礎的薪酬制度，也可以是一種矯正買回庫藏股的手段；企業買回自家股票是股東資本主義之中最愚蠢又最沒有效率的特質。與其讓股票只留在財務報表上什麼也沒做，不如活用在勞工的資產組合裡。

20世紀社會契約的制定中，勞工運動扮演一個不可或缺的角色。這份社會契約的清單包括最低薪資、失業保險、每週40小時工時、有薪病假、反歧視法、童工相關法條、退休金，還有週末休假。

這些條件在制定21世紀的社會契約時，仍然應該扮演同樣重要的角色。

在美國、英國以及地中海歐洲國家，絕大多數的工會組織已經走過巔峰時期。他們長得太大，會員人數卻太少。

為了取得成功，2020 年代與未來的勞工運動必須行動敏捷，要有能力動員一群離散的勞動人口，迅速把資源放到最有需要的地方。科技可以協助做到這兩件事，但是科技不是神奇子彈。社群媒體以及用來組織人事物的行動應用程式等，或許可以讓草根組織如共乘司機聯合會以小搏大，但是建立有效的勞工運動需要金錢與人力，以及最重要的是動機。哈佛大學勞工經濟學教授理查・費利曼表示，在 2000 年代，許多草根組織曾經試圖利用科技來組織動員活動，卻都失敗了，他說：「我希望我們能利用科技得到更多，但是目前為止並沒有什麼結果。」

雖然工會的組織架構必須改變，但是工會最有力的工具仍然還是集體行動。

喬治城大學的約瑟夫・麥考汀說：「勞工必須集體行動，必須團結在一起，必須在一個夠大的組織裡，才能產生真正的影響力。」雖然罷工在 1980 年代之後不再受歡迎，但是罷工運動現在即將捲土重來。

費利曼認為，通用汽車靜坐罷工事件在 1930 年代開啟勞工組織運動浪潮，今天只要有一場集體行動就可能造成燎原之火。他認為，經濟不好時，勞工更可能會動員起來：「從歷史上來看，那就是西方國家許多工會發展出力量的時刻。這時候的勞工不再相信其他制度。」

當新的勞工運動浮現時，需要提出一套不一樣的要求。勞工運動必須爭取到可以轉移的勞工福利制度，就像自由工作者工會率先推動的做法一樣。但最重要的是，勞工運動必須為勞工爭取在21世紀經濟體系中的位置，不是反對科技進展或全球化，而是要把勞工放在擁抱改變的位置上。

著名政治學家法理德・札卡瑞亞（Fareed Zakaria）表示：「對我來說，最棒的勞工運動是，談判方式隨著改變而調整，而不是抵抗改變。如果企業找到很棒的機器可以做四人份的工作，那勞工運動不要一直寄望勞工還能繼續做這份工作，而是要為這些勞工去談判出最好的重新職訓與解雇方案……這樣才能確保這些人還能再工作20年或25年。勞工運動必須要強調：『這個人既有才能又勤奮守紀，你要怎麼用他？』對我來說，最棒的勞工運動是在勞工的一生各個階段當中，盡量加強這個人的就業能力。」

札卡瑞亞補充說，除了企業與工會之外，聯邦政府也可以扮演重要角色，為這些二度就業訓練計畫挹注資金。他認為我們應該把過去的《美國軍人權利法案》（GI Bill）當作參考模式。

「美國軍人權利法案非常成功，因為它非常普遍適用，

制度非常簡單，」札卡瑞亞說：「我們可以建立一套類似的
制度，想像成一個三方面的平台：當地產業找出未來的需
求；當地社區大學與教育機構提供訓練；聯邦政府付錢。我
們有一套很不錯的社區學院系統，可以再活化它、投入更多
資源。產業界已經在這方面做了許多，而且可以再做更多。
不過問題在於，它會很昂貴。」

　　札卡瑞亞描述的並不是什麼根據假設或理論的做法，也
不是在談可能性，他描述的情況現在就存在於中歐與北歐國
家。這種做法的確所費不貲，但是並不會比發放失業救濟
金、準備國民住宅、給沒有保險的人健康保險，以及增加人
們進入刑事系統的可能性來得更昂貴。在美國，超過200萬
人正被關在監獄裡服刑。這不是偶然，我們的社會安全網太
薄弱了，對於沒有高等教育文憑的人來說，通向經濟富足的
道路太少了。一個人在監獄裡一年要花掉3萬2,000美元，
200萬人就要花超過800億美元，這些錢可以用來訓練人們
擁有美國勞動市場用得上的技能。[79]

參與企業治理與公共治理

　　除了倡議提高薪資、將員工配股作為薪酬的一部分，以
及二度職訓的機會，工會組織必須更有效率投入企業治理與
公共治理。未來的勞工領袖必須對資本如何重新分配有更大

的發言空間，不只是對勞工，而是要對整個經濟體系發聲。
這表示要影響企業董事會裡的決策，也要影響政府。

　　喬治城大學研究員與勞工運動工作者史提芬・勒納爾
說：「你不能把勞工權利和不平等與民主體制分開談，這些
都是交織在一起的議題。」勒納爾的話讓我想到，我曾經訪
問過美國勞工聯合會暨產業工會聯合會理事長理查・特朗
卡，當時他指著一本研究著作，作者是政治學者雅沙・蒙克
（Yascha Mounk）與羅伯特・史蒂芬・佛亞（Roberto Stefan
Foa），特朗卡對我說：

　　這些學者問千禧世代，住在民主國家有多重要。
　　千禧世代有30％受訪者說住在民主美國很重要，
　　70％的人說不重要，24％則說住在民主國家很不
　　好。我看到這個研究結果時，嚇了一大跳。我心
　　想：「這些人到底是為什麼會這樣想？」於是我
　　就去找答案。千禧世代是第一個生長在全球化的
　　世代，他們看到父母的薪資下降，看到健保被拿
　　走，看到退休金不見了，也看到企業獲利創新
　　高，但是他們父母的薪資40年來都沒有成長。他
　　們可能甚至看到家裡失去房產。然後別人對他們
　　說：「沒關係的。去上大學，找個好工作。」所

以他們就去上大學。畢業之後背著一大筆學貸，
一週之內換三個、四個、五個老闆，沒有辦法生
活。於是，千禧世代開始把資本主義與民主體制
視為等同於沒有保障與貧窮。

蒙克與佛亞的研究成果讓我覺得不可置信，但是數據不
會騙人。他們的研究也顯示出，X世代與更年長的世代對於
民主體制的態度，和千禧世代對民主體制的態度非常不同。

勒納爾也強調這一點，他說：「勞工運動主要注意力都
放在提高薪資與福利，以及關注只發生在工作上的事，這種
勞工運動面臨到的是，無法發展出讓大家活出充實人生的社
會。未來的勞工運動不只要把重點放在工作上的問題，還要
關注民主體制的問題、不平等與經濟集中的問題。」

這呼應到早期勞工運動的企圖。20世紀早期勞工運動領
袖希望勞工在企業營運上有發言地位，那時候這個想法被稱
為工業民主（industrial democracy）。北歐與中歐的勞工運
動，發展出企業內的勞資會議以及共同決策制度，達成某種
形式上的工業民主，美國當時卻沒有做到，轉折點同樣是在
通用汽車的罷工事件。

1945年，汽車工人聯合會發動罷工，要求通用汽車提高
薪資與福利，但是不能提高汽車售價。[80]他們也希望公司公

開財報資料，這樣就能證明，在工人的要求得到滿足的情況下，公司還是有獲利。換句話說，對通用汽車和勞工與顧客的互動，工會希望有發言權。通用汽車不答應工會的要求，罷工斷斷續續的持續了五年之後，雙方達成協議：勞工獲得定期加薪與福利，高階主管則是得到保證，只有他們才有權利營運公司。[81]這份協議後來被稱為「底特律條約」（Treaty of Detroit），定義美國勞資之間的動態關係長達數十年。

「大眾與私部門工會都接受這種勞資關係，把企業如何營運這個大問題讓渡給雇主做決定，如此一來，工會的焦點就只有在薪資與福利。」喬治城大學教授麥考汀說：「早期20世紀的工會運動，願景比較宏大。在20世紀早期，工會運動曾經把工業民主當作目標，他們要的不只是更好的薪資，還要真正能夠參與企業營運；他們認為勞工應該是做決策的一份子，企業不是只對股東負責，還要對利害關係人負責。」

如今，麥考汀與勒納爾試圖要把這種宏大願景找回來。他們和其他勞工運動工作者發起一個組織名為「為共好而談判」（Bargaining for the Common Good），這是一個工會側翼團體與社群團體，主要工作在於協調行動並造成更大的社會改變。2019年12月，這個組織公布一張清單，上面有超過130項特定要求，請全國各地的工會將這些議題納入訴求中，例如種族正義、氣候變遷、財務改革、教育不平等，以及公共服務的使用。[82] 這個團體也協助勞工運動領袖協調契約談判，以及透過線上工具來組織宣傳活動。換句話說，這個團體讓無助的勞工組織團結起來，建立集體力量。

未來的新勞工運動

為了在2020年代與未來做到真正的改變，新勞工運動的思考範圍必須超出自己的成員之外，必須為所有社群裡的勞工而協商；否則，勞工運動或許能獲勝一、兩次，但是長遠來說，過去20世紀晚期摧毀勞工運動的經濟力量，仍然會再次扳倒勞工。如果勞工只是爭取短期利益而忽略放大貧富不均的系統性問題，勒納爾表示，那就是「外力協助的自殺」。

「對於使命，我們要把眼光放得更寬廣。我們必須釐清我們試圖要做的是什麼？如何影響經濟與國家的運作？」勒納爾告訴我：「我認為，如果工會只注重提高薪資，結果不只是會失敗而已，實際上反而會變成侵蝕民主體制的共謀。」

想到民主體制的狀態，想到貧富不均的漩渦愈來愈大，我們很容易就蜷縮起來。但是，只有樂觀主義者才能改變世界。就像美國勞工聯合會暨產業工會聯合會特朗卡，他身為工會領袖40年來一直都受到打擊，但是即使被打敗而讓步，他的專注與樂觀態度也沒有消沉，這讓我很欽佩。我問他，改變是不是真的可能，他以粗嘎的礦工嗓音對我說：「很多年來大家都說，經濟景氣就像天氣，你拿它沒有辦法。但是，經濟景氣不是天氣；經濟就是一套規則。這些規則是人訂出來的，而這些人是我們選出來的。這些規則決定誰贏誰輸。過去40年到50年來，民主黨與共和黨都讓菁英成為贏家，我們勞工則是輸家。」

工會已經被打擊長達半個世紀，而且歷年來一次又一次看到，如果情況沒有轉好就會「崩潰」，可是特朗卡卻說了一句和我們整場討論完全相悖的話：「過去40年到50年來，我從來沒有像現在這麼樂觀。」他看到最近幾年新的罷工活動，規模超出過去幾十年來他曾經參與過的罷工；他看到新的組織動員，全新的世代起而參與，開始要求改變，雖然和他以前的組織方式很不一樣，但是這讓他覺得有希望，他告訴我：「而且這很令人興奮啊。」

第四章
●●●●●

稅收與全球經濟的蟲洞

　　稅收是一個很複雜的題目，牽涉到數字與心算。難怪愛因斯坦對為他報稅的會計師說：「世界上最難了解的東西就是所得稅。」[1] 了解稅制的人很少，這些人通常是為跨國企業服務的會計師、銀行金融人員、律師，以及富豪。不過，用20世紀的政策來解決21世紀的問題，會衍生出許多問題，而稅收正是一把可以解套的鑰匙。

　　現在的稅制導致每年有數兆美元的稅金消失，整個國家被外部利益箝制，如果我們能修正它，這本書99％的讀者可以少繳一些稅，政府也會有比較多經費可以運用。稅金問題是許多全球問題的縮影，各國政府在這個問題上被個別擊破。

　　稅制的複雜度以及重要性，可以透過購買皮帶這件很簡單的小事勾勒出來。

　　馬可與茱莉亞外出晚餐；茱莉亞是一位作家，兩人在超市結識。這場晚餐約會非常完美，餐點是蛋黃起司醬義大利麵，用餐時對話愉快，而且還有提拉米蘇作為完美結尾。但是，吃完甜點後馬可覺得腰圍有點緊繃，他俯身去拿帳單時，皮帶釦環蹦開掉到地上。馬可保持鎮定，穿上外套，挽著茱莉亞，陪她散步回家，不留下任何第一次約會的災難故事。現在，第二次約會的日期快要到了，馬克的皮帶沒辦法執行這次的任務。

回到羅馬城市中心的公寓裡，馬可打開筆電在Google搜尋欄輸入「義大利製男用皮帶」。義大利半島製作皮帶已經有幾千年歷史，擁有全世界最精湛的工藝技術，發展出像Gucci這樣的名牌。在馬克的筆電螢幕上，搜尋頁面首先出現一連串廣告，第一個廣告就是Gucci。但是馬可並不是著迷設計品牌的人，而且360歐元的價格也不在他的預算範圍之內。他看到下一個連結，標題是Pelletteria Artigianale Firenze della Famiglia Ascani，大致可以翻譯為「佛羅倫斯手工皮革製造阿斯卡尼家族」，這個家族和Gucci一樣也是佛羅倫斯的百年精緻皮革工藝製造商，但是它的皮帶價格和Gucci不一樣，只需要40歐元。

馬可喜歡螢幕上那條皮帶的模樣，材質是黑色亮面的皮革，相當實用。而且以一條真正的義大利皮帶來說，這個價格太划算了。馬可點下廣告，透過這間公司的網站付款買下這條皮帶。在第二次約會前，皮帶就及時送到了，而且第三次、第四次、第五次約會都發揮功能，後面還有幾次就不必說了。

馬可買下這條皮帶的過程完全是典型的線上交易流程，全世界每天都有數千萬筆線上交易。如果沒有網際網路與電子商務，這一切都不可能發生。如果是在好幾年前，馬克必須走進店家，從貨架上選擇展售中的皮帶，然後在收銀台付款。好幾年前，這筆交易也完全都是在義大利完成，買家是義大利人，賣家是義大利人，由義大利政府收取一筆稅金。

然而，現在的交易當然會牽涉到第四方。如果不是Google，馬克根本沒聽過阿斯卡尼這個牌子。阿斯卡尼公司付錢使用電子商務，廣告每次被點擊，就要付給Google大約0.11歐元，平均大約點擊36次才會有一筆訂單成交。對於阿斯卡尼公司來說，相當於每賣出一條皮帶就要付出3.96歐元給Google，大約是這條皮帶價格的10%。如果再看得更仔細一點，Google以及同業蘋果與亞馬遜，等於已經是這筆交易過程中的課稅者，因為這筆交易經過他們的網路王國。在21世紀經營企業，幾乎不可能不付錢給這幾間科技巨頭。

比較小的企業想要抵抗這種食利者資本主義（rentier capitalism），紛紛對這種壟斷霸權發出不滿；這些霸權源於他們擁有網路市集，例如App Store或是Google的搜尋頁面。有些人會說，要做線上生意，這是不得不花的成本。

不管你怎麼想，Google都會從馬可購買皮帶的交易，以及每天數十億筆交易當中獲利；更大的問題是出在Google怎麼繳稅。馬可的交易中，每一方都有繳稅：阿斯卡尼要繳22％加值稅（VAT）給政府，在數位時代之前就已經是這樣；馬可要繳所得稅，他的收入41％以上要繳給義大利政府。但是，這筆交易裡最大的玩家，也就是市值數兆美元的Google，要繳的稅率令人震驚，只有0.7％。就這麼一點點。

稅率這麼低並不是因為義大利政府給Google特殊豁免待遇。根據義大利法律，所有在義大利境內的企業所得都要繳交24％營業稅。但是問題在於，Google布下一套複雜的做法與移轉機制，把營收轉出去，不會出現在義大利政府的帳本裡。Google從這筆網路交易獲得的3.96歐元，是由位在愛爾蘭的Google子公司收取，而愛爾蘭的稅率比較低。這只是Google的第一個把戲而已。

減少稅率的把戲

對於這種稅制漏洞，一般公民可能會認為和自己無關或是覺得很無聊，尤其是趕著要為第二場約會盛裝打扮的人。但是，如果看仔細一點，理解到這些運作機制的規模有多大，並且開始明白這些機制在世界財富聚集的地方占據中心地位，就會了解到 Google 的行為不只是鑽漏洞而已。那是一個全球經濟的蟲洞，已經漸漸蠶食世界各地行之數十年的社會契約權力，而且沒有要停止的跡象。

義大利人馬可在網路上購買義大利製皮帶，這筆義大利交易之中有 10％不翼而飛。一旦這筆錢流進愛爾蘭，它又使了一次消失術，然後一次又一次。整條交易鏈讓 Google 把數十億美元收益轉走，顯示出在全球化的世界裡，驅動企業權力與不平等的最大一股力量。

一條皮帶可以讓 Google 賺到 3.96 歐元，而世界各地每一天 Google 廣告的點擊次數是數十億次，以此推算，可以想見這筆錢有多麼可觀，不只是 Google 賺到的錢有多可觀，還有 Google 營運地點的政府損失的稅金有多可觀。[2]我們今天的稅法是為實體世界的交易而制定，有實體的貨品以及清楚的國家邊界。但是，當企業轉向數位，營運地點分散到全球各國，這些法條就不管用了。經濟學家估計，由於企業避稅，各國政府每年損失的總金額超過 5,000 億美元。[3]富豪採取更多避稅手段，通常手法也和跨國公司相同，因此政府損失更多。

當然，可能對各位來說，稅收是個讓人討厭的字眼。誰在乎啊？如果馬可有選擇，他也會這樣做，這樣他就買得起Gucci 了。但是，稅收對政府來說是核心要務，而我們都要靠它。如果政府沒有收入，就不能保衛國家、教育公民、興建基礎建設、支持經濟，或是挹注資金到社會計畫。人們可以辯論政府責任的規模與範疇，但是無論政府的權限多寡，都需要錢才能執行。公平正義的稅制是每一個人都應該公平的支付自己該付的那一份。不同政治光譜的人，可以辯論什麼叫做「該付的那一份」，但是如果任何一方付的錢比他應該支付的還要少，就會破壞掉更大的利益，撕毀社會契約。所以，要不是政府收的錢比別人欠的錢還要少，不然就是某一方支付的錢比應該繳的還要多。

如今在我們的社會裡，聯邦快遞（FedEx）所繳的聯邦稅率比他們的司機還要少；星巴克繳的稅率也比咖啡師還要少。[4]過去50年來，全球化企業有很大一部分的收入流向避稅天堂，而不是流進企業營運地點的國家。但是，如果沒有公用道路，聯邦快遞要怎麼遞送包裹？如果沒有聯邦資金挹注的研究，養成一批又一批科技系所的大學畢業生，Google公司的價值會有多少？如果不是聯邦研究經費讓Google創辦人發展出著名的搜尋演算法，這間公司會存在嗎？如果沒有強大的法院來捍衛這些公司的智慧財產權，沒有有效的軍隊來保護實體財產，這些公司會怎麼樣？美國高等法院法官小奧利佛‧溫德爾‧霍莫斯（Oliver Wendell Holmes Jr.）說：「納稅是為了購買一個文明的社會。」

我並不喜歡比別人多繳稅，而且，年收入5萬5,000歐元

的馬可要繳納41％的稅金給義大利政府，一定非常痛。如果
Google、聯邦快遞、星巴克等公司的稅率，更接近你、我、
馬可還有本書讀者所繳的稅率，我們全都可以繳更少的稅。

　　每一筆交易都在真實世界中造成後果，即使是Google從
這條皮帶賺到的3.96歐元也不例外。跨國公司或富豪每避掉
一美元的稅金，這一美元就沒有辦法用在基礎建設、醫療、
教育、公共安全以及其他政府計畫，而這些計畫不只造福社
會，也造福這些企業。

　　但是，我們看到大部分的避稅行為，並不是明顯的非法
行為。大公司變得愈來愈大，也變得愈來愈有辦法玩弄任何
一個國家的稅制，找到最棒的方法在世界各地把錢挪來挪
去。大企業這樣做才能加速自身成長，然後施壓各國更加放
鬆徵稅權限。這種循環已經持續進行至少半個世紀，這是一
場長期的逐底競爭。

　　我們幾乎面臨最糟糕的狀況。唯一可行的對應方法是全
球通力合作，各國一起移除誘因，讓企業與富豪不能規避幾
十億美元的稅金，反而讓一般大眾去背負這筆錢。

避稅天堂

　　避稅並不是新興的現象。在過去君主專制時代，人們就

在想方設法避免繳稅給政府。

古代美索不達米亞地區的蘇美商人為了逃避國王徵稅，透過各種黑市手法來走私牛羊與穀物。[5]中世紀時期的日本地主遊說朝廷，讓他們的地產可以比照寺廟而免稅，[6]後來這些免稅地產（稱為「莊園」）的範圍不斷擴大，大到竟然已經沒有土地可以徵稅，朝廷因而破產。

歷史上社會菁英階級向來精熟如何避稅，他們有錢、有政治裙帶關係，可以制定對他們有利的法律，圍堵對他們不利的法律。就像日本貴族運用權力大量購置免稅土地，現代的權貴也利用權力來操弄管制鬆散、不透明的金融系統，讓資本在全球流竄，相關政府單位追查不到。

為這個境外世界服務的租稅管轄區，稱為避稅天堂。

避稅天堂出現在20世紀初期，第一次世界大戰之後為了藏匿歐洲的財富而快速激增，並且從1960、1970年代開始，成為全球經濟不可或缺的環節。[7]避稅天堂有各種型態與規模，可以是國家（愛爾蘭與盧森堡）、可以是某個州（德拉瓦州與南達科塔州），也可以是半主權領土（百慕達與香港）。這些地方可能各有特殊專精的領域，像是避險基金喜歡英屬開曼群島，保險公司喜歡百慕達，華爾街金融家被吸引到德拉瓦州，歐洲金融業者集中在澤西島、愛爾蘭、盧森堡。這些資金流動通常都有地緣關係，美國與拉丁美洲的權貴會透過巴拿馬與加勒比海國家轉移資產；中國富豪則是從香港、新加坡、澳門；歐洲富豪與阿拉伯海灣王室則是透過低調隱密的瑞士銀行，不過瑞士制度改革之後變得比較透明，於是這些富豪的資金轉向新加坡以及開曼群島。接下來我們會看到，美國和開曼群島一樣助紂為虐。

但是，不管這些避稅天堂是什麼主權地位或專長哪個領域，他們提供給客戶的東西，就是逃避其他國家的稅法。

舉例來說，Google 從義大利皮革製造商阿斯卡尼收到 3.96 歐元，這筆錢很可能不會繳稅給義大利政府。交易一完成，這筆錢就離開義大利，但是並沒有直接流進 Google 在加州矽谷的總部，也不是流進字母公司（Alphabet）；字母公司是 Google 的母公司，還負責其他各種業務，包括自駕車、機器人外送、生物科技等。阿斯卡尼付給 Google 的這筆錢，將一層一層經過三個國家的公司，其中沒有一間公司在馬可購買的皮帶上扮演任何角色。

Google 和其他跨國公司把錢在全世界各地轉來轉去，是為了讓繳稅金額降到最低，這樣他們就可以從全球顧客身上賺走好幾十億美元，之後也不用把錢分給企業營運所在地的國家。在英屬開曼群島、荷蘭、百慕達、盧森堡與愛爾蘭等地，這些避稅天堂提供低廉的稅率與寬鬆的法規，就是為了吸引外國企業或富豪。這些避稅天堂效法的對象是第一次世界大戰之後的瑞士，而且也像瑞士銀行一樣嚴守祕密，法律規定連政府官員都不能調查這些境外金融帳戶的細節。

避稅流程如何運作

企業可以鑽很多金融漏洞，確保他們在某個國家所賺的錢會出現在避稅天堂。通常企業被課稅的部分就是淨利，因此，他們在高稅率國家把淨利降低，到了避稅天堂再把淨利增加，就可以省下很多稅金。

把營收從某個國家轉到另一個國家的策略，落在所謂「稅基侵蝕與利潤轉移」（base erosion and profit shifting）的範疇內。操作手法聽起來很錯綜複雜，不過大部分並沒有公然違法。

企業把獲利在全球各國轉來轉去，最常利用的手法稱為「轉移訂價」（transfer pricing）。簡單來說，某間公司某個部門付款給同一間公司另一個部門，名目是商品或服務，價格基本上由這間公司自己決定。對於跨國公司而言，通常是由設在某個國家的子公司付款給設在另一個國家的子公司。如今，這種公司內部付款的現象已經非常普遍，國際貿易量大約有三分之一是在同一間公司內部。[8]

「轉移訂價」有很多合法用途。如果你是一間跨國柑橘生產公司,在巴西的子公司把十噸柳橙運送到美國,那麼,這批柳橙的貨款與運費,由美國子公司付款給巴西子公司,這是合理的做法。雖然如此,轉移訂價很容易就被濫用。

2019年,美國企業申報的海外所得淨利是5,777億美元,[9]其中將近60%、也就是3,330億美元,是在七個低稅區「賺到」的:愛爾蘭、盧森堡、瑞士、荷蘭、新加坡、百慕達,以及英屬加勒比海群島(包括開曼群島、英屬維京群島、土克凱可群島、蒙哲臘);而全部海外所得淨利當中,來自德國、法國、義大利、印度、日本與中國的占比只有7%。

換句話說,美國跨國企業在七個小領土上賺到的錢,比在世界六個最大經濟體賺到的錢還要多九倍。並不是因為百慕達的顧客比中國的顧客多九倍,而是因為「轉移訂價」讓這些公司把淨利轉移到避稅天堂,減少在高稅區的淨利。

為了解釋它的運作方式,讓我們想像一間傳統企業,如何運用類似避稅手法巧妙而合法的做帳。

想像你是一間本地披薩店的外送員,每次送披薩就會得到一筆小費,但是你必須把小費的20%分給披薩店老闆。在披薩店老闆拿到分紅之前,你可以扣掉任何和工作有關的成本。基本上這就是營業所得稅的運作方式,公司賺到的淨利(營收減去成本)有一部分要繳給政府。

你當披薩外送員第一個晚上,拿到的小費總共是25美元，汽油費花了5美元。你立刻就可以拿回汽油費，剩下的20美元是你和老闆分，老闆拿到4美元（20美元的20％），你拿到剩下的16美元。在這個情況中，你就是那間跨國公司，披薩店老闆就是政府。

現在，想像你透過轉移訂價來玩這個制度。你用來送披薩的汽車是你父母的車，通常他們會讓你開這輛車而不會跟你要錢，但是你可以要求他們向你收取租車費1,000美元。你的媽媽開一張發票給你，你把這張發票帶到披薩店，老闆讓你把這筆租車費計算成送披薩的成本。所以，你的收入扣掉這筆租車費之後就是你的淨利。

現在再算一次。第一晚送披薩拿到的小費總共25美元，汽油費花了5美元，剩下的錢你可以全部拿回家，因為你還是和之前一樣可以拿回5美元汽油費，剩下的20美元則要拿去付租車費。你的「淨利」是零，而且還有980美元赤字（租車費）。所以，披薩店老闆無法拿到任何一毛錢。

在這個案例中，你的媽媽就是你這間跨國公司旗下的境外金融子公司。你把20美元「付」給父母，而你住在父母家（這個地方是免稅區），所以沒有人會從中拿走一分錢。實際上你的父母根本就不需要碰到這筆錢。

第一次送披薩之後，你的租車費減少為980美元。隔天同樣狀況重演一次，租車費減少為960美元；第三天，降低為940美元。照這個速度下去，總共要送披薩50天才能付掉這筆租車費，也就是說，披薩店老闆有50次不能拿到你的小費收入的20％。

等到租車費用都付清之後，你等於是把賺到的1,000美元，從重稅區（披薩店）轉移到避稅天堂（你家），披薩店老闆一毛錢都拿不到。

所謂的租車費，完全只是紙上作業，你和你的父母都沒有額外花錢，但是卻能減少你要繳的稅。如果沒有這筆所謂的租車費，你只會拿到800美元；有了這筆所謂的租車費，你就能多拿到200美元。

基本上這就是跨國公司濫用轉移訂價的方法，藉由付款給子公司，把利潤轉移到子公司所在的低稅區，並且提高在重稅區的營業成本。差別只是在於，跨國公司有會計師與律師，還有多國足跡可以建立跨越海洋的紙上步道，而你只能在某個城市開發票而已。如果你是個披薩外送員，你根本就摸不到境外金融世界。

了解這些之後，我們再回頭談Google。

雙份愛爾蘭夾荷蘭的三明治

在2004年到2019年間，Google運用一組淨利轉移手法

「雙份愛爾蘭夾荷蘭三明治」，把全球各地所賺的錢大部分都轉進百慕達。[10]Facebook、輝瑞大藥廠（Pfizer）、可口可樂（Coca-Cola）、思科（Cisco）以及其他美國跨國企業，則是運用雙份愛爾蘭的變形版來避稅。這種操作的基本邏輯就和前文所舉的披薩店外送例子一樣：提高重稅區的成本，將淨利轉移到低稅區，只不過名目不是租車費，Google利用的是自己的智慧財產權執照費。Google在百慕達的子公司被授權擁有Google搜尋引擎演算法與基本技術，而Google其他子公司必須向它租用智慧財產權。

2020年愛爾蘭關閉一個重要的稅務漏洞，迫使Google放棄這種做法，但是Google利用「雙份愛爾蘭夾荷蘭三明治」的避稅手法長達15年，省下的稅金高達好幾百億美元。[11]光是2016年，這種手法就幫Google省下大約37億美元，不用繳給歐洲的徵稅機關。

假設義大利人馬可是在2018年購買皮帶，那時Google還在使用這種手法，以下我們用馬可的例子說明如何運作。

馬可點擊那則義大利皮帶廣告（加上另外其他35位點擊廣告但沒有購買的人），製造商阿斯卡尼家族被Google子公司「Google愛爾蘭有限公司」收取3.96歐元。這間愛爾蘭公司設立於2003年，它是Google在歐洲、非洲與中東的廣告事業營運中心。[12]

　　Google 在全球十幾個國家設有辦公室，包括義大利，但是 Google 宣稱這些分公司都不是完整的事業體，只是位在愛爾蘭都柏林歐洲總部的分支。[13]這種語意操弄讓 Google 可以合理的把營收轉到愛爾蘭子公司，這樣就可以利用愛爾蘭的鬆散稅制。

　　愛爾蘭的稅率低廉而且公司法規寬鬆，美國的科技公司想要擴張版圖到大西洋另一岸，因此將愛爾蘭視為聖地。Google 歐洲總部就是 Google 愛爾蘭有限公司所在地，這棟玻璃帷幕大樓是都柏林最高的建築物之一，矗立在都柏林的大運河河岸，附近區域以前是工業區，現在轉變成科技業熱點，像推特、臉書、領英、Airbnb 的總部都設在這裡。[14]蘋果公司則是在愛爾蘭科克市（Cork）設立據點，是當地最大的私部門雇主。根據最新資料，美國企業營收登記在愛爾蘭的數量，比登記在 16 個歐洲大國加起來還要多。

　　如果 Google 與阿斯卡尼家族之間的交易發生在義大利，這筆交易產生的淨利就要被義大利政府課以 24％營業所得稅。[15]但是，Google 在交易當下立刻把營收轉進愛爾蘭，而愛爾蘭的營業所得稅率只有 12.5％。

　　這並不表示 Google 在義大利沒有繳稅，只是說它整筆稅金比本來應該繳的金額更低。2018 年，Google 義大利子公司（Google Italy s.r.l.）的營業額是 1 億 700 萬歐元，申報 1,540

萬稅前淨利，繳給義大利政府的稅金是470萬歐元。[16]重點在於，這筆營業額幾乎都來自在愛爾蘭的銷售與服務，而不是在義大利。換句話說，Google義大利子公司所賺的錢，幾乎都是協助Google愛爾蘭子公司在義大利賣廣告，而不是自己賣廣告。這個例子再度說明Google如何運用「轉移訂價」。

把3.96歐元的廣告營收從義大利轉到愛爾蘭，Google要付的稅金就砍了一半。如果Google愛爾蘭子公司在這裡扣除成本，再以12.5％營業所得稅率支付給愛爾蘭政府，事情就了結了。但是，這趟旅程距離結束還遠得很，因為Google繳交給愛爾蘭政府的稅率也相當低。

技術上來說，Google愛爾蘭公司所賺的錢，來自運用字母公司所開發的科技與服務，這間母公司旗下還有許多子公司。驅動Google廣告、Google搜尋、Google地圖等科技服務的軟體，智慧財產權隸屬於字母公司。為了使用這個軟體，子公司必須購買這個智慧財產權的使用權利。

但是Google愛爾蘭公司並不是直接向字母公司租用智慧財產權的使用權利，而是透過另一間子公司來獲取軟體使用執照，這間子公司是Google荷蘭控股公司（Google Netherlands Holdings B.V.）。

2018年，Google愛爾蘭有限公司的營業額大約是381億歐元，[17]申報14億歐元淨利，繳交2億7,200萬歐元的稅金給愛爾蘭政府。

　　Google 愛爾蘭有限公司聲稱營運成本高達 364 億歐元，而這筆錢無法在任何租稅區被扣到稅。這筆營運成本包括一般開支，例如員工薪水與辦公室租金，同時也包括 161 億歐元權利金，付給 Google 荷蘭控股公司。[18] 你沒看錯，Google 把它在歐洲、非洲與中東的營業額中將近 40%，用在購買自家軟體的使用權利。

　　此外，荷蘭控股公司也不是真的擁有軟體，而是向另一間子公司租用。Google 荷蘭控股公司根本就是名符其實的空殼公司，是一個分配智慧財產權執照的管道，用來把公司在全球產生的獲利四處挪移。2018 年，Google 荷蘭控股公司並沒有聘雇任何一名員工，卻收到來自 Google 愛爾蘭有限公司的幾十億歐元權利金，用來換取軟體使用執照。[19]

　　而且，Google 控股荷蘭公司的軟體使用執照也必須付費，那麼它是從哪裡得到這個執照呢？[20] 從另一間字母公司的子公司，叫作 Google 愛爾蘭控股公司（Google Ireland Holdings）。這間控股公司名義上設立在都柏林，地址就位於那條大運河邊，離 Google 愛爾蘭有限公司只是幾步路的距離。由於愛爾蘭的稅法漏洞，控股公司並不需要在愛爾蘭本地營運管理，以 Google 為例來說，它在法律上的營運地點是百慕達。

這又是另一個語意遊戲：Google愛爾蘭控股公司在愛爾蘭「成立」，因此受惠於歐盟貿易政策好處，但是它在百慕達「設籍」，而百慕達的稅率是0％。[21]

2018年，Google荷蘭控股公司付給Google愛爾蘭控股公司（成立在愛爾蘭、設籍在百慕達）權利金218億歐元以取得軟體使用執照。[22]這筆錢來自荷蘭控股公司收到的權利金，包括來自Google愛爾蘭有限公司的161億歐元，以及來自Google亞太公司（Google Asia Pacific Pte. Ltd.）的57億歐元；後者是在新加坡營運的公司機構，也是為了類似的安排而設立。

當時，荷蘭政府並沒有針對權利金課稅，所以這幾百億歐元就從愛爾蘭與新加坡轉到荷蘭，然後再轉回愛爾蘭（實際上是百慕達）而不必被課到一毛錢稅金。[23]從愛爾蘭到荷蘭再到愛爾蘭，這就是所謂「雙份愛爾蘭夾荷蘭三明治」。

Google愛爾蘭控股公司（設籍在百慕達）和Google荷蘭控股公司一樣，沒有雇用任何員工。[24]愛爾蘭控股公司的註冊地址都是都柏林約翰羅傑森爵士碼頭70號（70 Sir John Rogerson's Quay, Dublin 2），同一個地址另外還有將近1,000間公司。而在2018年，Google愛爾蘭控股公司的營業額超過257億美元（224億歐元），申報淨利超過155億美元（135億歐元），[25]其中102億美元（大約95％）花在Google自己的研發部門，其餘則是其他成本支出。

由於Google愛爾蘭控股公司技術上來說的根據地是百慕達，所以不必繳稅給愛爾蘭政府，也不必繳稅給百慕達政府（零稅率）。

這場大挪移終於抵達最後一站，也就是Google愛爾蘭控股公司。它透過和字母公司的協議，擁有權利在美國之外授權所有Google智慧財產權的使用執照。[26]在書面上這間控股公司「產出」年營收高達數百億美元，但是它在百慕達島上的實體存在，只是一個郵政信箱，[27]位在百慕達首都漢默頓市一棟毫無特色的四層樓辦公大樓，郵政信箱號碼是666。

我們來總結一下，義大利人馬可在網頁上點擊一則義大利皮革製造商阿斯卡尼家族的Google廣告，買下一條這間公司製造的皮帶。另外有35個人也點擊了這則廣告，但是沒有買這條皮帶。使用者每一次點擊，阿斯卡尼家族就要付0.11歐元給Google，所以36次點擊就是3.96歐元。馬可買下這條皮帶，義大利政府會收到阿斯卡尼家族繳納的8.80歐元稅金，無論這筆交易是發生在網路商店還是實體商店，義大利政府都會收這筆稅金。

Google愛爾蘭有限公司收到阿斯卡尼家族支付的廣告費3.96歐元後，花費其中3.78歐元在營運費用，得到0.15歐元的淨利，大約要繳0.03歐元給愛爾蘭政府。雖然這則廣告的買主與閱聽人是義大利企業與義大利人，而且交易完全發生在義大利境內，義大利政府還是無法收到這筆交易的稅金。

Google愛爾蘭有限公司花費的3.78歐元營運成本當中，有1.67歐元是以權利金名目付給Google荷蘭控股公司，另外2.11歐元則是其他開支。

Google荷蘭控股公司收到這1.67歐元後，幾乎全都轉到Google愛爾蘭控股公司，只留大約0.001歐元作為成本。所以，Google荷蘭子公司的1.67歐元收入當中，繳交的稅金大約是0.0003歐元。

最後，Google愛爾蘭控股公司（一間在百慕達設有郵政信箱的紙上公司）收到1.67歐元，申報淨利是1.01歐元，其餘大部分花在Google自己的研究。而Google愛爾蘭控股公司不用繳稅。

Google從皮件製造商阿斯卡尼收到這筆3.96歐元的廣告費，繳納的稅金總計只有0.0284歐元，等於稅率大約是0.7％。這筆微薄的稅金，不是繳給交易發生地的義大利政府，而是拆分到愛爾蘭與荷蘭。別忘了，義大利的營業所得稅是24％，愛爾蘭是12.5％，荷蘭是25％。但是就像變魔術一樣，在百慕達的幫助下，Google到最後只需要繳0.7％的稅。

避稅的代價

　　當企業可以從上百個不同租稅區中挑選想要的地區，錢就會流到最能免稅的地方。披薩店外送員無法擁有這樣的選擇權。雖然過程聽起來很複雜，但是Google與其他跨國公司雇用金融高手做這件事，整個過程沒有公然違反法律。避稅與逃稅不同，逃稅是有錢人把錢藏起來不讓課徵機關依法課稅；不過，避稅與逃稅一樣都是利用避稅天堂，以同樣迷宮般的程序來隱藏金流，靠著銀行保密原則來避免外界偵查，放大企業的利益。

　　許多企業領導人採用這種技術上合法的避稅方式，將他們的經營策略合理化。Google執行長艾力克·施密特（Eric Schmidt）在運用「雙份愛爾蘭」避稅手法的那段期間指出，這是大公司行之有年的做法。[28]他表示：「我們遵守全球稅制，同樣的，歐洲公司在美國做生意時，也是按照對他們有利的方式營運。」

　　施密特後來在一次訪問中表示，當然「企業會回應可以運用的稅制獎勵措施」。他的觀點很清楚，他說的沒錯。如果國家把錢放在桌上，為什麼企業不拿呢？施密特表示「歐洲這樣做是為了自己」，歐洲國家自己逐底競爭降低稅制門檻，是因為當時經濟低迷不振的愛爾蘭要吸引外資。「全球稅制相當複雜，我們必須遵守稅務規定，」他繼續說：「稅制改變時，當然我們會遵守新規定。但是，外界對我們的既定認知是我們有錯。」

施密特說得對。儘管外界不認同他與Google的避稅做法，但是主要的過失在於讓這些避稅行為得以發生的國家，是這些國家逐底競爭降低門檻，讓這種行為合法。

不過，某件事合法，不表示它就正確。2,000多年前柏拉圖（Plato）寫道：「只要有所得稅，同樣的所得，正義的人會付得多，不正義的人會付得少。」不過，這種道德哲學論述在股東資本主義世界中無法獲得認同。如果這句道德論述要占上風，必須顯示出如果不這麼做，會造成什麼樣的傷害。針對這一點，哥倫比亞大學法學教授吳修銘指出：「如果每個人在婚姻或家庭裡，甚至身為消費者時，行為是依循法律規定怎麼做就怎麼做，那麼很快我們就會變成霍布斯所指稱的混亂狀態。我認為，道德一向都是社會契約的潤滑劑。如果人們只是守法而不管別的規範，我不認為那是一個有凝聚力的社會。」

許多時候，企業避稅方法被視為合法，只是因為並沒有人挑戰它。[29]「租稅正義網絡」（Tax Justice Network）的約翰‧克里斯欽森（John Christensen）說：「跨國企業所謂的稅務規劃，很多都是遊走在不受外界檢視的灰色地帶，很多避稅方法聲稱合法，但是經不起考驗。」

　　換句話說，談到避稅手法，這些企業在被證明有罪之前都是無辜的，他們會很樂意在這種灰色地帶占便宜。為了解開跨國企業運用錯綜複雜的全球稅務結構，需要投注相當時間與專業。有些政府握有資源進行這些調查，但是許多國家並沒有這樣的資源。

　　「在一些會計審查較嚴格的國家，跨國企業以及他們雇用的稅務規劃者對風險比較小心，因此會採取比較安全的稅務規劃方式。」克里斯欽森告訴我：「在稅務機關對於『轉移訂價』稽查比較不力的國家，跨國企業會更加積極。」

　　提供大量低稅制度的國家，自己也會深受其害。為了在全球化的世界中吸引資金，各國逐底競爭，為了和其他國家競爭企業投資機會而閹割自家法律。結果，個人與企業都會想方設法，思考如何運作才不會讓政府碰到他們的錢。記者暨正義倡議者尼可拉斯・謝森（Nicholas Shaxson）在他的著作《大逃稅》（*Treasure Islands*）寫道：「企業與資金的遷移，不是去最有生產力的地方，而是去稅率最低的地方。」[30]這個過程破壞政府行使主權經濟政策的能力，也傷害自由市場的效率，謝森說：「這些做法毫無『效率』可言。」

　　確實，企業每省下一美元得稅金，那一美元就沒有被用在基礎建設、健康照護、教育、公共安全以及其他政府計畫；這些計畫不僅對社會有利，也對企業自身有利。

由於稅務結構很複雜，要確切知道究竟政府損失多少營業稅相當困難。企業並不會真的把這些數字都攤開來給大家看，但是，研究者根據數據的估計是，由於企業的避稅行為，全球政府大約每年損失 5,000 億到 6,000 億美元，個人逃稅則使各國政府損失總共 2,000 億美元。[31]

由於境外金融制度，美國與歐洲每年各自損失大約 1,900 億稅金，而開發中國家甚至損失更多。[32]拉丁美洲、南亞、非洲各國的稅收比例中，營業所得稅占的比重較高，通常占 15％左右，比已開發國家的 10％還要多，他們比較依賴可以課徵得到的稅，而這些國家要對付避稅與逃稅行為的成本則高出很多，因為他們比較沒有資源來堵住漏洞。[33]富豪與跨國企業在開發中國家賺錢，然後輸送到避稅天堂，就砍斷這些國家的經濟發展，阻礙基礎建設與健康照護的投資、破壞民主、放大不平等，摧毀民眾的信任。對已開發國家來說，企業避稅逃稅行為像是持續漏水，但是對世界上大部分國家來說，這種損失就像是大洪水。有個智庫估計，2008 年開發中國家在非法金流中損失大約 1 兆 2,000 億美元，而這些國家每年收到國外的金援約 1,000 億美元，相形之下顯得很少。[34]

修正全球稅制對於開發中國家的影響，會比任何慈善活動或外國援助影響更大。

我們之所以知道Google運用雙份愛爾蘭夾荷蘭三明治的避稅手法，大部分是因為Google持續利用這種手法很多年，爆發出來之後引起眾怒，但是這樣做仍然合法。

2014年，愛爾蘭政府在歐盟強烈施壓之下，停止讓跨國企業將愛爾蘭子公司設籍在別的國家，愛爾蘭企業不能再從百慕達營運。[35]但是，已經這樣做的企業，例如Google愛爾蘭控股公司，還是可以繼續營運到2020年為止。一直到2019年12月31日，Google母公司才終於放棄這個稅務結構，不過那時候已經開始出現其他可以取代禁令的類似操作手法。

雙份愛爾蘭夾荷蘭三明治一開始會得到這麼多注意，是因為Google以及其他利用這種避稅手法的跨國公司，都是世界知名企業，眾目睽睽。這條避稅大道上有許多街燈與霓虹招牌，但是大多數避稅管道並不是被照得那麼清楚。就算清楚，還是要新聞記者、社會大眾以及政策制定者花上好幾年時間施壓，愛爾蘭政府才堵住這個漏洞。

Google的稅務策略被報導出來之後，引起其他歐洲政府出手。義大利與法國相繼實施數位服務稅法，讓政府可以從數位廣告以及其他網路交易利潤中課稅。[36]這兩個國家都對Google發動稅務詐欺稽查，Google的多項稅務策略顯然無法通過法律測試，也在當面質詢時失利，迫使Google補繳超過

10億歐元稅款。[37]荷蘭政府也開始實施，對權利金以及其他流入百慕達等低租稅區的企業所得，課以21.7％稅率，這麼做等於直接把荷蘭三明治從菜單上拿走。[38]

歐洲政府實施這些辦法，對付的是某種避稅型態的特定手法，但是並沒有解決根本問題。每一個雙份愛爾蘭夾荷蘭三明治，就有十幾項同樣複雜的操作手法，只有那些想出這些手法的律師與會計師，以及發號施令的企業知道箇中奧妙。境外世界就像一座冰山，水面下還有好大一片冰層我們都看不見。就算是在愛爾蘭，雙份愛爾蘭三明治被禁之後，又有一個替代手法悄悄上場。愛爾蘭國會議員麥特・卡爾希（Matt Carthy）對財政部長指出，修改過後的稅法仍然還有許多漏洞大開，但他被告知要「穿上綠色球衣」[39]*，意思是要他閉嘴、做對愛爾蘭最有利的事。很諷刺的是，這表示要迎合美國跨國企業的稅單。

蘋果的新「配方」

如果我們沒有建立一個全面框架，來對這些在全球營運的企業課稅，這些錢會繼續流到稅率最低的租稅區。「公平稅制標章組織」（Fair Tax Mark）執行長保羅・莫納根（Paul

---

* 譯注：愛爾蘭的國家代表色為綠色。

Monaghan）把目前的稅制比喻為漏水的水庫。「水從洞裡流出來，堵住一些洞之後，又會出現其他洞，」他說：「當我們關閉漏洞，訂定新法條，其他漏洞又會打開。」

要看到這種漏洞的實況，只要看 iPhone 的例子就好。

很多年來，蘋果公司透過獨家的愛爾蘭配方，省下數十億美元稅金。[40] 截至 2010 年代中期，蘋果已經達到經濟學家布萊德·賽斯（Brad Setser）所謂的「全球稅務規劃的極樂世界」。蘋果在愛爾蘭的主要子公司，在美國稅務上被認為是愛爾蘭公司，而在愛爾蘭稅務上則被認為是美國公司，因此，它不存在任何地方。而蘋果其他境外子公司都被藏得好好的，根本不用在任何國家報稅。[41] 2014 年，蘋果公司繳的稅金大約是全球淨利的 0.005％。這不能說是雙份愛爾蘭三明治，而是它的近親，後來經過法院判決，這是愛爾蘭當局提供的不當私下交易。蘋果與愛爾蘭上訴獲勝，但是後來仍然繼續纏訟中。

美國參議院調查發現蘋果公司的做法，歐洲稅務機關準備出擊時，蘋果開始找方法重新建立稅務結構。蘋果與六個低稅區的律師接洽，決定轉移到澤西島，這個小島位在英吉利海峽，居民十幾萬，企業稅率是零。[42]

表面上看起來，澤西島並不像是一個大型科技公司會來設立門面的地方。這座島面積 46 平方英里，遍布翠綠的山

丘草原，島嶼四周是地中海以北最棒的沙灘之一，從島上任
何一個地方開車不到十分鐘就可以抵達海邊，漁村與度假小
鎮都在海岸上，島上的商店老闆絕對比程式設計師來得多。
1980年代之前，澤西島是典型的小海島經濟體，自給自足
而且沒什麼活力，但是現在的澤西島是世界上最熱門的避稅
天堂。

2014年末，蘋果旗下三間「沒有國家歸屬」的愛爾蘭子
公司，有兩間宣稱報稅地點在澤西島，接著第三間愛爾蘭子
公司宣稱報稅地點在愛爾蘭。[43]這次重組時，將近2,700億美
元無形資產突然出現在愛爾蘭。這筆巨大財富價值超過愛爾
蘭島上所有住宅房價的總金額，造成當年愛爾蘭國內生產毛
額一下子衝高26％。

當時沒有人知道經濟突然走高的原因。後來稅務專家漸漸
明白，可能是世界上最大的公司之一已經登陸這座翡翠之島。

就在蘋果重新組織企業結構時，愛爾蘭子公司向澤西島
子公司借款超過2,000億美元，然後他們利用這筆借貸，買下
另一間澤西島蘋果公司所擁有的智慧財產權。[44]這間愛爾蘭
子公司在報稅時，就可以扣掉借款利息與智慧財產權折舊的
成本。

事實上，正是蘋果自己借錢給自己來買自己的智慧財產
權，借款利息逐漸累積、智慧財產權折舊而貶值，因而產生

數十億美元的扣抵額。經濟學家賽斯在白宮與美國財政部報
告這些問題,他告訴我,這種「經典的紙上交易」讓蘋果公
司在愛爾蘭繳稅的稅率大約落在1～3%之間。

　　這種新型避稅手法,正是愛爾蘭立法者在關閉雙份愛爾
蘭之時,悄悄打開的漏洞。這種手法名符其實被稱為「綠色
澤西」,逐漸在買賣智慧財產權的大企業之間風行起來。[45]
這種方法就像雙份愛爾蘭三明治一樣,可以讓這些企業少繳
好幾十億美元的稅金,只不過現在這些獲利與智慧財產權都
不用離開歐洲。「雙份愛爾蘭」是靠著設在避稅天堂的愛爾
蘭公司運作,現在這種策略已經被判非法了;但是「綠色澤
西」的避稅手法則是由愛爾蘭公司借錢來向避稅天堂的子公
司購買智慧財產權,如此一來,2014年的稅制改革就拿它沒
辦法。

　　「綠色澤西」就像所有避稅策略一樣,並不是由運用它
的企業所公開。而是因為新聞記者收到一疊來自某間法律
事務所的洩密文件,就是這間事務所建議蘋果公司進行組織
重整。

　　會避稅的企業並不是只有像蘋果與Google這樣的科技平
台公司,但是這種公司對稅務稽查機構來說,是特別難以調
查的對象。原因有幾個。第一,這些公司的產品無所不在。
除非政府封鎖網站,否則只要能夠連上網路,全世界各地都

可以是Google、臉書或任何消費者網路公司的顧客。一間公司不必實體存在，就可以在幾乎每一個國家營運，所以要找出在哪裡課它的稅就很困難。

而且，科技公司大部分營收來自智慧財產權，它不像玉米、石油或其他商品，智慧財產權沒有形體，它是心智的創造物，它是專利權、商標、著作權、或是讓產品和別人不一樣的特殊醬料。可口可樂的智慧財產權就是這種特殊汽水的配方，迪士尼的智慧財產權就是米老鼠與唐老鴨的商標。對科技公司來說，智慧財產權就是讓他們的軟體可以運作的程式。智慧財產權沒有形體，很容易就從某個國家移動到另一個國家，而且很難訂出它的價值，所以智慧財產權是濫用轉移訂價的理想產品。

透過抬高執照使用費，例如Google一年的執照費用高達161億，科技公司就可以將大量獲利轉移到境外避稅天堂，那裡是他們的智慧財產權在法律上的所在地。

這種境外智慧財產權，對於世界各國政府的代價是多少？公平稅制標章組織估計，2010～2019年之間，美國大型科技平台利用轉移訂價以及其他策略，總共躲掉1,000～1,550億美元的國際稅務。[46]

美國金融機構更大咖

雖然大型科技公司因為繳稅很少而眾所注目，但他們絕對不是國際避稅唯一的犯案者。其他跨國公司早就已經運用這些策略好幾十年了，科技公司只是加入自己的玩法而已。

2017年，「稅制與經濟政策研究所」（Institute on Taxation and Economic Policy）發現，財星500大企業中，將近四分之三的企業在境外避稅天堂至少有一間子公司。[47]當時財星500大企業之中有293間企業，利用子公司將超過2兆6,000億美元的淨利放在境外，這些錢被課徵的稅率平均只有6.1％，而當時美國企業的營業所得稅率是35％。

2017年美國國會修改稅制，新稅法對回流資金降低課徵稅率（也就是說，這些企業把資產轉回美國時，需要繳的稅率比原本低）。如果這293間企業在2017年之前把賺到的錢匯回美國，他們總共欠美國政府7,520億美元；而新稅法實施後，如果這2兆6,000億美元回到美國，政府會收到超過2,000億美元的企業所得稅。而且這只計算財星500大企業而已。

其他運用稅務最佳化策略而把總部設在非洲、東亞、中東的企業，還沒有算進來。我們會知道財星500大企業的稅務操作，是因為美國政府要求，公開上市公司必須要有某種透明度與訊息揭露。世界各地都有這種事情發生，但我們就是無法清楚看見這些企業的財務活動。

當外界紛紛注意美國公司時，最近有些歐洲跨國企業也因為極具侵略性的稅務做法而遭到砲轟。宜家家居（IKEA）被指控在荷蘭避稅10億歐元，歐盟對宜家家居發動調查。[48] 同樣的，德國新聞記者發現福斯汽車（Volkswagen）將幾十億歐元放在盧森堡的子公司，以此避免在德國本土繳稅。

在這本書寫作當下，財星500大企業之中，蘋果公司放在避稅天堂的淨利最多，大約有2,460億美元分散在三間境外子公司。不過，避稅天堂最大咖的客戶，其實是美國金融機構。

美國最大型的幾間銀行與投資銀行，操作的境外實體組織超過2,000個，總計掌握境外資金大約1,490億美元，[49] 幾乎相當於金融海嘯之後美國政府提供的金援總額。

製藥公司和科技平台公司一樣，大部分價值來自智慧財產權，製藥公司專利也同樣注入避稅天堂。美國四大製藥公司，亞培（Abbott Laboratories）、嬌生（Johnson & Johnson）、默克與輝瑞大藥廠，總共掌握443間境外避稅子公司，資金總計3,520億美元。[50] 根據英國樂施會（Oxfam International）報告，這些企業利用境外機制在全球累積避稅金額高達38億美元，其中包括應該繳給開發中國家的稅金1億1,200萬美元。

　　外界大力鞭笞科技平台公司時，這些銀行與製藥企業卻不為人注意。我們要知道，幾乎每個產業都在境外避稅地點設立公司。就連一些和美國認同分不開的品牌，例如可口可樂、Nike、通用汽車，都設有避稅用的境外子公司，以避免繳納數十、數百億美元稅金給美國政府。[51] 但是，這些公司也和Google一樣沒有犯法。這種行為可能引起反感，但還是合法，所以唯一的解決方法是改變法律，沒有別條路。

　　這些跨國企業的避稅行為，不僅閃避掉應該付給政府計畫的那一份資金，而且也讓他們相較於中小企業而言，具有不公平的優勢。研擬境外稅務結構最佳化的會計師、律師與金融業者，聘雇費用並不便宜，只有大公司才請得起，而請不起的公司就明顯失去優勢。

　　如果有一間本地咖啡烘培商，被迫交出超過21％淨利給美國政府，而能夠最佳化全球稅務的競爭者例如星巴克，卻能拿到7,500萬美元退稅，那麼這個競技場就已經有失公正。[52]

　　記者與稅務專家謝森說：「大玩家得到獎賞，並不是因為他們的生產力、企業經營能力或是實力等，只是因為他們能把財富轉移到境外而已。」即使是最有權力的國家也無法碰到這些錢。

逐底競爭

　　但是，如果世界各國都因為企業濫用稅制而受傷，為什麼還讓這些避稅天堂擁有這麼大的影響力？這些避稅天堂，每年從已開發國家與開發中國家吸走數百億美元，弱化各國政府服務公民的能力，發行免費通行證給世界最大的企業與最有錢的富豪。但是，即使外界知道這筆代價有多高，即使歐盟等具有公權力的機構強力堵住主要漏洞，境外避稅制度還是幾乎毫髮無傷，甚至發展得更強大。

　　為了了解原因，著手找出解決方法來對付這個問題，我們必須研究現代境外避稅制度當初是怎麼誕生的。過去50年來，避稅天堂從本來的邊緣角色轉變成全球經濟的中心樞紐。許多國家曾經花費10年、20年試圖抵制，但是都沒有造成持續的影響。這個很難捉摸的境外金融世界，我們最好由兩個重複出現的面向來了解：被外來利益挾持、或是說被充分影響的國家；然後，這些被拉進一場全球的逐底競爭中，和別的國家競爭看誰能提供最有誘因的稅務政策。

　　現在愈來愈難找到道德崇高的國家。如果你要揪出壞人，那麼不可能光是指責這些避稅天堂、企業遊說者或會計師。因為建立這個境外世界最主要的玩家，就我們所知是英美兩大國，而他們的政府現在每年損失數百億稅金。英國與美國是少數具有足夠權力修理好這個漏洞的國家，也許現在還是可以做得到。

如果我們要追溯這場逐底競爭的起源，第一槍是在第二次世界大戰之後的倫敦。避稅天堂當然在那之前就存在，例如瑞士在19世紀末開始就是避稅聖地。但是，在1950年代之前，稅務天堂大部分是給有錢人或犯罪組織使用，這些國家存有大量金錢，卻是非法資金，因此限制他們在全球的經濟力量，直到「倫敦金融城」協助避稅天堂登上主流。

這些避稅天堂有個共同點，他們很少是自願選擇成為避稅天堂，而多半是在某個外來強權命令之下變成這樣。倫敦可能聽起來根本不像外來利益，但是我們得區分清楚，這裡所謂的倫敦不是指大城市倫敦，而是「倫敦金融城」（The City of London）。

英國的首都是倫敦，而倫敦金融城位在這個首都之中，只有一平方英里大的地區，是許多英國金融業的根據地，屬性和整個倫敦都會區完全不同。

倫敦金融城的歷史非常獨特，可以追溯到羅馬帝國。[53] 11世紀諾曼人入侵大不列顛島，從那時候開始，倫敦金融城在英國政治上一直都是強權，聯合王國是從它的周遭逐漸發展起來。倫敦金融城利用它的金融影響力來維持某種自治權，和聯合王國其他地區不一樣。它選出自己的政府（the

City of London Corporation），擁有自己的警力，而且不受某些英國國會制定的法律管轄。

人們經常會把英國金融業簡稱為「the City」，有點類似「華爾街」指的是美國金融產業界。並不是每一間英國銀行都位在倫敦金融城的地理區域中，但是這些銀行在英國與外國的主要代表，就是倫敦金融城以及他們的政府官員。

倫敦金融城的最高首長（the Right Honourable Lord Mayor）官方職責是「英國金融與專業服務部門的國際大使」，這位市長也是2010年組成的金融團體「英國金融城」（TheCityUK）委員會主席，這個團體的成立宗旨是「擁護並支持英國金融產業的成功」。[54]根據尼可拉斯・謝森的說法，它代表數十個全球金融服務企業，可以說是「倫敦金融城政府以及金融私部門的結合體」。

路透社稱英國金融城是「英國最有權力的金融業遊說團體」，而英國金融城也很自豪的把這句宣言放在官方網頁上。[55]

倫敦金融城政府也會指定一位官員（the Remembrancer）在下議院擔任遊說者，他有一個特別席位，就在議長正對面。[56]要是國會議員提出有關金融服務以及其他和金融城相關的問題，就會在幾小時之內接到這位官員的電話。還有一點很重要的是，設在金融城內的企業可以投票選出金融城的

政府官員。在市政選舉中，金融城內8,000位人類居民，每
個人都有一票，但是金融城內的企業總共有3萬2,000票。[57]
這表示，某些國際銀行例如巴克萊、摩根大通、中國人民銀
行、伊朗賽帕國際銀行（Bank Sepah International）、莫斯科
國家銀行（Moscow Narodny Bank）等，可以直接參與這場
全英國最重要的地方選舉。

　　雖然倫敦金融城在很多方面已經和整個大倫敦地區同
化，但是它的主要職責還是在金融產業。由於倫敦金融城的
組成特質，它可能是英國最有權勢的特殊利益組織，甚至在
全世界來說也相當有力量。謝森說它是一個遊說機構：「深
深嵌入英國的肌理之中，英國很難抵抗它，甚至無法真正制
衡金融的力量。」[58]

　　部分原因是倫敦金融城的遊說工作非常具有攻擊性。
「租稅正義網絡」主任克里斯欽森說，和英國金融城比起
來，美國來福槍協會（US National Rifle Association）「還顯
得有點害羞、遲疑」。倫敦金融城對英國政治的影響力，也
是因為它對全國經濟非常重要。

　　「大部分（國會議員）認為，倫敦金融城是下金蛋的母
雞，」克里斯欽森說：「這個領域產出英國經濟中最大一部
分財富，如果要對它採取行動，經濟就會垮掉，因為其他部
分就是這麼弱。大家的感覺是，沒有別的辦法，只能繼續對

金融服務業『叩頭』。它幾乎把國家與政府吃得死死的。」

這種影響力還延伸到國內政治。

英國前首相卡麥隆的前任重要幕僚強納森‧勒夫（Jonathan Luff）說：「我想，在英國對歐盟的關係最重要的事項當中，英國政府會把保護倫敦金融城放在第一位。任何一位英國首相、財政大臣，或是任何一位在布魯塞爾代表英國的外交官，心裡想的都是『這會對英國金融產業造成什麼影響？』」

以上兩人的意見都得到證實。有一位英國財政大臣手下的前任高層官員說：「我們把它視為金母雞，你不想殺掉牠，但是你想拔牠的毛，基本上這就是英國政府長期以來的態度。」他表示：「英國的政策是，推廣與保護倫敦金融城，尤其是保護它不要受到歐盟法規限制；英國要對金融城課稅與抽取利益，但是不傷害到金融城的國際競爭力。」

倫敦金融城的持久影響力，有一大原因是第二次世界大戰之後它在全世界境外金融制度中所扮演的角色。[59]當時大英帝國漸漸崩解，受到戰爭蹂躪、債台高築，各殖民地陸續宣布獨立，大英帝國迅速萎縮，它需要找到辦法維持世界強權地位，而倫敦金融城是這個曾經遍布八方的帝國經濟樞紐，它提供的解方就是金融服務。

英國銀行界開始招攬國際客戶，吸引方法是提供一個繞過本國法規的路徑。[60]美國銀行業者在倫敦營業,可以規避大蕭條時代的法規限制;蘇聯可以透過倫敦金融城在西方市場投資;犯罪組織可以在那裡洗錢洗到乾淨無瑕。

但是,就在金融城加快金融服務的腳步時,它得要有個中途站,讓客戶可以存款、儲存並取用資金。中途站最好不要太遠,這樣如果各國政府來檢查,銀行、客戶與英國才有合理的理由拒絕。

銀行業者並不需要去遠方找。雖然大英帝國在第二次世界大戰之後失去許多領土,但是還擁有一些小島,大部分位在加勒比海與英吉利海峽。在倫敦金融城的強力遊說之下,這些小島有了人生新目標。

就拿開曼群島來說,它現在是全世界最主要的避稅天堂。英國從17世紀就控制了開曼群島,但是歷史上它只是一個充滿陽光而偏遠的熱帶島嶼。1953年,島上蓋起第一座機場、銀行與醫院時,全島居民不到6,500人;[61]1966年,島上牛群還會漫遊到首都喬治城中心。同年,外國銀行聯合向英國管治政府請願,要求實施銀行營業不公開時,倫敦金融城則在其中鋪路。到了1970年代,開曼群島逐漸成為全球金融節點。要注意,這種進化並不是由開曼群島居民主導,而是由外國銀行業者與倫敦金融城推動。

英國政府有些官員反對讓開曼群島成為境外資金的去

處，理由並不是出於道德考量，而是為了維持對英國貨幣與金融產業的控制。[62]有一位英國央行官員在1969年一封信上寫道：「這些信託公司與銀行業者等，大部分都是在群島之外操控資產的行號，我們必須非常確定他們不會脫離掌控。」信上也提到：「當然，我們不反對他們對非居住者提供藏匿之處，但是我們必須確定此舉不會製造機會，讓英國資金轉移到不受英國法規管轄的非英鎊區。」

後來，開曼群島使用自己的貨幣，緩解英國央行的疑慮。[63]從那時開始，開曼群島就一直是外國資金的誘補系統（honeypot），許多英國領土也跟著走上這條路。如果這些地區的金融法規重新修訂，國外銀行業者與會計師就對新企業提供接駁船筏，剝削其他國家的稅制漏洞。倫敦金融城施力促成這些法規通過，好讓金融城裡的銀行吸收到許多新企業客戶。所以，在英國政府默許之下，倫敦金融城把這些帝國島嶼打造為世界上最熱門的避稅天堂。

要注意的是，這些避稅天堂對外國銀行與許多跨國企業的吸引力漸漸增加，他們利用漏洞的運作手法都符合國際法規，幫客戶維持合法性。避稅天堂的角色漸漸轉變，從全球經濟的邊緣搖身成為主要參與者。

倫敦金融城的影響力

目前全世界沒有課徵一般企業稅的租稅區有13個，[64]其中8個是英屬領土或皇家屬地：安圭拉、百慕達、英國維京群島、開曼群島、根西島、曼島、澤西島、土克凱可群島。前英國首相卡麥隆的幕僚勒夫說：「這些都是大英帝國的邊境小殖民地，讓有錢人與有錢企業降低稅款支出，才能在商業戰爭中取得優勢。」這些租稅區有自己的立法機構，但是執政官是由英國女王指派，最高法院是樞密院（Privy Council），由英國政治人物組成，主要責任是對王室提供建議。換句話說，雖然這些租稅區看似獨立國家，卻和英國有千絲萬縷的聯繫。根據勒夫的說法，由於倫敦金融城在英國政治上的地位，它對這些領土的法律規範（或者說是缺乏法律規範）具有「非常顯著」的影響力。

倫敦金融城可以利用許多管道在英國國內發揮影響力，最明顯的就是它在國會的地位；但是，多半都是運用比較隱密巧妙的方法。透過剝削這些島嶼小國政治的特殊性，金融產業可以使這些領土免於改革，並且對外界質疑抱著敵意。

很少人比克里斯欽森更清楚這一切，他在1990年代與2000年代親眼看到倫敦金融城如何影響澤西島的政策，那裡也就是蘋果公司最新的避稅天堂。克里斯欽森是澤西島本地人，高個子、頭髮灰白，年紀60幾歲，他是那種你會希望在酒吧遇到的人。他很開朗，肚子裡有一堆故事，而且愈講愈引人入勝。有些故事充滿冒險性質，例如在澤西海灘騎摩托車、在波浪起伏的英吉利海峽駕駛帆船。有些故事比較嚴肅，例如他回到故鄉島上，卻被主要報紙稱為「人民公敵」，疏遠的兄弟說他是叛徒。克里斯欽森個性堅決，他已經花了好幾十年對抗比他更強大的力量。雖然以卵擊石這麼久，他還是樂觀認為未來一定會站在他這邊。

克里斯欽森現在是「租稅正義網絡」主任，這是一個非政府組織，宗旨是調查境外產業。但是在2003年加入這個組織之前，他本人就在這個境外制度裡工作，剛開始是德勤羅斯事務所（Touche Ross）的私人帳戶經理；這個事務所現在納入德勤眾信（Deloitte）旗下。後來，在1990年代早期，他擔任澤西島政府經濟顧問，在這個職位上他看到貪腐的程度而驚訝不已。

克里斯欽森形容澤西這樣的島嶼，是被倫敦金融城等外部組織「徹底政治挾持的超完美環境」。

他表示，這些島嶼政府的組成方式，使它很容易被外界影響。像澤西、百慕達、以及開曼群島這些領土，並沒有自由媒體、強力政黨、兩院制議會、獨立司法機關，以及其他「人們視為奠定民主體制的基礎」，這些島嶼選出來的官員也很容易就被「哄騙」。

「這些小島嶼大部分的從政者都是還算正派的人物，但是他們通常沒有什麼專業背景，」克里斯欽森說：「很少人有能力檢視修訂過後的公司法並且提出批評。議員通常會花好幾小時辯論一些小事，例如新學校的位置，然而對那些高層次的金融法規，他們就點點頭通過，因為他們不覺得自己可以挑戰它。他們沒有國際視野。別人會對他們說：『這會為島上帶來經濟繁榮，會有新客戶或是大公司進來在島上繳稅，這樣就會有額外稅收。』對他們而言，這些就是他們關心的重點。」

克里斯欽森在澤西島政府工作時，許多有能力了解金融產業的當地議會成員，本身就和銀行業有牽連，有時候甚至是內應角色。[65] 1996 年，克里斯欽森協助《華爾街日報》（*The Wall Street Journal*）揭露一系列監管失誤，某間設在澤西島的瑞銀集團（UBS）*子公司外匯交易員連續多次金融犯罪。這件醜聞涉及數百萬英鎊，牽連到澤西島兩位資深參議員以及最高行政首長，也就是克里斯欽森的上司。克里斯欽森舉報兩位參議員，雷格・朱恩（Reg Jeune）與皮耶爾・霍斯福（Pierre Horsfall）分別擔任金融監管委員會主席，[66]同

---

* 譯注：歐洲最大金融控股集團。

時又為爆發醜聞的銀行工作，霍斯福是這間銀行聘雇的法律事務所董事，朱恩是事務所資深合夥人。銀行與政府之間的連帶關係非常緊密，克里斯欽森指出，許多民選官員「幾乎就扮演議會遊說者的角色」。

一旦克里斯欽森吹哨，他就知道自己在島上的日子已經開始倒數。「不到24小時，我知道我一定會被迫離開澤西政府經濟服務部門主任的位置，我會賣掉房子，離開這座島。沒有任何辦法能在那裡繼續生活。一旦開始挑戰真正有權有勢的人，而且證據確鑿，那麼你就變成敵人，他們會讓你做不下去。」克里斯欽森花了18個月終於離開澤西島。他離開時，許多朋友與親戚和他斷絕關係，他的體重掉了大約15公斤。政府試圖詆毀他，在媒體散播消息說他是個心懷不滿的員工，為了自己的私利才這樣做。

不過，克里斯欽森試圖揭發的是，澤西島的所做所為不是為了自己。島嶼政治很容易受到影響，加上倫敦直接控制行政首長任命以及司法決策，而司法屈服於英國政府的意志，也屈服於倫敦金融城對英國金融事務的強大力量。

「人們認為這些領土是獨立的，事實上根本不是如此，」克里斯欽森說：「這些領土上的人民會說『我們是獨立的』，而英國會說『對啊，你們是獨立的，我們不能干涉你們的內政』，這是謊言。全都是一齣戲，讓英國可以口口聲聲推掉對開曼群島或澤西島的責任。事實上，如果沒有倫敦方面點頭，澤西島根本不可能做什麼。」

他還補充說，所謂點頭是真的點頭。克里斯欽森表示，在澤西島政府任職時，他看到英國官員很謹慎，不留下任何文件顯示他們在影響當地政策。「他們會說一種語言，很像是密碼。他們不會真的直說『不能這樣做』，但是他們會在喝茶的時候說某些話，例如『呃，我不覺得這會符合女王的利益』。」克里斯欽森表示：「這像是半開玩笑的語言，非常諷刺。我們的耳朵都要學著聽懂這種語言，所以我們就會知道『不要這樣做』。他們不想留下任何文件，因為這樣就會被追蹤到證據，顯露出這裡其實是由倫敦控制。」

謝森指出，大部分避稅天堂都有這種和「別的地方」牽引在一起的關係，使得國際社群特別難以要求這些境外租稅區改革稅制。對這些加勒比海小群島施加壓力，要求它實施透明公開制度並且關閉稅制漏洞，這是一回事；但是要求一個全球強權例如英國，那挑戰就更大了。尤其，當英國本身有一個最強大的金融遊說組織，也就是倫敦金融城，而且就坐在英國國會裡，這件事情就更棘手。

英國把國家的領土變成吸引外資的補蠅網，在創建境外世界上扮演重要角色，讓富豪與大企業可以逃避本國政府的稅率與法律。一旦任何租稅區被實質挾持，過往歷史在在顯示，這將是一條不歸路。

當某個租稅區降低課稅標準，其他地方會起而競爭，阻止大企業去別的地方試水溫。世界上幾乎每個國家都被拖進這場逐底競爭中，試圖超越別國，盡量不過問太多，以吸引外資。即使是世界上權力最大、能夠力挽狂瀾的國家，都選擇加入的原因在於，企業利益的遊說讓政府不採取行動，或是因為他們害怕失去做生意的機會。美國就是一個很好的例子。

美國迎頭趕上

避稅與逃稅行為使美國每年損失至少2,250億美元。[67]各位可能會想，這應該提供足夠的誘因讓國家強力取締濫用避稅天堂了吧。美國有許多聲音支持這麼做，但是，出現的卻是一項急就章的政策。最後的結果是，美國對其他避稅天堂採取半套做法，同時默默在逐底競爭中迎頭趕上。在很多方面來說，美國現在是世界上名列前茅的避稅天堂之一。

「租稅正義網絡」在2020年關於金融保密指數的報告中，點名美國是全世界第二個祕密租稅區，只輸給開曼群島。[68]美國聯邦政府層級，不願意透露匯錢到美國的外國公司與個人的資訊。有些州例如德拉瓦州、內華達州、懷俄明

州等，給企業與企業主的匿名彈性很大，所以外國人要放置
非法資金，美國是非常有吸引力的地點。

第二次世界大戰之後，英國打下境外金融制度的基礎，
而當時美國政府還相當反對避稅天堂。1961年，甘迺迪總統
要求立法「在世界上任何地方（消除）避稅天堂機制」。[69]
不過，由於境外市場擴張而且越戰愈打愈烈，美國資金陸續
出走，於是政府就縮手了。[70]美國政府要找方法把更多資金
帶進國內，讓美元維持強勢，因此美國也加入採取寬鬆管制
政策，就像銀行業者在倫敦可以享受到的待遇，以求分到全
球金融市場的一杯羹。在金融保密方面，美國的改變幅度更
大。1960年代，非美籍人士已經可以在美國投資而不用害怕
銀行將資訊分享給本國政府，接下來幾十年，聯邦政府與州
政府立法者實施讓外國投資者擁有更大的隱密度以及租稅豁
免。資金開始湧入美國，其中許多來自拉丁美洲的貪腐官員
與犯罪組織。

真相聯盟（FACT Coalition）的克拉克・蓋斯康涅
（Clark Gascoigne）表示：「匿名公司可以設立在美國任何一
州，這讓富豪、貪汙官員、洗錢者等可以設立公司來藏匿財
富⋯⋯完全匿名，而且不必負擔任何責任。」真相聯盟是一
個中立的結盟團體，結合超過100個州立、國立以及國際組
織，工作宗旨是推動全球經濟挑戰下的公平稅制。蓋斯康涅

說:「美國做了非常實際的政策選擇，讓這些企業實體可以存在。」

美國政府對外國投資者擴大隱密性，同時又促成立法與稅務協定，迫使外國租稅區分享更多關於美國投資者的海外投資資訊。2010年美國通過《海外帳戶稅務遵守法案》（Foreign Account Tax Compliance Act，縮寫為FATCA，俗稱肥咖條款），要求外國金融機構必須把美國客戶的資訊自動分享給美國國稅局。沒有遵守這項法案規定的外國銀行，給付的利息與股利所得將被美國政府課以30％稅率。

很有趣的是，這是一大進步，肥咖條款攤開每一個在全球經濟中被掩蓋的避稅天堂或藏錢處所。不過它有一個問題：法律並沒有要求美國銀行把外國客戶的資訊分享出來。事實上，由於實施肥咖條款，美國政府推遲要求美國銀行打開帳單給國際稅務機構檢視。

結果顯示，美國想要魚與熊掌兼得。它想要對付非美國的避稅天堂，同時又給非美國人當避稅天堂。[71]

這對全球租稅的傷害特別大。美國加入這場逐底競爭，同時也懲罰其他參與競爭的國家。只要美國還是故技重施，避稅問題就無可避免會持續下去，每個國家還是會有壓力，得繼續降低企業與外國投資的稅率才能競爭。如果我們看美國過去半世紀以來的狀況，就可以清楚知道這場競賽的代價。

　　1952年，企業稅金占美國政府總稅收大約32％。[72] 2019
年，不到7％美國聯邦稅收來自企業。同一段時期，聯邦
稅收中來自個人所得與薪資所得稅的比例，從52％升高到
86％。如果考量通膨率，美國企業2018年繳的稅比1989年
還要少，而在這段時間，美國企業總利潤幾乎翻漲一倍。

　　企業繳稅減少的原因，多半不是因為政策制定者希望給
企業減稅、轉而把負擔加在個人身上，但是演變的結果正是
如此。這個趨勢在第二次世界大戰之後開始，到現在沒有改
變。戰後20年之間，已開發國家的稅收與管制最僵化，經濟
維持高度成長，但是英國的境外組織讓銀行與企業開始躲避
這些規定，在國家之間形成競賽。如果有些國家抗拒將稅率
降低並減少管制，資金將會大量流出，結果在1980～2019年
之間，全球平均企業稅率從40.4％降到24.2％。[73] 從2000年
以來，世界上196個國家之中只有6個國家地區增加企業稅
率：智利、多明尼加共和國、薩爾瓦多、香港、黎巴嫩，以
及巴布亞新幾內亞。

　　可以負擔得起在全球金融制度拿到好處的企業與個
人，可能會受益於企業稅率降低，但是我們大部分人並沒
有受益。芝加哥大學經濟學家奧斯登‧顧爾斯比（Austan
Goolsbee）說，許多小國家「幾乎放棄」嘗試從跨國企業身
上徵稅。

　　如今，世界各地政府進行各種建設計畫的財源，比較依賴貨物稅、個人所得稅，而非企業稅。顧爾斯比說，政府財源的負擔從大公司轉嫁到普通人身上。政府政策使得市場上權勢最大的人可以避免貢獻社會，結果這份負擔落在人民身上，使人民得到的公共福祉因為政府稅收減少而受限。國家之間被迫陷入租稅競爭，公民失去能力決定政府計畫的規模、社會安全網的強度，以及財富的分配。政府好好治理的權力與潛力都消失了。

　　這種代價之大，在開發中國家最顯著。

安哥拉是最大受害者

　　現在我們將討論轉向開發中國家，值得再提醒的是，企業避稅與逃稅之間的不同。避稅是指沒有公然違法（雖然扭曲法意），而逃稅則是違法的行為。避稅與逃稅運用的基本策略相同，都是利用境外租稅區的法律來繞過本國法律規定。企業利用境外系統來降低在高租稅區的淨利、提高在低租稅區的淨利，許多超級富豪也是利用這個手法讓外界看不到財富。

　　至於逃稅，這種手法是祕密的。逃稅者藏起愈多現金、股票、債券以及其他資產不讓政府知道，這些財富產生收入的申報數額就會比較少，要繳的稅就會比較少。藉由隱蔽文件足跡，超級富豪不讓外界得知資產跟他們之間的關聯，其實他們賺得比看起來的還要多。

有些租稅區特別擅長於這些隱蔽術，這些隱藏財富再投資的資金絕大多數都放在盧森堡、愛爾蘭、開曼群島。[74]菁英把錢放在匿名空殼公司、信託或基金，這些組織大多位於開曼群島、巴拿馬、新加坡、香港，或是英屬維京群島。美國也成為非美國人設立匿名公司來置放資產的最佳去處。這種祕密銀行業務的根源可以追溯到20世紀早期，富裕家族都把財富放在瑞士，以避免第一次世界大戰之後歐洲政府實施的新稅法。由於瑞士的銀行不和其他國家的稅務機關溝通，外國人把資產放在瑞士產生的利息與股利，在本國就不用繳稅。

瑞士銀行的祕密性也吸引到來自大西洋另一端名聲不太好的客戶。美國聯邦機構以逃稅罪名起訴並逮捕芝加哥黑幫頭目艾爾・卡彭（Al Capine），黑幫急著找到藏匿非法所得的地方，找到的就是瑞士。[75]從1930年代開始，黑幫就開始把資產透過匿名公司存放在瑞士的銀行，通常是用行李箱塞進大筆現金、鑽石、支票，然後再向同一家銀行借錢，以借貸利息抵掉公司營業所得應課的稅金。

出生於俄羅斯的黑幫金融操盤手邁爾・藍斯基（Meyer

Lansky）就是這樣做；[76]電影《教父》（*Godfather*）裡的角色海門‧洛斯（Hyman Roth）就是以他為發想靈感。藍斯基後來率先將黑幫事業擴展到古巴，古巴強人斐代爾‧卡斯楚（Fidel Castro）上台之後，藍斯基的操作轉向巴哈馬群島。他以賭博與金融操作賺了很多錢匯進巴哈馬，以至於當地的英國官員對牽連到他的犯罪行為睜隻眼閉隻眼。1960年代，巴哈馬財政部長斯塔福‧桑斯（Stafford Sands）收取藍斯基180萬美元賄款，並且促成立法，將洩漏銀行帳戶擁有者與其他金融資訊的行為視為犯罪行為。[77]這個做法得到倫敦方面的默認，讓巴哈馬成為首批加勒比海避稅天堂。

為黑幫分子打造的巴哈馬祕密銀行制度，後來擴展到開曼群島、英屬維京群島等，並且開始吸引新客戶。1980年代，拉丁美洲毒品走私者、非洲獨裁者，以及美國企業家，都利用境外金融系統將財富投資在全球市場，讓稅務機關與執法單位查緝不到。[78]提供這些服務的銀行（到現在仍然）大部分是倫敦、蘇黎世、紐約市大型機構的地區分支。這個境外金融系統到現在仍然為犯罪組織提供服務，同時也服務全球所有菁英權貴，逃稅幅度相當可觀。

2015年，加州柏克萊大學經濟學者加百列‧祖克曼（Gabriel Zucman）估計，藏在全球避稅天堂的私人資產大約有7兆6,000億美元。[79]這表示全世界個人財富大約有8％沒有被稅務機關課到稅。如果課徵到這筆稅，各國政府每年稅收大約可以多出2,000億美元，而且這只是保守估計。經濟合作暨發展組織（OECD）揭露，藏在境外的全球個人財富總數超過10兆歐元（11兆4,000億美元）。[80]經濟學者詹姆斯・亨利（James Henry）認為這個數字應該介於24兆到32兆美元之間。根據一項估計，如果最有錢的1％人口接下來十年每年只要多繳0.5％稅金，這筆金額相當於可以創造出1億1,700萬個新工作機會所需的資金。

但是，並不是每個國家對於逃稅感受到的衝擊都一樣。根據祖克曼估計，歐洲人藏了最多錢在境外，大約有2兆6,000億美元，但是這只是歐洲金融資產總額的10％；[81]美國與亞洲只有4％金融資產在境外。不要搞錯了，個人逃稅還是讓政府短少稅收達數百億，但是富裕的國家比較能承受稅收損失。

如同前面寫到，開發中國家因為逃稅遭受的傷害最大。[82]在拉丁美洲，大約有22％的個人財富藏在避稅天堂；在非洲，數字升高到30％；在俄羅斯與阿拉伯海灣國家，超過一半以上的金融資產放在海外。開發中國家通常缺乏必要資源，因此難以將這些欠稅追回來放到國庫裡，尤其是因為這些避稅天堂甚至隸屬於英美大國，讓這些大戶很容易搬運資產到領土內，而且不留痕跡。在開發中國家，個人逃稅以及企業逃稅通常會一起進行。企業公然違規將淨利匯出境外，不貢獻一分錢給本國，這種行為由來已久。光是在非洲，某個研究非法金流的高階專家小組估計，從非洲流出的企業所得大約是500億美元。[83]美國與歐盟有工具來調查「雙份愛爾蘭」避稅手法或是比較明顯的洗錢行為，但是比較貧窮的國家很少這樣做，尤其全球各國繼續都在逐底競爭。

金融祕密制度加劇貧窮問題、政府貪汙、以及組織犯罪。記者歷年來揭發無數開發中國家的獨裁寡頭，他們利用境外金融制度中飽私囊、犧牲公民利益。這種情形在安哥拉最明顯，它代表蔓延在開發中國家因剝削稅制而導致的悲慘狀況。

安哥拉的自然地理和加州有點類似，北部是雨林，南部是沙漠，中間有一片將近1,000英里長的美麗海岸線。安哥拉和許多撒哈拉沙漠以南的國家一樣，大部分財富來自地下。石油大約占安哥拉出口90％，鑽石占5％，其他則是咖啡與農業產品。[84]雖然安哥拉的土地自然資源豐富，但是半數公民每天收入不到一美元，嬰兒死亡率是全世界最高的國家之一。安哥拉人民的苦難要歸咎於統治階層，他們幾十年來持續將安哥拉的財富輸送到境外。

安哥拉在1975年脫離葡萄牙統治而獨立，之後立刻陷入27年內戰。1993年，總統若澤・愛德華多・多斯桑托斯

（José Eduardo dos Santos）的軍隊急需武器。多斯桑托斯政府遭受國際軍火禁運制裁，他與親信和法國官員私下達成協議，以石油交換軍火。[85]接下來幾年，安哥拉的石油利益大約有8億美元透過瑞士銀行匿名帳戶流到國外。後來調查發現，那一大筆錢最後是透過避稅天堂而落在法國與安哥拉官員手裡。同時，多斯桑托斯的對手陣營則是走私鑽石到剛果與比利時，以取得建置武力的經費。雖然外界不可能得知確實數字，但是研究者估計，在安哥拉內戰最後10年，大約有47億美元從安哥拉走私出境。

多斯桑托斯在內戰中勝出，繼續當總統直到2017年。在這段時間內，他和家人把安哥拉當作自家的私人銀行。

多斯桑托斯總統的兒子若澤・費羅曼多・多斯桑托斯（José Filomeno dos Santos）在2013到2017年之間擔任安哥拉主權基金負責人，[86]他後來被控在職期間掏空基金超過5億美元。

2020年，桑托斯總統的女兒伊莎貝爾・多斯桑托斯（Isabel dos Santos）被指控在她曾經擔任董事的國營石油公司侵吞5,700萬美元。[87]她也牽涉到安哥拉國營鑽石貿易公司（Sociedade de Comercialização de Diamantes de Angola，縮寫為Sodiam）醜聞。

2012年安哥拉國營鑽石貿易公司與伊莎貝爾的丈夫辛

迪卡‧多庫羅（Sindika Dokolo）同意買下瑞士珠寶商De
Grisogono股份，[88]本來雙方各持一半股份，但是後來發現，
安哥拉國營鑽石貿易公司花了將近1億5,000萬美元購買股
份，而多庫羅本人幾乎沒有出錢。安哥拉國營鑽石貿易公司
為了拿出資金，向一間私人銀行借貸，而這間銀行最大的股
東就是伊莎貝爾本人。

　　2020年4月，伊莎貝爾‧多斯桑托斯在當時被認為是非
洲最有錢的女人，資產大約有20億美元，[89]配置在全球41個
國家的400多間公司裡。我曾經有兩次機會與她會面，一次
在加彭、另一次在奈及利亞，她有如國家最高統治者來去自
如，珠光寶氣一副理所當然的模樣。

資本外逃

　　像多斯桑托斯這樣的家族在安哥拉並不是特例。貪腐官
員與企業領導人利用境外金融制度，掠奪非洲大陸長達數十
年。

　　曾經擔任美國對非洲事務助理國務卿的外交官約尼‧卡
爾森（Johnnie Carson）說：「非洲的貪汙一直都是大問題。
如果你偷走某個國家的主要財富……那麼這個國家社會就很
脆弱。貪汙就像傳染病，從上到下都染病，不是只有上層而
已。這個制度會讓社會契約解體。」

協助這些權貴在開發中國家掏空資產、匯到境外的西方企業，顯然並不在乎這種掠奪而產生的後果。

克里斯欽森在澤西島政府任職之前是為德勤羅斯事務所工作，這是一間專業服務公司，現在納入德勤眾信旗下。他在這間公司負責操作大約120個客戶的境外帳戶，這些客戶沒有一個住在澤西島。克里斯欽森說，由於他能夠接觸到客戶資訊，於是很快就明白大部分客戶都牽涉到某種型態的非法活動。他不只一次表達憂慮，但是每次別人都只是對他聳聳肩。他記得有一次提醒老闆，奈及利亞有一間石油公司可能牽涉詐欺，這間公司和澤西島與加勒比海群島的信託公司有關聯。老闆叫他不要追究下去，還說：「那個客戶是非常好的客戶，而且老實說我根本不在乎非洲。」

非洲政府每年因逃稅行為而短收稅金140億美元。如果算進非洲國家元首直接從政府裡掏出來的錢，損失總數會更高。在經濟學上，透過避稅、逃稅以及其他管道而流失的國家財富，叫做資本外逃（capital flight）。

投資在國外每一美元，那一美元就沒有花在支持本國當地經濟與工商發展。麻省大學阿默斯特分校的研究人員發現，1970～2015年間，非洲因資本外逃而損失的金額超過國外援助的金額。[90]和別的國家比起來，資本外逃讓非洲國家成為其他各國的「淨債權國」。

「非洲國家在經濟發展上最主要的限制是，缺乏適當資金來滿足公共需求、基礎建設投資以及社會服務，」研究人員寫道：「資本外逃破壞了緩和這種限制的努力。」

我們不能限制富裕的非洲人把資產拿去投資在國外，但是，透過改革避稅天堂與祕密銀行制度，我們可以要這些有錢人繳稅挹注當地經濟。開發中國家的稅收增加，也會讓政府比較有能力調查逃稅與避稅，形成一個好的循環。我們看到一個例子說明，增加一點點資源就可以激起很大的作用。2015年，全球37個最大經濟體組成的經濟合作暨發展組織，和聯合國一起推動「無國界稅務調查」計畫（Tax Inspectors Without Borders），以外部專業來協助開發中國家的稅務機關。截至2019年，這項計畫已經協助參與國家收回將近5億美元的稅收。[91] 投資在這項計畫的每1美元，可以為這些國家收回100美元的稅金，這些錢就可以用來投資在該國公民及經濟上。這些結果顯示，在開發中國家，要促進政府治理能力與擴大社會服務，強化稅務機關可能是最有效的方式。根據克里斯欽森，加入這些計畫的國家看到跨國公司改為採用「不像以前那麼有攻擊性的」稅務架構。[92]

從開發中國家流出去的錢，有許多是非法流出的資金，並不是由企業操弄不同租稅區的法規來降低稅額，通常是個人利用金融祕密法條把錢藏起來，或是可疑公司隱瞞不法交易，然後捲款潛逃。

這些案例「並不是競爭低稅率，完完全全就是偷竊」，《富稅時代》（*The Hidden Wealth of Nations*）作者、經濟學者祖克曼說：「盧森堡或開曼群島開門迎接這些想要在本國逃稅的納稅人。這些人有他們的選擇，但是這些國家，美國、歐洲以及開發中國家，沒有理由應該為此付出代價。」

這就是目前的現實狀況。像美國這樣的國家說要打壓避稅天堂，卻同時歡迎匿名的外國資金進入美國。

統一課稅與公式分配

那麼，我們要怎麼解決這個問題？

我們今天所知道的世界，並不是從前建立稅制時想要達成的世界。當金融活動與財富跨越國界，稅制也必須超越國界。但是現在卻不是這樣。

目前的租稅制度並不是把跨國企業當成單一實體來看待，而是全球各地子公司組成的鬆散團體，因此，國家只能對政府管轄範圍內的子公司課稅。義大利政府可以對Google在義大利的子公司課稅（這個子公司是這個搜尋引擎巨人的義大利手臂），但是Google愛爾蘭有限公司、Google荷蘭控股公司，以及Google旗下其他十幾間子公司，卻不在義大利政府可以管轄的範圍內。Google 的母公司字母公司也是一樣。

如果把跨國公司想成是一座森林，這座森林的範圍延伸到全球各地，今天的國家政府只能對某個落在管轄範圍的樹幹課稅。但是，企業可以要這些樹木所結的果實落在這些國家的邊界之外，這些收穫大批大批送到低稅區，其他區域當然就會挨餓。

由於國際稅制相當複雜，有些人認為各國應該打從根本揚棄營利事業所得稅。

「我認為，繼續打擊一些比較惡意的企業稅制結構，可以獲得一些合法的共同利益，但是，這樣無法解決企業稅的問題，因為那是解決不了的。」英國財政大臣的某位前任首席官員說：「合作太困難了，有太多租稅區想要維持低稅率。如果你真的想要更有效的利用稅制來重新分配……對企業課稅並不是應該努力的方向。」

然而，有些經濟學者認為他們已經想出一套制度，防止國家成為跨國企業淨利轉移的受害者。這個解決方法很高明，但是名稱很笨重：以公式分配的統一課稅辦法。這套制度其實結合兩項不同但相關的政策：統一課稅（unitary taxation）以及公式分配（formulary apportionment）。

在「統一課稅」制度下，各國政府不是把某個跨國企業

當成許多子公司的結合體,而是視為單一組織;不看個別子
公司的獲利,而是看這間公司整體的獲利。以Google來說,
不管獲利來自愛爾蘭有限公司、愛爾蘭控股公司,或是荷蘭
控股公司,課稅者只看母公司字母公司的獲利。換句話說,
認可每一棵樹,但是對整座森林課稅。

也就是說,各國對這座森林課徵的是各國應得的一份,
此時就需要「公式分配」上場。過程頗為複雜,但是核心精
神在於,決定某個跨國公司的稅收與成本,是在哪個地理區
域產生。我們可以根據不同量尺來計算,但最簡單的公式是
只考慮銷售額,不過有些公式會算進員工薪資與不動產。把
這些數字減掉之後,各國政府可以得出這間公司的獲利有多
少比例是在國內產生,因此就可以對這些淨利課稅。

各國政府掌握兩項數據,也就是總淨利與比例分配,就
可以決定從這塊大餅拿走多少。理論上,如果Google整體營
運有15%是在德國國內進行,那麼德國政府應該要用這間公
司所有淨利的15%來課稅。

在這個制度之下,世界各國還是可以決定企業所得稅率
數字,但是可以終結逐底競爭。開曼群島還是可以給企業零
稅率,但是不管多麼努力,在人口7萬人的領土上,就是只
能做那麼多生意。同樣的,某間公司可以不要繳德國的30%
稅率,但是這樣就必須放棄世界上最大的一個市場。

統一課稅加上公式分配的制度，並不是完全沒有缺陷。經濟學者顧爾斯比說：「沒有任何稅制能完美無缺、沒有玩弄的空間。」企業可以找到方法，運用獲利的定義與公式分配的方式來降低稅金，而且各國也可以競相降低稅法管制以爭取企業來設立據點。我們已經在美國看到這種競爭，美國有50州利用公式分配制度來對跨州公司課稅，[93]並且以三個量尺來決定分配：銷售額、員工薪資、不動產，但是每個州對每一個因子可以設定不同權重。企業就從各州差異來算出在哪裡營運最有利、繳稅最少。結果你可以看到，有的企業把員工集中在某些薪資權重較低的州，而在不動產的權重較低的州買進建築物。

在全球公式分配制度之下，企業可能也會透過擴大提供產品或服務，而在低稅國家衝高銷售額，但是它能做的就是那麼多而已。

「位在百慕達的雜貨店突然變得非常有價值，因為你可以增加在百慕達的銷售，因此稀釋應該繳交的稅金，」經濟學家布萊德・賽斯說：「但是，你在百慕達能買下多少間超市，這個數量將會很有限。」

企業一定會想辦法把稅金降到最低，不過統一課稅加上公式分配制度，可以把我們現在看到的淨利轉移降到最少，這樣全球各國政府每年會多收到數千億美元稅金。

除了稅收之外，這個系統也會迫使企業對營運行為更公開。

陽光是最好的消毒劑

當企業以國家為基礎來申報淨利時，資訊是公開的，每一位政府官員、新聞記者、學者、普通公民，都會知道這些公司到底怎麼營運。這種公開透明的機制會讓企業的經營策略更有效率，政府政策更能根據資訊來制定，企業行為會更有責任。套句美國最高法院法官路易斯·布蘭迪斯（Louis Brandeis）所說的：「陽光是最好的消毒劑。」

澤西島的吹哨者克里斯欽森認為，投資人也會受益於企業的公開透明。侵略性的企業稅架構有很多風險，讓企業容易受到法規改變與國際稽查的影響。「知道稅制政策會伴隨著風險的人並不多。沒錯，稽查會傷害商譽，但是如果徹底稽查演變成要上法院，那麼企業財報就會受到相當大的實質影響。」

由37個國家組成的經濟合作暨發展組織，已經為這些申報標準鋪路。

2015年，經濟合作暨發展組織發表一項降低淨利移轉的行動計畫，其中包括各國申報標準的框架。問題是，這些法規只適用於每年淨利超過7億5,000萬歐元的企業。[94]這些企業只需要對本國政府申報，而該國政府只能把資訊分享給符合資訊安全最低標準的國家，大部分開發中國家不在此列。

換句話說，這個辦法讓富裕國家可以看得到有錢大公司的行為，但是開發中國家或社會大眾什麼都看不到。

「就算（其他國家）可以看得到，也只是拿到大公司的資料而已，而在你的國家可能根本沒有這些營業行為，」真相聯盟的蓋斯康涅說：「設下這些門檻對開發中國家沒有好處。」

這清楚顯示出一個關鍵。國際稅制問題和每一項其他領域的政策一樣，誰寫規則誰就是老大。

雖然每個國家都因為避稅而損失稅收，但是開發中國家遭受的損失卻是更不成比例的多。[95]

「制定國際制度法規的這些人，通常是20國集團（G20）國家，或是經濟合作暨發展組織成員國……他們是世界上最大的幾個經濟體。所以，最後討論出來的法規，非常偏向於認為這個世界都是富裕的已開發國家。」蓋斯康涅說：「通常開發中國家不會在會議桌上有一席之地。如果要實施某項將開發中國家納入考量的政策，那麼開發中國家就應該要在會議桌上有同等地位。」

蓋斯康涅與克里斯欽森兩人都相信，要改革國際稅制，最適合的論壇是在聯合國，而不是像經濟合作暨發展組織或20國集團這種排外組織。聯合國比較有代表性，這樣美國與

英國就比較難阻礙議事，或是把稅務改革稀釋掉。77國集團
（G77）是135個開發中國家的聯盟，經常針對避稅天堂的問
題發言並支持稅制改革。不過，這個組織還沒有採取能創造
改變的任何行動。

全球最低稅賦制

有些經濟合作暨發展組織成員國施壓，要求對避稅採取
更強力的行動。現在這個組織正在調整本來的框架，以遏止
科技平台公司具有攻擊性的利潤轉移，例如Google、蘋果與
臉書。經濟合作暨發展組織的「稅基侵蝕與利潤轉移計畫」
簡稱為BEPS 2.0，在寫作本書時還在發展中，但是它最主要
著力於兩項政策。

第一項政策稱為「統一法」（Unified Approach），制定公
式來劃分跨國科技公司在不同租稅區的營運淨利，計算方式
考慮的是不同型態的淨利。各位應該不陌生，其實這就是公
式分配。

蓋斯康涅認為，統一法最後實施的範圍會很狹窄，只適
用於少數公司的少數淨利。然而，這是第一次這些國家真的
採納公式分配的觀念，蓋斯康涅表示，它有「非常大的潛力」
促使國際社群朝向更健全的統一課稅與公式分配制度發展。

第二項政策則更為激進：全球最低稅賦制（global

minimum tax）。無論在哪裡營運，所有企業都必須繳納最低稅金。假如有間公司的境外利潤沒有被課到稅，那麼它的母國可以介入以索回差額。至於稅率，經濟合作暨發展組織還在做最後修改，但是蓋斯康涅說可能會介於10～15％之間。以本書目的而言，我們假設稅率是10％，接下來說明這套課稅辦法如何運作。

假設你擁有一間德國公司，在百慕達申報淨利100萬美元。你在百慕達不用繳任何稅，因為那裡的企業稅率是零。但是在全球最低稅賦制度下，德國政府可以介入，拿走10萬美元稅金（淨利的10％）。如果這筆淨利產生的地點在匈牙利，那裡的企業稅率是9％，那麼你就欠匈牙利政府9萬美元稅金，欠德國政府1萬美元稅金；因為兩國合併計算稅率10％。[96]如果這筆淨利產生地點在加拿大，當地的企業稅率是26.5％，超過全球最低稅賦稅率（10％），那麼你要付給加拿大政府26萬5,000美元稅金，不用付給德國政府，因為你已經支付超過全球最低稅賦。因此，全球最低稅賦制是訂定企業必須繳納的最低標準，並且把這些稅金導向經濟活動真正發生的地點。

「目前，全球最低的企業稅率是0％，企業可以設定要繳的稅是高還是低。這導致全球逐底競爭，每一方都被拖下水，到最後我們其實是把自己搞破產，」蓋斯康涅說：

「10～15％稅率，我會說這是滿可悲的企業稅率。雖然如此，但現在的最低稅率是0％。如果可以把最低標準提升到10～15％，那已經是很大的改變了。」

全球最低稅賦制的概念，來自各位可能想不到的地方：美國。

2017年，美國國會通過《減稅與就業法案》，把企業稅率從35％降低到21％，並且針對企業從境外帶回美國的資產調降課徵稅率。從很多方面來說，這個法案又是另一個逐底競爭，它是不斷減稅過程中的另一個減稅方案，以維持所謂的「競爭力」。但是，這個法案也包括一項全新措施。也就是針對所謂的全球無形資產低稅所得（Global Intangible Low-Taxed Income，縮寫為GILTI）課徵10.5％的稅。支持者希望這項措施可以作為最低稅賦，給予跨國公司誘因把海外資產帶回國內，同時也打擊避稅天堂。針對「全球無形資產低稅所得」來課稅，根本上就是保證所有企業必須依最低稅率繳稅（此例為10.5％），無論在哪裡做生意。如果有間公司的境外淨利繳交的稅率比它低，那麼美國政府就會介入要求企業繳交差額。這是朝向全球最低稅賦制邁進的第一步，不過只是做半套，跨國公司還是可以降低應繳稅額。

2017年之前，美國法律規定，對於企業境外所得與國內所得課以相同稅率，差別只是在國外淨利直到匯回國內之後才會被課稅。所以像蘋果、輝瑞與Google都在避稅天堂存放數兆美元，只要這些錢還在境外，就不用以美國企業稅率繳稅給美國政府。

針對「全球無形資產低稅所得」來課稅，雖然理論上很好，不過實質上卻是大減稅，讓外國淨利的稅率降低了一半：企業在美國國內的營業所得會被課以21％的稅，而境外所得只課10.5％的稅。如果你因為某項專利在美國得到淨利100萬美元，要繳給美國政府21萬美元的稅金；但是，如果你的專利是在百慕達，那麼只要繳10萬5,000美元。支付過這筆稅金之後，你可以把淨利匯回美國，不用再繳稅。所以，在海外賺的一美元，變得比較在國內賺到的一美元來得有價值。

透過這套機制以及其他制度漏洞，針對「全球無形資產低稅所得」課稅，結果變成是獎勵企業把營運據點設在海外，而不是說服他們回到美國。雖然如此，對於打擊濫用稅制，這仍然是往前邁進一步。美國國會在2017年通過實施全球無形資產低稅所得之後，美國成為全世界第一個實施最低稅賦制的國家。蓋斯康涅說，的確「它就像最低稅賦制的瑞士起司」*，但是「如果把這些洞堵起來……可能表示不管在

---

* 譯注：瑞士起司有許多洞。

海外或國內申報淨利，企業要付的稅率還是一樣」。

如果要讓經濟合作暨發展組織點頭同意，最終全球最低稅制可能就像統一稅制一樣，一開始的稅率並不會太高。蓋斯康涅說：「但是我認為這是一大進步，長期來說會造成很大影響。而且，完全沒有料到這會是2017年稅法修訂之後的結果。就算是兩年前，我會跟你說我們要談全球最低稅賦制還要再等30年，但是現在我們已經走到這裡。」

敦促各國共享資訊

就算經濟合作暨發展組織的稅制方案通過，適用範圍還是只有規範企業的行為，根本碰不到那些在全球避稅與逃稅的富豪。

為了讓政府更能追到個人的逃稅事跡，可行辦法是透過公開透明、尤其是國際之間的資訊分享機制。在這些機制之下，各國政府同意將外國人的金融資訊分享給本國政府，舉例來說，當巴西公民在德國開設銀行帳戶，德國銀行會將他的金融活動分享給巴西稅務機關。

經濟合作暨發展組織與聯合國都背書贊成資訊分享協議，認為這是打擊避稅與逃稅的關鍵工具。[97]經濟合作暨發展組織制定標準，規範要報告給國際稅務機關的金融資訊，他們也設立通報管道，讓各國彼此分享這項資訊。大約有

160個國家採行或承諾採行這個架構，它被稱為「共同申報準則」（Common Reporting Standard，縮寫為CRS）。

要注意的是，並不是所有資訊分享協議都相同。各國可以選擇要自動向他國稅務機關分享外國人的金融資訊，或是收到他國要求才分享。自動分享會比較透明，因為稅務機關除非已經懷疑有不當行為，不然並不會主動要求資訊。

截至2019年11月為止，將近100個租稅區採行自動資訊分享方案，[98]包括百慕達、巴哈馬、開曼群島、澤西島、英屬維京群島、愛爾蘭以及其他主要避稅天堂，而且世界最大的幾個經濟體中，大多數都採用自動分享的方案。但是，美國卻顯然缺席。

美國同意向某些遵守「肥咖條款」的國家分享資訊，但是只有在對方要求時才分享。蓋斯康涅表示，美國的立場是，只分享敏感資訊給某些「有科技與法治可以保護這些資訊不受侵犯」的國家，結果這個協議排除大部分開發中國家。「因為逃稅而損失最多的國家，卻沒有從美國得到資訊。（美國）從世界上其他國家得到資訊，但是卻不和大部分國家分享資訊。」

這又再度說明，美國想要打擊避稅天堂，但是美國本身對於非美國人而言也是避稅天堂。美國反對自動申報，更加強這個國家位居世界首要祕密租稅區的角色。美國為那些想設立匿名空殼公司或銀行帳戶的外國人打開大門，這些人知道資訊可能永遠不會被傳送回母國。如果美國不採用自動分享資訊的方案，任何一種試圖解決稅制濫用的方案都會破功。而且，同時美國每年也會損失數十億元稅收。

為了顯著降低逃稅行為，國際社會必須揚棄祕密銀行制度。經濟學家祖克曼認為他已經找到起步點。

祖克曼在他的著作《富稅時代》中提出制定「全球金融登記簿」，這是一份所有人都登記在冊的紀錄，「把誰擁有什麼可流通的金融資產全部記錄下來，包括全球各地的股票、債券、共同基金股份」。利用這本登記簿，各國稅務機關就能驗證銀行是否申報他們掌握的所有資訊。其實現在已經有類似的登記簿，不過是由私人控制，而且只涵蓋個別國家的資料。祖克曼指出，如果能把不同的紀錄整合成一個資料庫，各國就能建立一個不必「只仰賴境外銀行業者的善意」的系統。[99]

要建立一致性的國際稅務制度，政策很直接：把每一間跨國公司當作一個單位，讓各國針對淨利課稅；並且自動分享他們在國內外資金流動的資訊。不過，要讓整個國際社群一起行動，得花費相當大的力氣。

「必須要做的事，並不是難如登天，」克里斯欽森說：「問題完全出在政治決心。」

英國與美國應該帶頭改革

　　國際稅務改革要真正取得進展，必須要有眾多不同的利害關係人都願意加入，無論是因為避稅而損失最大的開發中國家，或是全球經濟集中的富裕國家；而後者要不是本身就是避稅天堂，就是直接支持境外金融制度，例如愛爾蘭、盧森堡、瑞士、英國與美國。

　　反對全球稅制改革的國家，會發現自己和別的國家格格不入。在經濟不平等愈來愈嚴重時，各界對於全球化的反彈，再加上經濟合作暨發展組織往前邁進的步伐雖然幅度不夠大，但是仍然值得注意。所以，改變似乎無可避免。還不確定的是，改變究竟會怎麼到來。如果國際壓力夠大，小國家可能會低頭，但是要求英國與美國反轉路線，可能會相當棘手。

　　在全球資訊分享上，美國還是最大的路障；英國則是掌握全世界最主要的避稅天堂。這兩個國家幾乎可以單方面就做出改變。蓋斯康涅說：「如果沒有美國參與，無法建立全球慣例；同樣的，如果美國採取行動，很快就能讓某件事變成全球慣例。」

　　不過，如果美國與英國拒絕領導，很可能就需要全球通力合作。新興國家組成「77國集團」，成員包括中國、印度、巴西、南非，如果這些國家能透過聯合國發動全球稅制改革，收穫會相當豐碩。要建立這個聯合陣線，後勤問題可能是個挑戰，但是蓋斯康涅說：「有足夠的政治決心，一定可以做得到。」

這就點出另一個關鍵。建立有凝聚力、公平的稅制框架，具有道德上與經濟上的理由：更多稅收對民主社會更有利；而且，各國之間在稅收上競爭，反而會導致經濟上的效率不佳。

企業要建立複雜的全球最佳化稅務架構，花費相當大，而愈來愈多企業難以在法庭上捍衛這些結構。舉例來說，Google的雙份愛爾蘭夾荷蘭三明治無法迴避外界的關注，也無法迴避歐盟稅捐機關的怒氣。Google已經在許多租稅區被控告，2017年法院調查這間公司在愛爾蘭的操作之後，Google與義大利政府達成協議，繳納3億3,500萬美元稅金。[100] 在2019年，Google被控以詐欺調查長達四年之後，也和法國政府達成協議，至少繳付10億美元以上的稅金。

雖然目前全球稅制對跨國公司短期有利，但長期來說卻製造明顯的不確定性。企業資金流經的每一個國家，就是企業必須在長期規劃中考量的額外變數。當這個國家的法律改變或是政府發動稽查，企業就會手忙腳亂。

收到法國法院判決之後，Google發出聲明表示：「我們仍然相信，對於企業全球營運提出清楚的架構，最好的方式是各界合作的國際稅制改革。」[101]

　　政府損失稅收，社會就要承受後果。企業或富豪藏在避稅天堂的一美元，這筆錢就沒有用來促成國家經濟發展或公民福祉。當資金可以在國界內外自由流動，它會停留在對資本最有利的地方，而不是對人們最有利的地方。

　　如果我們希望2020年代與未來能建立一個更平等、更包容、符合正義的社會，我們必須開始改革稅制，讓富裕企業不能再凌駕國內稅務機關，富豪不能再匿名使用銀行，富裕國家不能再把資源從開發中國家抽走。公平正義的制度必須要每一方都付出他們應繳的那一份，每一個國家都拿到這塊大餅中應得的一份。這也是避免對現有納稅人調高稅率最好的辦法，而且能確保食利者資本主義的大戶真正根據他們的獲利來繳稅。

　　有人說，人生唯一確定的事就是死亡與繳稅。不過，對於世界上愈來愈多企業與富豪來說，後者不再適用。如果缺乏有共識的共通稅法以及課徵稅收所需的資源，那麼，建立一個更美好社會的成本，不是落在擁有最多工具來造成改變的人與機構，而是落在對改革需求最高的一方。

第五章
●●●●●

外交政策
企業都要有自己的外交部、
國防部、情報局？

　　敘利亞內戰爆發之前幾個月，我率領美國國務院使節團前往敘利亞，這是一趟充滿爭議的旅程，其中包括和巴夏爾・阿薩德（Bashar al-Assad）見面會談。我們的意圖是要和這位敘利亞獨裁者談科技領域上嚴重的國安議題。消費者科技愈來愈普遍，而這項科技被用來作為武器，使監控與散播不實消息變得更容易，這能夠發展政治運動，也會摧毀政治運動。我們的使節團去敘利亞是為了運用政治與經濟壓力，試圖讓阿薩德朝向對的方向行動。

　　這個使節團和進入阿薩德辦公室的其他團體不同之處在於，我們並不是外交官，也不是美國國防部或中央情報局的政府官員。我們的成員有思科、威瑞信（Verisign）、微軟等美國企業的資深主管，而我們認為，在那個情況與這項議題上，企業具有說服的力量。

　　並不是所有世界上的問題都可以單由政府與公民來解決。避稅是個相當獨特的問題，世界各國政府都是輸家，必須終結逐底競爭才能共同獲益。但是，我們在21世紀面臨到的問題更為錯綜複雜。例如，人工智慧武器化、數據與數位戰爭等問題，已經打破地緣政治的界線，讓主要強權彼此對立，而公民則懸在中間。此外，氣候變遷仍然是十分迫切的重大危險，需要每個國家政府、公民與企業一起處理。

　　以敘利亞與阿薩德來說，數位科技確實相當致命。阿薩德政權在臉書等公開社交平台上關注數位組織發展，然後鎖定線上組織的抗議活動，對他們的抗議地點發動攻擊。阿薩德政權逮捕民眾、沒收手機，並強迫抗議者登入臉書，然後根據他們的臉書貼文與朋友，決定要殺掉或讓他們活命。敘利亞政府開發好幾個安卓系統的行動應用程式，表面上看起來像是和新冠肺炎全球大流行相關，例如有個程式就偽裝成測量使用者體溫的用途，實際上卻是一個強力的間諜程式，能取得使用者的資料、收發的訊息、聯絡人名單，並且把使用者即時地理位置資訊提供給敘利亞政府。[1]

　　美國政府與我們的科技公司並沒有說服阿薩德。他和俄

羅斯站在一起，俄羅斯則空襲轟炸阿薩德的對手，同樣的，
俄羅斯以及在政府內外的駭客，也為阿薩德發動數位戰爭。
企業與國家都是戰士。整個敘利亞的數位戰爭，模糊企業營
運與政府作為的界線。

最近幾十年，企業在全球舞台上為自己挖出一個獨特的
位置。這個新角色可以用來開發地緣政治的缺口，就像我們
在避稅問題看到的一樣；或是可以用來塞住這些漏洞，藉由
企業的專業與規模，協助創建一個更穩定的社會契約。本章
將會大量的以人工智慧與數位戰爭的主題作為案例，研究企
業在國際議題上可以起到什麼穩定作用。不過，我們也會檢
視企業進入全球競技場而出現的風險與兩難抉擇，並且探索
如何在其中找到出路。不過首先要後退一步，看看全球企業
的角色在過去30年間有哪些轉變，並成就前所未有的獨立性。

企業愛國主義

從歷史上來看，企業一直都屈從在國家之下，自從政
府與商業界共同存在開始，99％的時間國家都凌駕在企業之
上。對國家忠誠就是經營企業必須付出的代價，人們都期待
企業要服務自己的國家，不管是在國內還是國外，這是社會
契約之下企業責任的一部分。以我們出訪敘利亞的國務院使

節團來說，參加使節團的這些企業扮演的角色是忠誠的美國機構，飛到敘利亞和犯下種族屠殺的獨裁者見面，因為這件事可以推進美國的國家安全利益，這是企業愛國主義。

好幾世紀以來，國家靠這種忠誠在國界之外展示國力、行使權力。在地理大發現時代，歐洲國家把公司當成帝國的工具。從葡萄牙到俄國，各個歐洲王室給予不同的「特許公司」在特定地區擁有貿易壟斷權。最初幾間公司確實是國家體制的一環，這也是「公司」（corporation）這個詞的字面意義。公司是由統治者創建，目標明確，就是要為君主服務。

國家追求的宏圖霸業和它們的經濟哲學向來密不可分，這種連結把國家與企業綁在一起。

不過，當現代性（modernity）興起，企業的本質改變了。他們取得獨特的法律權力與保障，在國家與個人之間找到定位。例如在美國，企業取得許多屬於個人的權力，例如言論自由、不得受到沒有根據的搜索與逮捕。不過，一般規矩還是企業必須對自己的國家忠誠，在國家需要時要服務國家。第二次世界大戰期間，同盟國與軸心國都受到各自私部門的接濟而發動戰爭，而戰爭走勢牽連到這些國家的產業力量是否夠堅實又有彈性。

在美國，通用汽車、福特汽車（Ford）、克萊斯勒（Chrysler）等汽車企業，在第二次世界大戰時不再製造汽車，開始建造坦克、飛機、槍砲。[2]玩具火車公司Lionel為戰艦製造羅盤；Mattatuck製造公司本來生產圖釘，戰時改成生產來福槍的板機。通用汽車總裁威廉・庫努森（William Knudsen）成為美國政府戰時的製造部長，他在1941年對產業界高階主管的演講中，總結出企業界的期待：「各位先生，我們必須用製造來打敗希特勒。」[3]

同時，德國私部門也以製造來幫助希特勒對付同盟國。戴姆勒賓士（Daimler-Benz）、BMW、福斯汽車等，也為納粹提供汽車、機車與飛機。當時世界上最大的石化企業法本公司（IG Farben），製造人工橡膠、燃料、塑膠以及齊克隆B毒氣（Zyklon B）。在太平洋另一邊，日本財閥為日本帝國提供軍需品。

冷戰期間，國家與商業部門之間的緊密關係更是強化。冷戰的高風險迫使跨國企業與民主政府在外交政策議題上步調一致，這代表同一套政治與經濟模式的兩個面向，也就是民主資本主義（democratic capitalism）。如果共產主義在歐洲、亞洲、非洲以及拉丁美洲散播開來，政府與企業雙方都會輸。在冷戰時代揭開序幕時，通用汽車總裁查爾斯・威爾森（Charles E. Wilson）說過的話相當有名：「對我們國家好的，就是對通用汽車好，反過來也是一樣。兩者之間並沒有差異。」

整個冷戰期間，在全世界各地營運的西方跨國公司被期

待要協助政府，或至少不能擋路。冷戰局面製造出二元世
界，政府與企業都一樣，要不是支持美國資助的民主資本主
義（或至少和美國同盟的資本主義），要不然就是支持蘇維
埃資助的共產主義。鐵幕兩邊各自發展出獨特的經濟模式，
而且彼此沒有交集長達數十年。美國消費者開的車是雪佛
蘭（Chevy），喝的啤酒是百威（Budweiser），抽的煙是萬
寶路（Marlboro）。蘇聯對手開的車是拉達（Lada），喝的啤
酒是日古利（Zhigulevskoye），抽的煙是白海波羅的海通道
（Belomorkanals）。

企業凌駕在國家之上

　　不過，冷戰結束時，幾百年來的規則開始迅速改變。蘇
聯解體，資本主義成為勝利的經濟模式。在歷史終結的暢快
感中，美國、英國及以其他西方民主國家，紛紛解開許多在
金融與法律上把企業與政府綁在一起的桎梏，同時也為了以
自由市場資本主義為根基的全球經濟，開始打造基礎建設。
歐盟在1993年成立，北美自由貿易協定（North America Free
Trade Agreement，縮寫為NAFTA）在1994年生效，世界貿
易組織（World Trade Organization，縮寫為WTO）在1995年
開始營運。名義上是世界最大共產國家的中國，則在2001年
加入世界貿易組織。

　　西方世界的企業現在不再有限制，他們可以接觸整個世界，於是展開全球營運。跨國公司的數量增加，從1960年代末期大約7,000間，到1990年代早期達到3萬7,000間。[4]根據聯合國在2008年最後的統計數字，全球營運的跨國企業大約有8萬2,000間，這數字到現在可能已經又翻了一倍。跨國公司數量指數成長。

　　這些企業壯大時，在投資全球市場、和外國政府建立關係，反而和自己國家社區的連結變得比較弱。曾經在冷戰時期受到愛國責任局限的企業，現在的忠誠轉向對企業財報最有利的國家。跨國公司具有足夠資源，可以有效量身打造自己的社會契約，他們可以選擇遵守開曼群島的稅法、中國的勞動與環境法規、美國的貿易政策與資本市場。他們可以銜接任何國家的教育機構，並且利用那個國家提供的人力資本與研究經費。跨國公司的顧客層在全球，政治結盟的彈性很大。

　　如果說歷史上99％的時期，企業都是臣服於政府，那我們目前就是在那1％的時期。目前全球196個國家組成的棋盤格上，大企業可以像主權國家一樣行動。

　　「20世紀中葉，大企業以及他們所在地的大政府之間的利益，幾乎沒有差異，」史丹佛大學歷史學教授尼爾・佛格森（Niall Ferguson）說：「而真正開始比較顯著的改變，我

想是在1980、1990年代，那時候開始去除交易管制與資本
管制，在別的國家投資變得更容易。其實在這方面，歐洲人
與美國人一樣用力往這個方向推進，變成不是以國內為根據
地。這種劇烈的轉變，我認為它帶來非常不同的企業文化。
臉書、Google、蘋果認為自己是全球企業而不是美國企業。
他們不會說『對美國好的就是對我們好』，而是說『我們建
立的是全球社群』」。

　　但是，這到底是什麼意思？顯然這種轉變之中有些方式
會造成問題，就像我們看到國際避稅的例子。但是，企業與
國家之間的絕緣層只要不被濫用，其實是有益的，甚至可以
創造更穩定的社會契約。企業營運並不是亦步亦趨跟著政
府，那麼他們就可以作為制衡，防止權力濫用，或是處理政
府可能跟不上的全球問題。由企業有能力與誘因來處理全
球問題，而不是使問題變得更嚴重，但是這些條件都被股東
資本主義扭曲了。不過，我們還是有可能善加利用企業的力
量，扭轉這種態勢。要做到這一點，企業必須接受伴隨著權
力而來的責任，也要由政府與公民來監督企業的權力。

　　這樣做究竟會呈現出什麼樣貌，我們可以看看一個例
子，它是過去20年來外交政策上最複雜的問題之一：具有爆
炸般潛力的人工智慧、無所不在的數據，以及網路戰爭這個
新劇場。對於數位武器化的危險，美國與中國兩大世界強國

處理的方式相當不同，這種不同讓我們看到未來的危險，並
且也讓我們看到企業部門必須成長為什麼角色。

數位武器的威力

　　第一次來到國防部五角大廈的訪客，不會覺得它是個歡
迎人的地方，克里斯・林區（Christ Lynch）也不例外的這樣
覺得。他從五角大廈地鐵站的電梯出來時，迎接他的是警犬
以及穿著盔甲、托著機關槍的安檢人員。進入建築物中，他
的手機就失去訊號，而且要小跑步穿過超過半英里的走廊來
到國防部部長的辦公室。林區上氣不接下氣的遲到了，帽T
與運動鞋都是汗水。

　　林區說，那個超現實的經驗「是我這輩子最愉快的繞遠
路」。

　　當時林區才剛在「美國數位服務中心」（United States
Digital Services，縮寫為USDS）完成45天的專案工作。這個
組織成立於2014年，因為許多官員認為政府科技專業有非常
重大的空缺需要填補。那年白宮才剛推行健康照護計畫，讓
美國人能夠加入政府健康保險，但是在技術上卻大大失敗，
幾乎讓「負擔得起的健保法案」無法執行。[5]政府健保網站
（Healthcare.gov）出錯的地方很多，以致於第一天上線時只

有六個人能登入網站。為了解決這件事，並且預防未來發生同樣的情況，白宮建立美國數位服務中心。這個組織就像科技人組成的特警隊（SWAT），政府系統需要修理時就馬上進來協助。

　　林區在美國數位服務中心的第一個計畫是建立一套軟體，讓國防部與退伍軍人事務部（Veterans Affairs Department，縮寫為 VA）共同使用退伍軍人的醫療紀錄，系統要更穩定可靠。林區團隊試著解決的問題很簡單，但是弄不好的後果很嚴重；因為退伍軍人事務部只能接受 PDF 文件檔，但是有時候國防部寄給他們的檔案是 JPEG 圖檔。光是因為醫療紀錄不完整，導致醫生有時誤診病患或忽略病患潛在健康狀況，林區說：「如果你有癌症，這可能是生與死之間的差別。」

　　林區與團隊著手建立檔案轉換軟體，將這些亂套的檔案重新格式化，專案成功到國防部長艾希‧卡特（Ash Carter）希望能建立一個聚焦在軍事的美國數位服務中心分支，就是「國防數位服務中心」（Defense Digital Service，縮寫為 DDS），部長找林區來領導這個部門。

　　2015 年夏天林區第一次來到國防部那天，就是為了國防數位服務中心。他搬到華盛頓之前，對軍事一無所知，最接近國安領域的經驗是看電影《搶救雷恩大兵》（*Saving Private*

Ryan）與《金甲部隊》（*Full Metal Jacket*）。林區的外型也不符合軍方人員的刻板形象，他身高172公分，身形削瘦，以他自己的話來說，就是「非常非常普通的人」。他經常微笑，身上有兩個幾何形狀的刺青，一個是刻在左上臂的黃金螺線，一個是沿著右手臂的萬花尺螺旋圖。他每天一早就到華盛頓特區年輕時髦的蕭區（Shaw）咖啡館報到。他養了一隻迷你短毛獵犬，以電影製作人迪諾・德勞倫蒂斯（Dino De Laurentiis）為名，這隻狗很怕摩托車。2020年3月，我和林區與迪諾一起去散步時，林區穿著一件合身的黑色T恤，戴著白色雷朋眼鏡、穿運動鞋配上扎染鞋帶。這副打扮比較能說明他出身於西雅圖新創科技公司，而不是任職於美國國安單位的頂尖科技專家。

林區也和許多科技人一樣對政府抱持著懷疑態度。科技圈有個普遍看法是：在政府裡什麼事都做不成，官僚主義根本不在乎科技人，你去那裡是在浪費才能。林區說，他聽到有個朋友要加入美國數位服務中心時，很直白對朋友說：「那是我聽過最差勁的想法。」

但是，白宮科技主管陶德・帕克（Todd Park）親自飛到西雅圖來聘請林區，他才決定加入政府組織。林區花了一個半月為軍醫建立檔案轉換軟體，之後他的心態改變了。

他告訴我，這個經驗是「我這輩子的轉捩點」。他說：

「我理解到，懷抱使命的工作是有意義的。幾個科技怪咖做了一個看起來很簡單的計畫，但這就很可能讓某些人不會死掉。」

不過這也顯示出美國軍方的科技專業落後其他國家有多遠。同一年，臉書發表一個可以描述影像給盲人聽的軟體，[6]這個時候美國國防部還在找人協助把JPEG檔轉換成PDF檔。假如一小組程式設計師花45天就可以讓事情大不同，林區心想，一定有哪裡出錯了。

林區想的沒錯。傳統上，軍事力量是由海陸空的強度來定義。幾十年來美國軍隊在這三個領域裡可以和世界上任何戰鬥力量對峙。但是過去20年，國安領域的典範轉移了。國家的軍事力量不再單單只靠部隊規模、運輸工具速度，或是軍火的摧毀力量來決定，那是20世紀以及之前每個時代的標準。在21世紀，軍隊必須在一個全新領域裡面展現力量，那就是網路空間（cyberspace）。

在之前的每個時代，只有實體力量能造成實體損傷，但是在21世紀，軍隊可以用數位訊號來發動實體攻擊。只要幾行程式寫得正確，就能破壞核子反應爐、摧毀一座軍火工廠，或是癱瘓整個國家的電力；或是，還可以侵入敵人的電腦網路，嚴密監視敵人的一舉一動、阻止對方發動攻擊。數位戰士在敲鍵盤時，根本連頭都不用抬就能做到這些事。

要改造國家安全的數位科技，網路武器並不是唯一關鍵。人工智慧也在進化，影響軍隊如何戰鬥，間諜如何從事間諜活動。利用人工智慧系統，政府可以找出群眾裡的某個人，可以把攻擊目標設施定位出來，可以偵測電腦網路是否遭到入侵，可以預測群眾暴動，並且找出潛在暴力極端分子。

美國在海、陸、空與太空這四個領域可以領先任何國家，但是在網路空間競技場上，和其他國家的表現差不多。國防部在國家安全科技方面，例如人工智慧，已經比不過某些國家，包括中國。其中很大的原因在於，這些數位新工具的領先開發者，並不是傳統上的軍工業，例如洛克希德馬丁公司（Lockheed Martin）、雷神公司（Raytheon）、諾斯羅普格魯曼（Northrop Gruman）公司等，而是科技產業。

這兩者之間有很大不同。傳統軍火承包商向來和國防部步調一致，但是科技產業的領導者是像林區這樣的人，因為政府顢頇與官僚體制而不信任政府，而且政府創造出來的科技可能會用來破壞，這讓科技人相當不滿。

但是，林區在國防部的經驗讓他開始改變想法。我們最近幾年看到的情況是，民主政體相當脆弱，尤其正面臨網路攻擊，而我們並沒有準備好。必須有人做好準備來應對最糟糕的情況，而林區發現，他的學經歷背景來做這件事正好。

2015年，林區成為國防數位服務主任；2019年，他離開政府職位成立自己的公司Rebellion Defense。近年來出現許多類似的公司，提供各國在21世紀保衛國家所需要的科技。這個產業包括一些大品牌，例如微軟與帕蘭提爾（Palantir），也有無數小公司是國安圈之外的人不會知道，就像Rebellion Defense。這些新型態的政府承包商，正在改變美國與盟國處理全球外交政策的方式，顛覆主權國家與國防產業之間的傳統關係。

林區經營Rebellion Defense的整體目標，是要提供迫切需要的數位工具給美國軍隊，同時也協助年輕科技人在公共服務領域達到他曾感受過的領悟。

他的策略，就體現在他創辦的公司名稱「Rebellion Defense」（反抗防衛）上。

林區在擔任國防數位服務中心主任時，把這個小組打造成某種《星際大戰》（Star Wars）迷的天堂，團隊成員為專案取的名字是「波巴」（BOBA）、「AT-AT」、「絕地武士」（JEDI）等，他們當時有間辦公室在喬治亞州的奧古斯塔（Augusta），也取名叫做「塔圖因」（Tatooine）。在歡送林區派對上，一群國防部職員變裝成《星際大戰》裡的角色。我和林區一起散步時，他給我看一張派對上的照片，裡面有他、他爸爸，還有當時全國軍階第二高的保羅‧賽爾伐將軍（General Paul Selva）、丘巴卡（Chewbacca），以及一個真正的機器人R2-D2。

不過，這個小組真正的調性，可以從林區辦公室門上的招牌看出來：「國防數位服務，反抗軍（Rebel Alliance）」。林區說，這塊牌子是為了對團隊表示，他們是要為周遭的官僚體制注入改變的「反抗者」。延續《星際大戰》的比喻，國防數位服務就是路克（Luke）、莉亞（Leia）、韓（Han），而國防部固有文化則是達斯·維達（Darth Vader）與帕爾帕廷大帝（Emperor Palpatine）。

林區把反抗者這個想法作為他在國防部任職期間的主題，他也將同樣的心態帶到自己的新國防事業公司。

Rebellion Defense這個公司名字「表示有些新東西必須被創造出來。現在比以前更需要，這件事就是要我們團隊來做，要做的時間就是現在，」林區說：「有些事情我們是外行，但是我們也是這個系統的一部分，因為國防是我們所有人擁有的資源。」

把一間國防科技公司命名為達斯·維達的摧毀者，當然有諷刺的意味，林區本人也很快就承認這一點。不過他認為，這個名字對於銜接華盛頓與矽谷有幫助，他說：「誰不想加入反抗軍呢？」

林區也承認，目前的世界，善與惡之間並不是像很久很久以前遙遠的銀河系那樣非黑即白。即使和冷戰時代比較起來，這支反抗軍與對方陣營之間存有許多灰色地帶。數位科技方面的軍備管制，並不像傳統上的火槍彈藥那麼明確，所以現代國防公司必須自己考量許多層面。

新時代的武器管制方法

　　整個冷戰期間，美國制定廣泛的管制措施來限制武器與國安科技出口。舉例來說，《國際運送武器管制條例》（International Traffic in Arms Regulations，縮寫為ITAR）限制非美國公民接觸特定國防相關科技的數據或物資。[7]（截至2020年8月，美國軍用品清單超過100頁）。其他管制辦法有《武器出口管制法案》（Arms Export Control Act）以及《出口行政管制條例》（Export Administration Regulations），限制國家科技出口以及對外國使用。這些法規標準背後的目標很清楚：避免美國所發展的國家安全科技輾轉流到敵人手中。政府可以依照本國與不同國家之間的關係，來量身訂作武器管制協定。對英國的管制就和對土耳其不一樣，對土耳其的規定又和對伊朗不一樣。在冷戰期間，民主自由國家與共產國家軍隊之間的縫隙，就是由這些法條來填補；而在後冷戰時代，這些法條（絕大多數）阻擋傳統武器落入恐怖分子與敵對國家手中。

　　但是，20世紀的武器管制辦法，多半不適用於21世紀的國安科技。主要原因在於，人工智慧等數位工具，比傳統國防科技更難歸類。

戰鬥機與戰艦只是用在一件事：展示並行使軍事力量。但是人工智慧是通用的科技，可以應用在國家安全，也可以用在完全無害的商業用途；可以訓練出電腦版本的演算法來辨認出戰場上的敵軍，但是也可用來在社交媒體貼文標註朋友，以及用來驅動自駕車。臉部辨識科技這種人工智慧，可以辨認出已知的恐怖分子，也可以很容易追蹤少數族裔人士並將他們的資料歸檔。科技也同樣不完美。人工智慧的精確度，要看人們用來訓練它的數據品質，而且，我們並不是常常能搞清楚軟體如何達到某種結論。某個系統提供網路購物推薦，你可以容忍這個系統中有某些錯誤，但是發生在戰場上的錯誤，後果會很致命。

這些都是Rebellion Defense關注的核心議題。這間公司會做傳統資訊科技與網路安全工具，但是基本業務是人工智慧。包括可以閱讀文字、分類影像、分析影片的軟體，以及處理全球各地湧進五角大廈的大量資訊。

但是，說到武器管制，人工智慧軟體這種「雙向使用」的本質，對美國政策制定者就變成一個難題。如果人工智慧系統的管制方式與核子彈頭一樣，就會壓制創新、削弱美國科技產業。但是，如果完全不管制人工智慧，可能會讓恐怖分子與敵軍取得戰爭利器，而且還是美國製造的武器。

為了有效管制人工智慧以及其他科技的銷售，政策制定者首先必須同意，有哪些範圍狹窄的應用方式，一旦落在敵人手中會造成國安威脅。但是，前任白宮資深官員、麻省理工學院的大衛·艾德曼（R. David Edelman）曾經主導科技與國安重疊領域的政策制定，他說現在「國安機密」科技的定義很廣泛，要看你問的是誰。

「到底什麼是真正敏感的科技，政府正在進行根本上的辯論，並不是都由科技業來提供決策資訊；而在產業界上，絕對不是全部由政府來提供決策資訊；而在研究上，有時候則兩者都不是。」艾德曼對我說：「現在已經可以看到，這些群體出現一些同步問題。」

他繼續說：「如果你問研究者人工智慧科技包含什麼，問幾個人就會得到幾個不同的答案，可能還要額外再加上五個或六個答案。現實狀況是，像人工智慧這種東西，它既是一切，但也什麼都不是。」

數位、軍事、產業的結合體

除了科技的混淆性問題，政府裡也缺乏科技專業人士。現在我兒子就讀的高中班上30名學生，懂的科技還超過美國535位國會議員。得到充分資訊而做出的政策決定，需要得到充分資訊的政策制定者來執行，而大部分政府成員還在透過對20世紀科技的理解，來解讀21世紀的國安挑戰。

2020年1月，美國商務部發出第一項對人工智慧系統的出口管制。[8]軍用無人機或人造衛星在地球表面蒐集的地理空間影像，可以自動分析這些影像資訊的人工智慧軟體，都受到法規限制，無法隨意銷售。雖然這是一大進步，但是重要的是我們要知道，政府並沒有真的突破。地理空間科技已經受到高度規範與管制，[9]企業不能銷售某個解析度以上的影像，無人機與人造衛星也受到《國際運送武器管制條例》以及其他出口管制。政策制定者只是修訂舊有框架，套用在新科技上。

但是，許多人工智慧的應用，在武器管制辦法中並沒有先例。人工智慧系統可以幫獨裁統治者在自己的國界內集中權力。臉部辨識與監視科技，可能不符合我們對於現代國安科技的描述，但是這些科技對於自由開放社會所造成的威脅並不會比較少。不過，艾德曼表示，西方企業已經自由出口這些科技很多年了，他說：「我想大部分美國民眾還有多數政策制定者，都希望這些企業沒有那樣做。」在這個灰色地帶之外，還有演算法，它的後果可能會更嚴重。如今企業正在發展科技系統，可以在戰場上辨識敵軍、啟動半自動武器、調控一大群無人機共同運作。

艾德曼解釋，某些人工智慧比別的型態更容易被武器化：「那些是完全適合被管制的項目，而且老實說，政府找出這些來管制已經算是有點慢了。」

美國軍事領導者已經開始強調人工智慧倫理的重要性，2020年國防部對於科技應用的倫理，簽署五項廣泛性原則。[10]但是這些原則既模糊又陳腔濫調，例如，在發展及使用人工智慧時，「有關人士將會運用適當的判斷力謹慎處理」。

就像我們曾討論過，如今的地理政治狀態已經不像冷戰時代那樣分成兩邊，各國不能再被分為「民主陣營」或是「共產陣營」，政治經濟模型的光譜從開放到閉鎖都有，而國家與國家之間的聯盟也不像過去那樣固定不變。

新型態的「數位－軍事－產業」結合體，正在這個新世界裡探索前進方向，而且大部分只能靠自己。這些複合體站在一個特殊位置，必須整理出清楚的原則，說明哪種科技型態是他們想要發展的，而哪些又太超過。這對單一企業來說負荷很大，企業無法完全只靠自己來處理。科技業的高階主管年紀很輕，可能是很優秀的工程師，但是在世界的地緣政治上並沒有很多經驗，那麼這種挑戰就更為艱鉅。智力與智慧是有差別的，我看過太多科技業高階主管犯錯，他們都擁有高智力，但是在智慧方面還稍嫌不足。

但是，科技部門具備的專業比傳統國防部門多，值得好好利用這種專業，確保科技公司能對他們所做的東西負起責任。我們將會看到，讓企業能夠加入協作，或是甚至擔任主事者的制度，會激發更多資訊充分的創新做法，而且，比起由政府來決定並且驅動每一件事，更能監督與平衡權力。

對Rebellion Defense創辦人林區來說，這種責任感是讓他產生動機的力量。「國防、安全，以及這些議題一定會在將來50年內改變世界利用科技的方式，如果你對這些事情有強烈意見，那麼就有責任出現在決策桌上，」林區說：「你提供的是人們需要的東西，而且你在協助制定策略、政策與執行上，將決定這些科技的運用方式。」

科技公司的責任

就像其他大部分科技，人工智慧並不是天生很好或很壞，而是得注意價值和創造者與使用者的意圖。雖然五角大廈缺乏科技專業，但是為國防部發展人工智慧工具的企業，有責任要引領科技朝向正確的方向前進。

「每間科技公司都有責任，得仔細思考他們建造的事物會帶來什麼影響。」林區也表示：「我們必須考慮清楚，我們做的是什麼，為什麼要做。我們必須在乎，因為是我們在主導國防，我們在主導如何使用科技。」

在Rebellion Defense，員工每月聚會一次，討論公司會拒絕接下哪些型態的專案計畫與客戶。例如，林區說，公司已經決定不做國內監視科技，也不會協助美國官員追捕沒有合法文件的移民。林區不願透露公司不願意接下的業務還有哪些，不過他說，公司根據員工的回饋意見，已經推掉好幾個邀約。

當然，每個企業在做這些決定時，在運用上會有很大不同。

2017年9月，Google開始和國防部合作一項大型人工智慧計畫「Project Maven」，目的是要建立一個人工智慧軟體，可以過濾軍用無人機每天蒐集到的大量影像，讓情報人員不必枯燥的一格一格分析影像。這種地理空間分析軟體，落在政府在2020年1月發布的出口管制之內。

Google員工不到幾個月就開始抗議這項計畫，他們認為這項計畫會讓國防部更能鎖定無人機要攻擊的目標。[11]2018年4月，大約有3,100名員工簽署要求Google停止「涉入戰爭」。不久之後，Google就拒絕和國防部延展合約。

林區並不贊同Google的決定。或許Google認為那是公司的界線，但是林區認為，Google放棄可以直接影響國防部如何利用人工智慧的機會。後來這份合約由安杜若工業（Anduril Industries）拿到；這間國防科技公司是由帕瑪·勒凱（Palmer Luckey）創辦，勒凱在20幾歲就協助發明Oculus Rift

虛擬實境頭戴裝置，他是一個受到外界爭議的自由派人物。

安杜若公司拿到的合約是建立一個人工智慧驅動的感測網絡，能為軍隊提供前線的虛擬視角。[12]感測器裝在無人機、固定的高塔，以及軍隊士兵身上，用來辨識潛在目標，調度自動軍事車輛進入戰場。這套軟體能協助戰場上的軍隊做出即時的行動決定，儘管或許不能直接決定誰死誰活，但是這種科技將大幅影響軍隊在生死交關時的結果。

和 Google 或 Rebellion Defense 比較起來，安杜若的工作原則不一樣。這間公司後來繼續建立一個類似的人工智慧感測網絡，來協助美國海關與邊防單位在美墨邊界的協作行動。[13]2018 年，勒凱被問到安杜若公司是否拒絕過任何國防部計畫，他說：「那並不是完全可以由我們決定的事。我們是和美國政府一起合作。」

雖然如此，安杜若的執行長布萊恩・施姆夫（Brian Schimpf）告訴我，有一件事這間公司不會做：不建造具有「毀滅力量」而且沒有人類在其中執行的系統。換句話說，安杜若不會建造出根據程式設計而殺人的機器人。

「這是軍事上的決策責任，不能外包給機器，」施姆夫說：「其他方面也一樣，我認為最主要問題在於控制科技運用的方式。我想，能清楚劃分界線的科技領域很少。」

施姆夫認為，制定這些管制辦法，是軍隊領導者的責任，而施姆夫信任他們最後會做出正確決定。他說：「任何一種太超過的（科技應用），最後都會關掉不再進行。美國制度可能會花一點時間，但是對於這些超前發展的監管還算是滿確實的。」

對於發展人工智慧，這三間公司最後取決的原則都不一樣，這似乎滿令人擔心。不過，這也顯示我們對這種新科技應該要有討論與辯論，一開始並沒有明確的道德答案。不過以現實層面來說，國防部是否要發展人工智慧能力，其實也沒有太多選擇。中國與俄羅斯都大量投資在軍事上的人工智慧，如果美國不跟上，國家安全與美國盟邦都會遭殃。俄羅斯總統弗拉米基爾·普丁（Vladimir Putin）對一群學生說：「人工智慧不只是俄羅斯的未來，也是全人類的未來。」他還說：「誰能在這個領域內成為領導者，誰就會成為全世界的統治者。」[14]

建立臉部辨識等助長專制政權的科技公司也要對顧客負責任。前白宮資深官員艾德曼說，聲稱無知已經不再是有效的藉口，他表示：「外界不能接受科技公司執行長藉口說『我不知道他們要拿來做什麼用途』。三年前還可以聽到科技公司執行長的這種說法，但是這種忽視不顧後果的態度簡直是犯罪，在今天這個時代已經說不通了。」

科技公司的專業在於科技應用的可能性與可靠性。但是對科技公司也很重要的是，擁有自主權來決定他們和國家安全社群之間的關係要怎麼進行，並且對於科技產品要怎麼使用，發展出清楚的原則。如果科技公司反對特定的人工智慧應用方式，那就值得大聲說出來，讓其他公司與政策制定者都能一起思考。

「現在比以前更迫切的是，我們必須把科技人放到一個位置，可以協助形塑並制定政策與方向，不只是決定如何建立這些科技，還包括如何使用它。」Rebellion Defense 執行長林區說：「如果這種對話只發生在國防部門，那就不是長期策略。如果對話是在舊金山某個咖啡館裡，談話這群人從來沒有想過國防使命是什麼，他們對於發展策略也一樣沒有用。如果不把這兩方拉在一起談，我可以100％確定的是，沒有人會對結果滿意。如果不促成這種討論，如果不參與這種討論，我們最後就會完全失敗。」

中國矽谷

究其原因，我們必須放眼太平洋另一岸，看看一個完全不同的模式，那就是中國。

在中國，即使只是辯論科技道德，也是屬於西方民主國家的奢侈品。西方民主國家努力定義出對科技公司的期待與責任時，這種辯論在中國根本找不到。因為在中國，政府與私部門行動一致，而且兩者就是一體。

在中國，如果你在國家與資本之間畫一條線，那是沒有意義的區分。政治人物與企業領導者像是騎協力車，每一方只做自己分內的工作，執行由北京制定的全國策略。過去40年來，中國共產黨利用這種命令控制的制度，把中國從了無生氣的農業窮國改造成工業強國。現在中國利用這一點來發展科技極權模式，威脅到自由民主社會的每一項基礎。

現代中國是建造在全球化的浪潮之下，這波浪潮就緊接在冷戰結束的時期。1970年代末期開始，共產黨政府實施一連串市場改革，將中國經濟現代化。地方企業主開始設立自己的企業，外國跨國公司蜂擁進入中國沿海城市，利用廉價、管制鬆散的勞工市場。20～30年內，中國成為世界工廠，製造產品的範圍從德國汽車到美國國旗都有。

1990年首度公布全球財星500大企業時，中國沒有一間企業上榜。到了2020年，這份名單上的中國與香港企業有124間，超過美國企業上榜的數量僅121間。[15]

在過去15年來，中國也崛起成為未來產業的全球領導者。中國科技產業開始發展出所謂的中國矽谷，聚集眾多仿冒公司，生產廉價但功能較差的美國科技仿造品，通常智慧財產權是偷竊而來。不過，在北京嚴密監管與實質協助之下，這些產業開始走出自己的路。像阿里巴巴、百度、騰訊、華為等企業，正在和西方科技巨頭競爭全球市占率。中國與美國在科技方面是能力相近的同儕，而且在某些方面，中國科技產業還超過矽谷。

就像之前幾十年中國製造業興盛，接下來科技產業也是一樣由政策制定者來打造。和美國政府不同的是，中國共產黨不需要經過繁瑣的民主過程。黨領導者就是龐大國家機器的掌舵者，領航國內的經濟與政治系統，不受政黨限制也不需要公眾同意，政黨領導人想要做什麼事，政府與私部門立刻就跟上來。在中國，沒有拼湊式體制或否決體制。

這種掌控私部門的中央集權，讓中國具有某些優勢。中國政府投資在某些策略項目的方式，西方民主國家無法模仿。北京一旦制定某項全國策略，就會有幾千億美元流進這些項目中。2007年到2017年之間，中國政府蓋出超過2萬5,000公里的高速鐵路，是當時其他國家蓋的高速鐵路總計長度的兩倍。[16]

最近幾年，中國政府將同樣強度的注意力，轉移到打造國內人工智慧產業。

2017年，中國國家主席習近平宣布一項國家策略，要在2030年前將中國轉化成人工智慧領域的全球領導者，國內產值目標超過1,500億美元。[17]這項計畫有一份詳細的政策

路線圖，帶領中國邁向人工智慧霸主地位，並且政府拿出幾
十億資金，挹注在有前途的新創企業與高瞻遠矚的人工智慧
計畫。

　　政策一推出，政府與私部門就開始運作。各個地方政府
開始挹注資金到人工智慧新創公司，產業夥伴關係開始成
形。[18]下一個月，中國政府選出四間國內公司組成一支「國
家人工智慧團隊」，來領導策略性的人工智慧領域，包括自
駕車（百度）、醫療影像（騰訊）、自然語言處理（科大訊
飛），以及智慧城市科技（阿里巴巴）。[19]到了2019年8月，
這支團隊已經擴大到聚集15個成員企業，每一間企業各有專
長。這些全國冠軍可以特別取得國家資金與資料庫；他們彼
此合作的方式是在矽谷不會真正出現的模式，他們會互相分
享研究洞察，並為中國人工智慧生態系統設定標準。

　　中國攻城掠地進入人工智慧以及其他新興科技領域，也
得利於他們極具侵略性的併購外國競爭者，以取得科技與智
慧財產權，尤其是美國的公司。[20]在某些案例，中國企業透
過資本投資、合資、勾結員工或直接買下公司，進而取得美
國科技公司最寶貴的智慧財產權。想要在中國做生意的外國
企業，通常必須把技術數據與智慧財產權直接分享給政府單
位，然後這些單位就轉手交給國內公司。[21]不過中國企業也
會透過網路攻擊，竊取競爭對手的產業祕密、內部通訊以及

其他敏感資料。這些經濟上的間諜活動，通常是在中國政府要求以及直接協助之下進行。

透過蓄意、隱蔽的技術轉移，中國可以有效吸收其他國家的研發成果，據為己用。像這樣竊取外國資產，中國就可以用很少的成本在經濟與軍事上和各國並駕齊驅。

Uber在中國的挫敗

透過直接投資以及國家資助的技術轉移，進而扶持經濟發展，中國政府與資金也在幕後操控，限制外國競爭。中國有14億人口，對跨國公司來說是全球最有吸引力的市場。這幾年來，無數科技公司試圖在中國立足，但是幾乎無能為力。舉例來說，Uber在2014年登陸中國，[22]執行長崔維斯·卡蘭尼克（Travis Kalanick）希望，Uber app能成為第一個在中國成功的美國消費科技企業。卡蘭尼克看到其他美國科技巨頭例如Google、亞馬遜、臉書都無法進入中國，他試著避免前人所犯的錯誤。

他成立一間Uber中國子公司「優步中國」，希望能避免其他西方科技公司因為中國管制而施展不開的問題。他經常到中國招攬投資人、研究當地市場狀況，據說2015年有五分之一時間都待在中國。[23]Uber將服務推展給當地消費者，乘車者可以透過第三方支付系統「支付寶」支付車資。Uber和中國科技巨頭百度合資形成夥伴關係，並且把伺服器放在中國，希望能避免任何防火牆的干涉。

Uber早期投資人謝文‧佩夏瓦（Shervin Pishevar）說：「卡蘭尼克建立的架構是在中國的框架之下，他願意做出這些讓步。」[24]佩夏瓦在2013年某次旅程中把卡蘭尼克介紹給百度執行長李彥宏。

不過Uber遭遇一個強勁的當地競爭者「滴滴出行」。雖然Uber有百度這樣的當地夥伴協助，也無法克服中國市場的現實。

「滴滴試圖摧毀他們，」佩夏瓦告訴我。這兩間公司進入「一場大戰」，雙方都斥資數十億美元祭出折扣，並提供誘因來吸引新司機。[25]

到2016年，Uber在中國已經擴展到60個城市，但是滴滴出行的營運據點有400多個。[26]兩間公司都在燒錢，但是滴滴的口袋比較深，他們得到中國主權基金以及國營銀行數十億美元的奧援。[27]中國科技巨頭騰訊旗下平台微博還一度封鎖Uber，而滴滴還留在微博平台上。2016年7月，中國政府發出管制條件，禁止這些企業給司機補貼，補貼是滴滴與Uber為了擴張版圖而運用的手法，此舉有效凍結Uber現存的市占率，[28]這條規定還讓政府能夠對外國公司嚴密監管，這下子Uber是遭受千刀萬剮、不得不死了。

2016年8月，卡蘭尼克與商業夥伴退出中國市場，把優步中國賣給滴滴出行，換取獲勝對手的股份，並且拿10億美元投資在滴滴出行的美國事業上。[29]

「Uber看到這生意做不下去，」佩夏瓦說：「於是心想『這根本是消耗戰……我們得談和才行』。談和的條件是『拿12%滴滴股份，然後就滾蛋』。所以Uber就這樣做，而且這樣做很聰明。」

從各方面來說，Uber算是好好打了一仗。他們按照遊戲規則，避免之前美國科技公司追求中國顧客所犯的錯。但是，這個產業是個策略性的產業，想在這個產業裡成功，就會侵犯到中國政府的科技野心。中國的公私資本機構介入，把外國對手趕出城牆外。滴滴出行把Uber趕走之後，在北京與矽谷設立人工智慧研究實驗室。[30]2020年7月，滴滴出行宣布將和中國人民銀行合作測試一個新數位貨幣。

許多西方科技公司都很熟悉這個故事。進入中國；和當地夥伴簽訂看似有前途的合作關係；公司遭遇當地競爭對手而慢慢失去市占率；退出中國；當地對手築起壕溝，更加鞏固制霸地位。

對西方科技公司來說，他們已經證明中國是一個無法打進去的地方，就像阿富汗對一些地緣政治強國如蘇聯與美國一樣。

中國不讓西方科技公司在國內立足，並且透過直接投資、經濟間諜，以及國家資助併購外國企業資產來支持中國企業，中國正在建造的是一個科技宇宙，完全不受西方世界影響。這個世界是他們自己的公司、自己的趨勢、自己的行事慣例，價值觀也是由中國政府民族企圖心來主導。

監視器大國

過去20年以來，中國政府運用科技來建構一套監視工具與社會控制機制，勝過從前任何時代專制君主最狂放的夢想。

以2019年來說，中國已經建置的監視攝影機數量大約是每四人就有一台，到2022年會再加倍。[31]這些攝影機所收集的影像大部分會用來訓練人工智慧系統，以找出「反社會」行為，從謀殺、不守規則穿越馬路，到閱讀古蘭經都會被抓出來。透過臉部辨識，政府可以追蹤人民的日常生活，記錄每個人去過哪些地方、和什麼人互動，以及參加過什麼抗議活動或會議。

雖然是由政府控制，但中國的監視系統是由許多人工智慧公司建立與營運，這套系統就是政府官員與企業領導人之間共生樣貌的體現。

建立有效的人工智慧，需要放入許多資料來訓練程式，而你很難找到有哪個政府比中國更沒有疑慮、也無懼於蒐集一般公眾的資料。企業把資料分享給政府，然後政府再把資料分享給其他公司，然後這些公司精確調整演算法，繼續蒐集更多資料。有一間做電腦影像的中國公司「商湯科技」協助建立監視新疆的系統，這間公司的執行長表明，政府是公司「最大的資料來源」。[32]

更多資料就能衍生更好的演算法，更好的演算法就會產生更多數據。監控國家會自己餵養自己，在這過程中變得愈來愈有效監控。5G寬頻網路讓中國政府能在街道與交通工具上嵌入更多感測器，還有辦公室、住家以及公眾場所等，全景式監控會更加全面而完整。

中國模式確實顯示出企業界與政府完美攜手的危險。在數位時代，這種安排把人們的所有數據都交到一間機構手裡，會導致相當駭人的徹底控制。

網路興起並擴散時，在個人資料方面，世界上大部分國家的人民變成要靠企業作為個人與政府之間的緩衝墊。私部門當然不是完美的緩衝，而且科技公司當然蒐集很多我們不希望他們蒐集的個人資料。但是，儘管如此，就連Google或蘋果蒐集資料的慣行做法，也離政府與私部門暗地往來的狀態相當遙遠。中國的例子顯示出，這會把社會拋向《1984》小說所描述的狀況發展。

中國出口科技極權模式

　　中國也把監控國家的整套做法打包出口。中國科技公司得力於國家補助，可以用不正常的低價來銷售產品，吸引想要建立社會控制機制的外國政府，其中一個客戶就是辛巴威。

　　辛巴威對於專制政權並不陌生。這個位於非洲南部的內陸國家，被英國殖民前是由英國南非公司（British South Africa Company）掌控，經過15年內戰之後在1980年獨立，並且立刻落入強人羅伯特·穆加比（Robert Mugabe）的統治長達37年。2017年穆加比在軍隊壓力下辭職下台，辛巴威人民上街歡慶，希望趕走穆加比的勢力能帶領國家走上民主與政治自由。但是不到六個月，辛巴威政府和中國人工智慧新創公司「雲從科技」簽訂契約，在辛巴威的機場、公車站、金融機構以及其他設施裝置臉部辨識系統。[33]辛巴威政府也打算使用科技來建造公民臉孔資料庫，把生物辨識資料整合到選舉系統中，這項科技可能會變成政府威脅與控制選民的工具。

　　辛巴威的生物辨識資料也可以被送回中國，讓中國科技公司用來訓練演算法更能辨認非洲臉孔。中國已經和許多國家政治領袖聯繫建立夥伴關係，包括菲律賓、馬來西亞、斯里蘭卡、新加坡、蒙古、塞爾維亞、肯亞等國，而且也開始登陸拉丁美洲。³⁴辨識不同種族與文化背景的臉孔，演算法愈來愈精準，中國企業就很容易把這套監控技術賣給世界上任何極權國家，而這些國家自己的情報機構就會變得更強大。

不難看出，這種持續監控的傷害會打擊民主社會。一個充滿活力的社會契約有賴於公民透過集體行動表達不滿。透過政治反對運動及抗議，人民動員起來對抗政府；透過勞工組織來制衡企業力量。但是，當國家與私部門對於個人生活洞悉得如此深入，這種集體行動就變得不可能執行了，掌握監控的機構在花開之前就可以把蓓蕾掐死。這些機構具有足夠資料以及處理資料的權力，甚至可以預測異議與反應，就像菲利普·狄克（Philip K. Dick）的科幻小說中描述的樣貌。

中國向國外出口科技極權模式、並且在國內持續精益求精，這對民主的未來是一個重大而深刻的威脅，特別是在開發中國家。亞洲、非洲、拉丁美洲甚至歐洲等地尚在民主萌芽階段的政府，如果獲得科技監控裝備，就更有可能往極權靠攏。

除了軟體之外，中國也是世界上最大的電腦晶片、電訊設備以及其他高科技硬體製造者。中國運用在全球科技供應鏈的地位，展示自己的力量，打敗競爭者。美國的軍事設備、醫療器材、數位基礎建設都依賴中國硬體，這是相當大的國安威脅。如果中國政府決定不讓工廠出貨給美國,那麼美國企業沒有其他地方可以選。

美國開始認知到這個威脅,並且試圖阻止盟邦安裝中國的電訊設備,擔心可能被用來作為中國政府情報單位收集資料的管道。[35] 2020年白宮宣布停發簽證給和中國軍事大學有關的中國學生與研究者,美國政府也對投資美國企業的中國企業實施更多檢查。

2016年,中國博弈業者北京崑崙科技公司以9,300萬美元收購Grindr應用程式 60％股份,這是一個相當受歡迎的男同性戀交友行動應用程式。[36] 但是三年後,美國的外國投資委員會要求北京崑崙公司賣掉持股,原因是這個行動應用程式裡的資料,可能會被用來恐嚇美國國安官員。

如果你在美國首府華盛頓特區打開Grindr,跳出來的交友檔案很可能有情報分析員、軍職人員、政府官員,以及簽發安全許可的國防承包商。這些個人檔案包括標準的線上交友資料,例如年齡、身高、個人興趣、地點,但是也有比較敏感的資訊,例如性傾向、愛滋病帶原狀態,還有精確得不尋常的位置資訊(精確度達到一英尺範圍內),而且還有這個使用者是否已經出櫃。結合這些資訊再加上個人照片(有時候穿得很少),就能建立一份可能損壞名譽的檔案。

由於中國政府與私部門之間的緊密關係,美國國安官員擔心Grindr資料最後會由北京崑崙科技交給中國政府，中國政府可能會用它來恐嚇美國官員。尤其對於並未公開性傾向的人，風險更大。

「我們知道很多人並沒有坦誠公開愛戀對象的身分，」有一位Grindr使用者、30歲的情報分析員對我說：「風險是遭受個人創傷、前途毀掉、失去工作、失去家庭，人們會盡全力保護這些東西，而且敵方對這一點完全清楚。」

Grindr並不是一個實體的美國國安資產，它不會爆炸、不會飛、也不會在海上航行，不像冷戰時國防承包商發展出來的科技，它不會啟動核子反應器、控制精密戰鬥機，也不會支援重要基礎建設。Grindr所做的是，生產出有價值的資料。

在某種意義上，這道禁令也顯示，我們的社會契約需要一個公民與國家之間的有效緩衝，用來處理網際網路資料，以及快速發展的人工智慧產業。美國現在主張的是，把這些資料交給附屬於政府的機構並不安全。當然，如果美國情報網絡也能拿到對手的資料，一定會很高興，如果是那樣，這場Grindr角力就顯得更有趣了，因為它強調出，我們期待企業在生活中扮演的某種特殊角色。

有一些個人資料，我們覺得讓這些民間企業知道沒有關係，只要他們不要濫用。但是，我們不會願意讓政府知道相同的資訊，不管是外國政府或是本國政府。培養出像 Rebellion Defense 這樣具有主體性的工作，並且要求科技公司對資料的政策與原則更加透明，這是相當有價值的條件，可以制衡因為資料集中所帶來的驚人力量；尤其是政策制定者持續對這些公司合理監督，更能達到制衡效果。企業與國家之間有個空間，在這裡雙方可以牽制對方，長遠下來對公民有好處。看中國的例子就知道，如果政府與企業之間不存在有意義的區分，就會為全面專制極權打開大門。

我們要往何處去？

如果 20 世紀下半葉的地緣政治是由美國與蘇聯之間的冷戰來定義，21 世紀上半葉則是由美國與中國之間的冷戰來定義。美中雙方敵對狀態，不太可能演變得像美蘇冷戰那樣緊繃或是非黑即白，但是美中冷戰仍然會把國家與企業拉到各自的陣營裡。中國與美國科技公司會互相競爭人才與市占率，在新的人工智慧以及其他新興科技領域，競爭先發者的位置。

美中政府雙方都會努力超越對方，為數位科技設定全球標準，在國防與情報機構採用最先進的創新技術。美中雙方將會透過與各國聯盟、企業合作夥伴關係、情報分享以及學術合作，形成自己的影響領域。

中國展現出來的願景相當清楚。中國政府把人工智慧以及其他新興科技，視為政治與社會控制的手段。中國想要建立一個監視國家，全面到公民不可能組織任何有意義的反對行動。中國模式加強它對社會契約的控制。

進入2020年代，西方民主政體必須設法放大數位科技民主化的潛力，並且透過法律及管制的護欄來盡量減少數位科技濫用。歐洲已經有一些辦法，例如「歐盟通用資料保護規則」（GDPR）。

Google前總裁與執行長施密特領導過兩個美國政府國安及科技委員會，他在2020年2月發表的文章中警告：「最後中國將會在競爭中成為全世界的領先創新者，而美國目前並沒有贏面。」[37]如果美國在人工智慧、生物科技、5G領域，沒有「史無前例的政府與產業夥伴關係」，中國將會勝出。

其他人則認為，要戰勝中國的科技極權模式，並且讓民主的社會契約繼續保持火焰，必須採用冷戰時期將自由民主政體團結起來的強力國際聯盟。

我在國務院的前同事傑拉德・柯翰（Jared Cohen）提出建立「科技民主政體」聯盟，他取名為「T-12」。「沒有一個民主國家夠大到可以跟中國單挑競爭，中國在法條上有太多彈性、太多空間，」柯翰對我說：「和中國競爭的唯一辦法是透過集體行動；以集體行動來競爭，最好的辦法就是把志同道合的國家組織起來。」

這個組織內的成員是擅長策略性科技領域的民主國家，包括美國以及主要歐洲國家，也包括印度、日本與南韓，這個聯盟可以形塑國際慣例、集中資源，並且在出口管制、供應鏈安全以及人工智慧道德等方面，協調彼此的政策。這些國家共同建立一個統一陣線，對抗中國的科技極權主義。

我了解這種路線有它的吸引力，但是，在可能的夥伴、尤其是歐洲國家的眼中，美國政府在科技政策失去立場，會讓這件事相當困難，不過還是值得追求。在數位戰爭中，美國政府不再像以前冷戰時期那樣得到信任、引領盟邦。在數位戰爭中持續提升民主，會需要整個社會投入心力，而在民主社會中興起而茁壯的全球企業，不能袖手旁觀，尤其是在科技產業裡的全球企業。

未來幾十年我們將面臨到幾個全球大問題，包括氣候變遷、人權、不平等，還有避稅以及人工智慧與數據的監理。這些議題都需要政府採取行動，也需要公民發聲，但是如果沒有世界上最有影響力的企業領導人加入，那麼這些問題無法在合理的時間內真正被解決。在股東資本主義之下，有不少企業責任行動是裝飾門面。但是，像聯合利華、蘋果與微軟這樣的公司，承諾要朝向全球淨零碳排放、而且還要達

標，那就證明典範轉移並非不可能。這種由企業為主體的標
準，能促使政府當局把這些標準擴大適用到其他產業（例如
科技業），並且制定法律。全球企業設定清楚的標準，並且
解釋這些標準背後的原理原則，企業就能協助在幾個國家中
啟動變革。

企業領導人需要具備世界領導人的技能

企業必須介入、並且在社會契約中成長出新的角色，用
說的是一回事，但是我們怎麼能確保這件事真的發生？

首先，除非企業領導人全力支持利害關係人資本主義，
否則不會有進展。如果真的要介入全世界面臨的重大問題，
那麼企業的動機不能是短期獲利導向，否則，企業要製造任
何東西、賣給任何人，都有正當理由。而伴隨這種轉移的是
透明度與衡量標準，例如前幾章提過業界共通的會計準則。
我們可以建立分析工具來測量企業的環境與人權紀錄，也可
以對企業的對外政策紀錄建立一套分析方法。另外還要從幾
個不同角度來監督。企業董事會將會是第一道防線，確保企
業對這些目標，對產品與服務所帶來的影響，設定更嚴格的
標準。如果勞工也投入這項工作，那麼監督力道會更強，如
同我們在勞工那一章的描述。

政策制定者也必須繼續建立護欄與綱領，這就需要提升政府在這些主題的專業能力，要超過我兒子高中課堂所教的知識才行。就算企業可以利用專業與規模，來協助應對這些廣泛的社會問題，如果沒有政府在其中扮演它的角色，一切就無法達成。我們不應該擱置反壟斷措施，甚至應該擴大反競爭的標準，以避免陷入「管制俘虜」（regulatory capture）[*]的危險。

許多企業把自己視為全球行動者，不受自己國家對內與對外政策的限制，但是，世界各先進國家政府其實並不需要太多集體行動就能糾正這個觀念。根據政治學者法理德・札卡瑞亞，對政府而言，很容易就能讓這些企業醒悟到，那個觀念是不對的。

「大家必須了解，到最後，不管這些企業擁有什麼權力，都是國家割讓出去的權力，」札卡瑞亞告訴我：「國家任何時候都可以輕易取回。這些企業沒有一個有能力像以前英國東印度公司那樣，對國家炫耀權勢。現實狀況是，所有企業都害怕管制，一直都在為了遵守政府而做調整。」

成為全球企業領袖的人，多半是因為具有管理、銷售、財務或產品等專業技能，而不是在地緣政治現狀中尋路前進

---

[*] 譯注：管制某些政治經濟實體的機構，反而增進這些實體的利益或被掌控。

的能力。但是，要在21世紀成功，正需要這種能力。世界上最成功的執行長，能夠採行並適應世界領導人的技能組合。

擴張到新的全球市場、協助建立產業標準，都需要外交技巧。在不同文化脈絡，需要不同的企業策略、不同的顧客經驗，以及不同的政府關係。如果企業沒有學到如何在不同文化脈絡下經營，那一定會失敗。

跨國企業也必須發展出情報機制，以便率先看到未來動向。現在，企業的供應鏈遍及全球，東南亞國內動盪可能影響到北美的銷售，北美的國內動盪可能影響到歐洲的銷售。有效的地緣政治預測，會對企業財報表現造成重大影響。

同時，站在全球舞台上的企業必須知道，如何在網路安全方面防衛自己。不管是國防承包商還是交友軟體，只要是處理有價值的資訊，這些企業很可能會成為數位攻擊的目標，因此必須積極主動保護資訊，不要落入濫用者手裡。

「每一間公司都要有自己的國務院、國防部、中央情報局，」我在國務院的前同事柯翰說。他現在轉任科技公司主管，正是他提出「科技民主政體」聯盟（T-12）這個構想。

最後，企業必須能清楚闡述它們的原則、政策以及界線，並且必須透明公開面對客戶以及管制者與員工。會計原則與標準規範可以讓企業保持坦誠；大公司不需要公開說明道德原則的時代已經過去了。

　　這些**轉變**是大企業可以向政策制定者學習的地方，而且向他們學習很適合。因為，要解決人工智慧、大規模監視，或是氣候變遷的危險，需要全球大企業的支持與行動。 企業不是地緣政治的權力邊緣，他們利用過去30年來的獲利而成為事件主角，現在正是時候，企業應該承擔起強大力量伴隨而來的責任。

第六章
●●●●●

地緣政治變革
封閉與開放之間的競賽

　　6,000多年前，人們就開始尋求國家、人民、企業的權利與責任之間的均衡。從求取平衡的行動衍生出來的社會契約，在不同地方以及不同時代有不同的型態，但是在整個世界歷史上，它還是持續存在著。強力的社會契約通常會自我加強，而比較脆弱的社會契約則由新模式取代。契約建立起一個基本均勢：政府提供安全與穩定來維持自由市場，讓公民與企業能夠在其中興盛茁壯，而公民則掌握選擇領導人的權力。

　　不過，從本書前幾章可以看到，世界上大部分國家已經失去這種平衡。在美國與眾多歐洲國家，企業負起傳統上屬於國家的責任，而政府機構則變得比較沒有效能、比較無法回應公民。不平等愈來愈劇烈，經濟的上下流動在衰退，結果我們看到許多心懷不滿的公民，反應卻趨向排外、偏好民粹主義。同時，這個世界也變得愈來愈交織連結。巴西某個村莊的新聞，一瞬間就能散播到世界各地；倫敦的市場崩潰，影響到各大洲的生命與生計；地球某個角落燃燒的能源，會影響整個大氣層。整個世界愈來愈交織連結，全球貧窮問題大幅降低，世界各地有幾十億新機會出現，但是，這個世界快速連結的網絡將如何影響我們，我們還在消化。幾十年前的基本均勢狀態已經不再，已開發國家與開發中國家都一樣，社會契約愈來愈消磨薄弱。

世界各國對於這種變局的應對是，將社會契約轉變成兩個不同方向。一個方向是封閉起來，採取更為管控的專制政府模式，另一個方向是開放，歡迎創新、投資、移民、言論自由，而且同時也進行改革，保護公民不會遭受開放可能帶來的最大風險。

在冷戰之後，美國似乎成為唯一值得競賽對抗的模式，但是美國沒有調整這個模式來反應21世紀的憤怒力道。最近幾年，我們看到這個國家幾乎快要走向極權主義與民粹主義，而在其他195個國家眼中，美國模式已經不再是穩定與繁榮的代表。

本章要檢視世界各國面臨這條路的分岔口。本書前幾章焦點集中在困於躁動混亂的國家，他們必須找到出路、修正問題。而本章我們要看的國家已經選擇了道路，有些國家例如中國，已經採用管控模式，同時也為了在全球經濟中繁榮發展而加入幾項重要調整。有些國家例如北歐，為開放模式建立新的典範。要邁向2020年代與未來，如何調整社會契約來適應新時代，每個國家都必須做出困難抉擇。美國與大部分歐洲國家，都必須找出方法來矯正平衡；在拉丁美洲、非洲與南亞，許多20世紀末期萌芽的民主國家正逐漸靠向極權。

我們要了解這些提供正面或負面關鍵案例的國家，如何為21世紀重建全球社會契約。我們會檢視，為了在狂飆的2020年代繁榮興盛，必須做出哪些困難的抉擇，對地球的代價有多高，以及每個國家必須進行哪些工作。

中國的極權資本主義

先從一個很有誘惑力的管控模式開始，這種模式最強大的提倡者就是中國。

對許多西方國家來說，管控模式似乎是回到過去。這種社會契約是由國家擬定、國家簽署，並且完全由國家執行。人民對於已經訂定的規則、政府與企業的責任，沒有什麼發言權，而且不願意遵從的人會有不好的下場。

綜觀歷史，帝王、蘇丹、宗教領袖以及政黨強人等，將個人意志強加在整個社會上，不接受公眾意見，也沒有經過民主過程授意。極權主義是世界上最古老的政府形式，而且歷年來有很多假面掩蓋住它的本質。但是在21世紀，沒有一個國家比中國更有效採用這種模式。

部分原因是這個國家的歷史。由中央集權政府統治中國人民，已經超過3,500年了。[1]從古代到20世紀早期，中國歷史上連續有557個皇帝，接下來幾十年陷入內訌、內戰、外國占領，然後1949年在中國共產黨的控制下重新崛起。中國沒有民主的歷史，現在的14億人口還是處在政府對人民施行的社會契約之下，[2]而在過去40年，中國的社會契約是經濟自由主義與政治管控的結合。

中國從1978年開始轉變到極權資本主義，當時剛從毛澤東的殘酷統治之下走出來，經過饑荒與政治壓迫，幾乎每項生活品質的統計數據，都遠遠落後已開發國家一大截。當時中國經濟規模略小於荷蘭，[3]但是人口有9億5,000萬人，將近90％活在極端貧窮的狀況下。毛澤東的繼任者鄧小平希望將中國從這種倒退狀態中拉出來，逐步實施經濟改革開放政策，鬆綁對農業部門的限制，允許鄉下農民租用土地與設備，在自由市場上販賣剩餘農產。[4]過去被共產黨歸為不合法的私人企業紛紛成立。政府在沿海城市建立「特別經濟發

展區」，提供賦稅減免，不受各地嚴格企業政策限制。外國
投資者蜂擁來到這個自由市場樞紐，中國出口大幅提高，經
濟開始成長。中國揚棄經濟共產主義早於蘇聯國家十年，而
「共產黨人」這個字的意義和原本真正的意識形態已經沒有
關聯。不過，蘇聯瓦解之後，莫斯科的經濟改革很快就跟上
來，北京設法在不削弱中國共產黨掌政之下發展經濟。

　　過去40年來中國崛起的故事，現在大家已經很熟悉，但
令人驚訝的地方沒有一絲減少。40年來中國一直維持平均年
成長率9.5％，世界銀行稱為「歷史上最快速持續擴張的主
要經濟體」。[5]中國國內生產毛額增加36倍，超過8億人民脫
貧，這是人類歷史上最大的掃除貧窮。經濟自由主義如何超
越社會主義，中國可能是最好的示範。中國現在是排在美國
之後的世界第二大經濟體。[6]

　　中國開始擁抱更自由的市場經濟以及西方科技，例如網
際網路，許多人認為中國人民很快就會開始要求其他西方社
會的特色，例如公民自由權與政治自由，結果這些預測都
錯了。

　　中國近幾年來經濟繁榮，大部分中國公民並不認為這證
明西方政治經濟理論是對的，反而認為那是試煉中國共產黨
政府的力量與智慧。雖然中國人民承認經濟自由帶來的好
處，但大部分認為自治太過混亂。在中國人眼中，民主會導

致衝突，很容易造成社會動亂，政治人物給出無法做到的承諾。相形之下，中國人民認為中國政府在過去40年已經持續做到它所承諾的穩定與經濟繁榮。大部分中國人民承認這個模式並不完美，但是相較於他們眼中西方民主的混亂，中國模式還是比較好的選擇。這種觀點透過政府更加強化，政府利用國家媒體來放大西方國家的騷動，淡化中國本身的問題。[7] 人民要是對政府提出質疑，共產黨會透過監控設施，用各種方法不讓這些想法散播出去。

大部分已開發世界的公民不會容忍這種政府全面監控的情況，但是中國人民沒有什麼反抗就接受了。部分原因是因為歷史，中國長久以來都是中央集權政府，公民自由權與政治自由並不像西歐或美國那樣存在社會脈絡中。但是，更顯然的原因是，中國人認為政治控制是社會穩定的必要代價。中國傾向於整體和諧與合作，更勝於政治自由與個人自由。如果和平的代價是全面監控，那麼這是可以接受的條件。有一個在美國工作多年的中國籍人士對我解釋，他在中國生活在比較服從的狀態下，而在國外生活比較開放，他並不覺得衝突。這段話也指出這種雙重性如何讓他的家庭變得富有。

政治動亂通常發生在騷動與不確定的時期，而中國人民在進入2020年代時，卻覺得比過去更加安全。中國的中產階級約有4億人，大部分小時候過的是一天不到2美元的生活。[8]領導中國企業界的企業家與企業高層，脫離極度貧窮還不到一代。中國政府雖然威權，但是的確改善大部分中國人口的生活。

政治服從換來經濟繁榮，是中國社會契約的核心。中國共產黨並不是透過選票來獲得人民的同意，而是透過荷包。

「中國中央集權有5,000年歷史，不會隔一天就變成民主國家。」地緣政治分析家帕拉格・坎南（Parag Khanna）表示：「我們過去以為，一旦加入世界貿易組織之後，中國會自由化、民主化，並且變成全球經濟的一分子。但是我們錯了。」

「中國共產黨已經收買人民，以物質上的好處來交換政治噤聲，」他補充說。

最近，中國政府更侵入人民的實體生活與數位生活，同時也收緊對私部門的管制。從1980年代到21世紀最初10年，中國市場發展景氣大好，而核心關鍵則是官商勾結。中國沿海城市成為自由市場，賄賂與酬庸是企業經營的必要成本。經濟愈是成長，政府官員就愈有錢。在最近幾次清查中，至少有104名億萬富豪是全國人民代表大會（中國的國會）委員，或是全國政治協商會議（北京的首席顧問團）委員。[9]相較之下，美國第116屆國會代表中大約有250位百萬富豪，但是國會山莊裡沒有一個億萬富豪，英國國會裡也一樣。

　　中國企業和政府密切合作，借助公共經費與政府資助，竊取智慧財產來勝過外國競爭者。在中國的未來產業，政府與資本之間幾乎不分彼此，像百度、華為、阿里巴巴這些科技巨頭對北京，就像東印度公司對英國君主一樣負有義務。風險顧問公司歐亞集團（Eurasia Group）創辦人伊安・布雷默（Ian Bremmer）指出，中國無疑仍然是一個由國家運作的經濟體。

　　「在中國，私部門比大家所想的更為堅實。企業真的非常競爭，即使是全國領先企業與國營企業之間也是一樣，」布雷默說。換句話說，對於按照北京規則來玩的企業來說，中國還是一個自由市場。

　　但是，中國模式並不是百毒不侵，除了政治自由，還有很多問題。整個社會契約是以經濟成長為依據，而中國政府似乎不可能永遠維持高度經濟成長。因為，歷史上從來沒有什麼經濟發展是永遠不會減緩，每個國家都有起起伏伏。如果成長變緩或陷入經濟衰退，那麼中國人民對北京政府的好感可能會消失。共產黨負擔不起像民主國家定期經歷到的景氣榮衰，這是中國政府倚賴中央計畫經濟的原因之一。[10]政府提供的社會安全網很少，而中立的產業工會並不存在，所有勞工組織都受到共產黨控制。

　　中國的經濟成長與穩定，對許多亞洲與非洲國家愈來愈有吸引力，尤其相較之下，美國與盟邦最近幾年的經濟與政治動亂比較多。不過，我們可以質疑的是，中國模式是否能被任何一個規模沒那麼大的國家複製。而且，封閉模式所要求的犧牲，可能短期看似穩定，但如果成長停滯、或者沒有任何改革機制的專制政權不再對人民有利，那麼，過去的歷史顯示，結果將會很可怕。

封閉與開放的競爭

像中國這種管制模式的訴求很簡單：穩定。在混亂的世界，許多人會拿自由來換取安全。當社會契約封閉，而且是由上位者決定，那麼提供穩定感會比較容易。

在過去十年來，我們看到世界各地出現顯著的極權主義。對於許多老牌民主國家中的友善觀察者來說，很容易就把這個趨勢解釋為，資訊不實、不理性，或者只是一時的反撲。不過，如果你對這種封閉模式的訴求看得更仔細一點，你會發現它和公民做了一個非常精明的交換。在中國，公民把自由交給國家，得到的是經濟成長與一種團結感。阿拉伯半島有些國家是世界上給公民福利給得最大方的地方，[11]公民得到的福利很慷慨，而讓統治者擁有徹底的權力。沙烏地阿拉伯政府對國內大約一半人口發放每月現金；卡達政府提供免費水電與電話線；阿拉伯聯合大公國與科威特免費給新婚夫妻一塊地，而且蓋房子免息貸款。在阿拉伯國家，免費醫療與教育是標準配備，而且沒有一個國家要求人民繳納所得稅。大部分阿拉伯國家的勞動人口是政府聘雇。在沙烏地阿拉伯，大約有三分之二勞工由政府雇用，薪資比私部門高出70％。[12] 幾年前有一個沙烏地資深官員揭露，一般公務員每天工作量「甚至不超過一小時，這是根據研究得出的」。

在某些和極權主義走得很近的民主國家，訴求極權的說詞很類似：已經夠久了，建制派政治人物不再能讓你更有錢或更安全，該是時候把這些人踢走，讓新強人上位，讓他來幫你揮舞拳頭。

不過，每一個封閉模式中，穩定與成長的承諾是短期的賭注。這表示相當程度的限制自由，少數族群受到嚴酷對待，新世代科技變成新世代監視，公民知道可以說什麼或做什麼都有嚴格限制。而美國長久以來的種族糾紛，以及作家菲力浦・洛斯（Philip Roth）說的「美國原住民之怒」，都讓美國無法擺脫上述任何一項的威脅。

開放模式仍然讓公民有能力抗議並對抗不正義，而封閉模式則讓公民沒有自主決定的權力，只能靠著國家權力或企業權力的恩賜（或兩者皆是），對於真正有效的社會契約所能達成的成就，這是詛咒。歷史上最強大的社會契約所達成的輝煌成就，就是創造出一種平衡感：個人在較大的體制中，而且對於主導自己生活的權力者，能夠有意義的發聲。但是我們也看到了，最近幾年這種勇敢的理想已經消退，因此封閉模式又再度興起。正因如此，修正21世紀的社會契約，要超越這種封閉模式，朝向比較混亂但是民主的開放模式。

我們在本書每一章都看到，盛行於美國與主要歐洲國家的模式漸漸失去優勢。不過，現在世界上還有其他開放模式在面臨挑戰時調整成功，世界各國可以從這些國家找到有用的教訓與示範。

最主要的範例是北歐模式。要了解北歐模式如何調整，彌補以美國為主的社會契約留下的缺隙，只要比較一下美國與北歐如何因應疫情。

北歐模式的強力社會契約

社會回應危機的方式，可以大幅顯現出它的社會契約。2020年3月新冠疫情開始肆虐全球，經濟衰退顯然無可避免。為了盡量減少損害，美國制定一個修補式的振興經濟計畫：企業可以申請借貸、紓困金，並且延緩繳稅；同時政府也提高對民眾的失業補助，並發放振興款。這項計畫對資方比較有利，而不是勞工。振興經濟方案為市場注入流動資金，讓金融業與大公司生存下去。但是，這項方案也造成失業率大幅升高，小企業經營不下去。股市很快就從震盪中回升，但是，超過1,000萬名勞工失去工作，超過10萬間小企業倒閉。[13]許多人失去收入，而且要等好幾個月才能拿到政府福利金與振興款。雖然市場恢復了，但是一般老百姓並沒有恢復。

現在我們來比較丹麥因應疫情的做法。丹麥政府在和雇主與工會協商後決定，把私部門的薪資全部國有化。[14]也就是說，受到疫情影響的勞工，由政府支付75～90％ 薪水，為期三個月，只要企業承諾不解雇勞工即可。政府對企業延緩徵稅並且負擔企業支出，例如租金與員工病假薪資，更進一步降低企業被疫情影響的財務負擔。丹麥紓困方案讓所有大小企業能度過疫情而不至於虧損太多，同時讓勞工有保障而沒有失去太多收入。這個做法是聚焦在勞工，而不是資方。拿錢出來維持經濟是很昂貴的開支，丹麥總共花了大約420億美金，[15]占全國國內生產毛額的13％，但是在政府眼裡，他們寧可拿錢出來讓勞工保住工作，而不要承擔大量失業的代價。

丹麥勞動部長彼得・翰默葛（Peter Hummelgaard）當時表示：「經濟成長凍結，但是我們盡量保住『商店街』。做法很激進，但是激進時期就需要激進的回應。」[16]

封城第一個月，丹麥失業率僅升高1.3％，而美國是10.3％。[17]解除封鎖後，企業不需要花時間雇用新勞工，勞工也不需要找新工作。而且，丹麥股市也完全恢復了。

美國與丹麥兩國都拿出相當多國內生產毛額來因應疫情，但是這兩個國家把資源運用在哪裡，顯示出兩國的優先順序非常不同。美國是保護最大的企業與投資人，丹麥則是保護勞工與小公司。如果美國也拿出同等分量的資金注入「商店街」，數據看起來會更接近北歐國家。

丹麥與他們的北歐鄰居，也就是瑞典、挪威、芬蘭、冰島，都是由政府來保護人民免於遭受不人道的自由市場特色，這個做法已經有很長的歷史。其中包括因應疫情引起的解雇，但是更常見的是經濟上的困難，例如醫療費用與房租上漲。北歐人利用民主體制來建立世界上最堅實的社會安全網，在北歐社會契約下，政府機構保證公民從搖籃到墳墓都能有高品質生活。

如果你生在北歐國家，你會在國家出資的醫院裡出生，一輩子都受到免費醫療照顧。兒童托育由國家補助。[18]你可以讀到大學學位都不用付一毛錢學費。租房或買房時，你有權拿到政府住房津貼。有小孩之後，你有全世界條件最好的育嬰假，在瑞典、挪威、芬蘭等國是超過九個月育嬰假（而

且北歐五國對父母雙方都提供育嬰假），此外還可以領政府
零用金，直到你的小孩長大成人。如果你失業，政府會提供
不錯的失業補助金，透過職訓計畫協助你再度就業。退休後
由國家提供退休金。這些福利每個人都可以拿到，不是只有
收入較底層的人才能享有。而美國與某些國家的福利制度被
視為政府做慈善，但是北歐人認為這些就是公民福利。

這種普及福利制度，資金來自世界最高的稅率。所得
稅最高級距的稅率在挪威是38.2％、冰島是46.2％、芬蘭是
51.1％、丹麥是55.9％、瑞典是57.2％。[19]許多政治左派普遍
認為高稅率是不成比例鎖定有錢人，實情並非如此。例如，
在瑞典任何人收入超過平均所得1.5倍，也就是大約等於年
收入7萬9,000美元，就適用於最高稅率。比較起來，在美
國要適用最高所得稅率，收入要超過全國平均年收入的9.2
倍。如果美國採用瑞典的稅制，某個美國人年收入8萬7,000
美元，所得稅率就跟年收入100萬美元的人一樣。北歐對於
公平正義的理想，也延伸到富人；北歐國家並不急切的「吃
掉有錢人」，至少在稅制上是如此。

北歐政府有很大一部份收益來自商品加值稅。[20]經濟學
家認為商品加值稅是一種逆行稅（regressive tax）：不成比例
鎖定低收入者，因為這些人的收入比較大一部分用在生活開
支。每個北歐國家的企業稅率也稍微低於已開發國家，資本

利得稅則是低於最高所得稅率。[21]換句話說，北歐國家廣泛的福利制度，其資金來源不成比例的落在勞工而不是資本家身上，尤其是低階、中產、中上階級的勞動者身上。你很難想像美國或其他國家的納稅人，會支持這種讓中產階級過度負擔的制度。

不過，北歐人一般都還滿願意負擔這些高額所得稅率。北歐的社會凝聚力以及對於政府機構的信任感比較高，而美國社會文化偏向個人主義，以負面眼光來看待稅金與政府。在北歐國家，通常人們覺得支持政府就是促進共好；斯堪地那維亞人覺得，從政府計畫接受到的福利，比起高額稅率來說更划算。美國在第二次世界大戰之後那幾年也是這樣想，當時美國人的所得稅率較高，而全國福利大幅增加。北歐國家還有一點做得好，那就是把消費稅隱藏起來，人們把辛苦賺來的錢花掉時的心理成本就降低了。北歐和其他已開發國家一樣，申報納稅手續很簡單，收到稅單時已經都填好了，人們要做的只是看清楚文件，然後加上數位簽名就可以送出。[22]北歐國家不採用扣除額的方式，而是透過直接發放現金來發放福利。[23]任何行為經濟學家都會告訴你，人們拿到現金的感覺會比開支降低的感覺來得好，即使最後結算數字一樣。

北歐國家一年好幾個月每天有15小時黑暗又寒冷，但是北歐公民一直位列世界最幸福排行榜上。[24]北歐人通常會把安定感歸功於福利制度，知道基本需求會得到照顧，如果發生不幸，社會安全網會接住他們。

　　一般丹麥人、瑞典人、挪威人、芬蘭人、冰島人，比起其他已開發國家人民享受到的生活水準還要得高。[25]貧窮與失業率通常相對低；人們普遍接受高等教育，能受到世界一流醫療照顧；職場性別不平等遠比其他已開發國家更低。北歐國家不像美國與其他各國嚴重經濟不平等，但北歐也不是社會主義烏托邦；目前，按人口比例計算，冰島、挪威與瑞典的億萬富翁都比美國還要多；但是，北歐制度確保收入最底層的人民基本需求也能滿足，這就是強力社會契約的樣貌。

　　「北歐人做到的是，把高稅率和相當不錯的效率結合起來，」政治學者札卡瑞亞指出：「人們覺得收到比較普遍的福利，在政治上一定會比較穩健」。

　　札卡瑞亞將北歐模式的成功，歸結到這個地區向來崇尚平等主義（egalitarianism）：「比起其他國家，這些社會向來比較不是由上層統治下層、也沒那麼階級嚴明，相對沒有極權統治者。」其他西方國家的民主通常表現出富人與窮人之間的權力鬥爭。但是在北歐國家，民主是一種工具，以民主來跨越階級界限、建立團結，並且把競技場鋪平讓大家都

能上場。北歐國家「真正理解到，一個社會的政府目的是什
麼，」札卡瑞亞說。

現在，北歐國家捍衛自由貿易，政策鼓勵創業精神與私
部門成長。[26]政策制定者迴避執行反托拉斯法條以及其他政
府干涉經濟的做法。企業可以聘用與解雇員工，而不會陷入過
度管制或爭訟（不過北歐勞工保障還是比美國更周全）。[27]如
同先前的討論，北歐國家也有強大而且多層次的勞工組織機
制，能夠為各產業勞工協商公平薪資與保障。由於有勞資會
議與共同決策機制，受雇者也可以直接影響企業如何營運，
經營階層及勞工一起做決策。

21世紀的經濟是以科技為導向、以知識產業為本，為了
在其中取得成功，企業必須能夠很快從失敗中爬起來，並且
迅速擴張規模，不能花太多時間跳過一個又一個法律管制的
呼拉圈。北歐國家的勞工法條比較輕度管制，讓它的企業比
起歐洲其他國家具有較多競爭優勢，所以，赫爾辛基、斯德
哥爾摩、哥本哈根等地，現在已經是充滿活力的全球創新聚
集地。[28]而在地中海國家，例如西班牙、法國與義大利，企
業要聘用或解雇員工通常要經過漫長的行政手續，因此幾乎
無法解雇員工。雖然這些國家的傳統工業部門表現通常勝過
北歐國家，但是在高科技產業並不能有效競爭，新創產業更
無法與之匹敵。地中海國家政府的拼湊式體制，讓新創事業

很難公司化、取得資金，或是找到與汰換所需人才。

北歐國家結合勞工雇用彈性以及強力社會安全網，被稱為「彈性安全制度」（flexicurity）。人們支付比較高稅率的稅金，換來流動性與經濟保障。

北歐社會契約的基礎是集體行動。透過高稅率，北歐人運用政府來為每一個人建立強力而一貫的社會安全網。透過這種民主過程，公民孕育出一種經濟環境，讓人類與資金能夠聚集在最創新、最有效能的企業。透過勞工組織，勞工確保能分享到私部門的獲利。北歐的社會契約敏捷、可調整、很自由，不只促進個人自主與私部門競爭，同時也維持一定的經濟保障，在其中的人很少會真正失去支撐。

北歐模式的挑戰

如果要說北歐模式有什麼弱點，那就是他們依靠的是公民具備固有的工作意願。由於國家提供強力社會安全網，就算不工作也不至於活不下去，因此就會有人不工作，或沒有透過其他方式來貢獻經濟，只是坐等社會福利。如果太多人選擇坐在沙發上而不是進辦公室，那就不會有足夠稅收來支撐福利國家。

還有，北歐模式靠的是強大社會凝聚力。幾乎每個人的外表、談吐、信仰與生活都差不多，這就不難孕育出一種合作感與善意。但是，當你把新來的人放到一個同質性很高的人口組成中，即使是最緊密連結的社會，也會開始解體。

過去20年來，北歐國家湧入相當多移民，許多人是為了逃離非洲與中東的暴力動亂。北歐的社會在種族與宗教上愈來愈多元，此時也興起本土主義。[29] 過去20年，瑞典、挪威、芬蘭與丹麥政府中的右翼政黨席次都有增加，北歐各國都有人開始質疑這些新移入者應該享有多少社會福利。[30] 許多移民比較沒有接受正式教育，也不會說本土語言，因此比較難找到工作。許多北歐人工作繳稅來支持這些沒有工作的人，而且是長得不一樣的人，因此開始猶豫。

「在北歐國家，當人們認為自己是提供福利給認同的社群，這種福利似乎具有社會支持、政治支持，也會有持久力，」札卡瑞亞說：「但如果這個社群是人們不認同也沒有感情連結的社群，那麼大家的態度就會比較像美國人。你開始看到這種兩難，基本上它可以走向社會市場強大的同質性社會，或者是福利比較少的高度異質化社會。」

未來十年，北歐社會契約主要關鍵在於，當人口成長得更為多元時，是否能繼續提供高品質社會安全網。北歐稅務制度是把非常富有的人和勞工同等看待，而移民與持續貧富不均深植在這個系統中，將會考驗北歐社會契約的本質。

但是無論如何，北歐模式還是世界各國的模範，尤其是對掙扎在開放與穩定之間穩定平衡的民主國家,更有參考價值。北歐國家已經為21世紀建立一個有效的平等社會。結合自由市場經濟以及普遍而廣泛的社會安全網,北歐的社會契約保證每個公民都能擁有高品質生活,孕育一個讓企業可以成長茁壯的環境。私部門避免股東資本主義的危害,因為企業界被迫追求利害關係人資本主義;這並不是政府的規定,比較是透過勞工的集體影響,而勞工是透過勞工組織、勞資會議、企業董事會階層的代表而得到權力。這就形成一個有效的權力平衡:公民、企業、政府三者都能為彼此服務,同時也互相制衡。世界愈來愈互相連結,未來幾年將會因為氣候變遷而出現大量移民,北歐模式將會受到試煉。但是,放眼全球各地所有現行的社會契約,北歐國家已經制訂出最棒的解決方法,來應對那些在別的國家摧毀社會契約的力量。

澳洲的集體主義模式

愈來愈多民主國家,尤其是美國,可以從北歐模式學到寶貴教訓。但是,美國評論者通常會說,北歐模式無法適用在美國,尤其是因為美國的規模與多元性。不過值得強調的是,所有已開發民主國家中,美國模式其實非常偏離多數。尤其如果我們拿類似歷史與組成的國家來比較,你會吃驚美國竟然如此不同。大部分西方民主國家，公民是以政府來建立強力而且有包容性的社會安全網，大部分都和私部門脫鉤。我們來看看澳洲的例子。

澳洲與美國有很多共同之處。這兩個國家都是由英國殖民地獨立，都說英語。如果你在一場晚宴上看到一個美國人與一個澳洲人，兩人會非常相像，除了口音。但是如果你仔細探索兩人對政府責任的觀點，那就非常非常不同。

茱莉亞‧吉拉德（Julia Gillard）是澳洲第一位女性總理，她在任時我正在美國國務院工作，現在我們兩人在同一間風險投資公司董事會裡任職。我問她，為什麼澳洲對政府角色的路線和美國如此不同，她表示，澳洲傾向於集體主義，而這是根植於澳洲文化。她引述歷史學家蓋文‧道斯（Gavan Daws）描述第二次世界大戰期間被抓進日軍集中營的戰俘，即使處在「貶抑到最底層的狀況中」，這些戰俘還是表現出自身文化，「英國人還是保有貴族結構，美國人則是集中營裡最有幽默感的人，而澳洲人則是形成男性同袍互相支持的狀態」。

「澳洲人的態度是，政府就應該要做事；如果因為政治人物是一群笨蛋所以政府沒做事，那你還是可以換另一群政治人物來做，」吉拉德告訴我：「如果要歸結美國人的態度，那就是，政府或許不應該做事；如果政府做了什麼事，那你就要對政府想做的事情抱持懷疑。」

　　和美國很不一樣的是，澳洲政府提供普及的高品質醫療給所有國民，包括免費或受到大筆補助的醫療服務。[31] 澳洲是由政府來營運普及退休金制度，資金完全來自雇主（勞工也可以提撥）。澳洲有高品質公立教育系統，私立學校也會收到補助款。1907 年，澳洲成為紐西蘭之後第二個率先實施全國最低薪資的國家，目前澳洲是最低薪資水準最高的國家之一。以 2020 年 8 月來說，拿最低薪資的澳洲人每小時工資是 14.23 美元，將近美國最低薪資的兩倍。

　　澳洲對集體行動的傾向還延伸到職場。雖然就業人口只有 15％加入工會，但是大約有 60％受到集體協商約定的保障。[32] 澳洲的勞動市場受到政府高度管制，流動性降低，但是確保每個澳洲人都有高標準生活品質。

　　在美國，社會安全網是政治攻防焦點，不過吉拉德說，澳洲所有國會議員幾乎一面倒支持，吉拉德說：「政黨爭論的是，誰來做醫療服務或免費公立醫院會做得比較好，沒有人會吵著要『取消這個制度』。」

　　澳洲並不是特例。同樣都是英國殖民地的紐西蘭與加拿大，也都利用民主政府來建立強力社會安全網。就連在政經制度上比較偏向美國的英國，大部分政治人物都支持政府出資的醫療系統。[33]

　　因為社會安全網非常穩固，人們並不認為澳洲企業界應該像美國公司那樣給員工保障。企業與政府合作執行勞工訓練計畫，法律規定企業必須做的公共福利，企業界也會投入支持。但是，吉拉德說，大致上企業界「向來並不認為形塑社會安全網是企業要做的事」。

　　在澳洲政治上，私部門的聲音也比較受限。個別公司與產業團體可能會聘請遊說者，但是，吉拉德說他們在首都坎培拉並不是「主導整齣戲」。澳洲的競選活動是由政府出錢，候選人並不需要向私人金主募集很多經費。「有錢，在政治當然有用，但是不像在美國的用處那麼大，」吉拉德指出。

　　澳洲模式的核心是集體主義。利用民主體制的影響力，澳洲和其他同樣是大英國協先進國所制定的社會契約是，國家提供基本需求，不要讓企業界成為福利計畫的執行者。這種做法，讓這些國家在進入2020年代時有所準備。而美國在面對未來時，如果不要只看北歐模式，也看看澳洲、加拿大與紐西蘭，就會做得更好。這些國家每一個都像是一片拼圖，在維持開放經濟的同時，也透過支持國民來平衡狀況，這樣才能讓國民在交織連結的世界中可以冒險與茁壯。

開發中國家的選擇

目前為止，我們已經看過一些國家的例子，他們都堅定選擇邁向2020年代的道路。這些國家已經建立起21世紀的社會契約，可以作為其他各國的參考模式。但是，還有不少國家站在十字路口，還在決定未來的路要怎麼走。這些國家希望成長與穩定，並且在全球爭得一席之地。不過，這些國家會採用中國的控制模式、還是北歐與大英國協國家的開放模式，或是完全不一樣的模式呢？對世界上很多國家來說，這仍然是個開放式的問題，而位於拉丁美洲、非洲、亞洲，包括擁有13億人口的印度等開發中國家來說，這個問題更是迫切。

過去30年來，拉丁美洲國家已經對世界開放經貿交流，採行更民主的政府型態。2001年西半球35個國家一起實施「美洲國家民主憲章」（Inter-American Democratic Charter），宣布民主政體在西半球是唯一合法的政府形式。整體來說，美洲大陸這些改革對於促進成長與自治而言相當有效。美國國務院前拉丁美洲事務主任湯姆・香農（Tom Shannon）說：「在西半球我們可以指著好幾個國家說：『嘿，你們可以在40年內做到，你們不必像我們一樣花300年。』」

但是，才剛萌芽的拉丁美洲民主國家比較喜歡的民主形式，和美國與歐洲不一樣。根據香農的說法，拉丁美洲國家比較重視結果：「對拉丁美洲人來說，民主是否具有正當性，要看它『是否能帶來好處？』，而不是公平或自由選舉而已。」普羅大眾對政府的期望是，為公民提供安全保障、醫療、教育機會以達到公民權利。新興拉丁民主國家遭遇世界經濟風向轉變時，會希望參考北歐模式。美國也是西半球的先進國，如果美國希望對其他美洲國家繼續扮演民主的火炬，對美國來說很關鍵的是，這個世界上最強大的民主政體也能改革它的社會契約。當拉丁美洲國家的民主岌岌可危時，我們看到專制極權迅速進入。要讓拉丁美洲的社會契約繼續發揮功能，我們必須看到持續的例子，證明實施民主的國家可以在2020年代與未來「帶來好處」。

更開放的模式可以帶來的好處，在亞洲有個相當傑出的例子，那就是南韓。1968年南韓的國民生產毛額比非洲迦納還低，但是50年後，南韓是世界上最現代、科技最發達的國家。[34] 韓戰將韓國分割為北韓與南韓，這兩個新國家走上完全分歧的道路。北韓實施中世紀的社會契約，由國家控制政治、經濟、社會生活的幾乎每一個面向。而南韓則是走向開放經濟，奮力成為世界舞台的要角。對南韓來說，參與世界經濟是他們轉向民主及政治開放的燃料。1961年南韓由軍政府統治，直到1980年代才開始轉變成文官政府。[35] 當時南韓軍政府看到日本迅速發展，於是開始讓少數幾間和政府密切合作的特定公司拿到貸款以及可獲利的契約。[36]這些大財閥讓南韓的經濟一飛沖天，至今仍然掌握國家經濟很大一部分，三星就是其中最大的財閥，光是三星企業就占南韓國內生產毛額五分之一。[37]

不過現在南韓新創事業也相當蓬勃，一年一年推升經濟表現到新高點，並且成為全球文化領導者。2018年韓流團體防彈少年團成為第一個入圍告示牌音樂百大排行榜的韓國藝人。[38]韓國導演奉俊昊的《寄生上流》在2020年拿下奧斯卡最佳影片，這是第一部拿到這個獎項的外國電影。對亞洲與世界其他新興民主國家來說，南韓是開放模式經濟成長的模範，而北韓走向極端的控制模式，則是讓人警惕的故事。

這兩個國家各自走向不同方向的轉折點，發生在50年前；但是如果說現在世界上有哪個地區正處在類似的高風險決策點上，那就是撒哈拉沙漠以南的非洲。許多非洲國家的命運，可能還包括這些國家在世界上的力量，將會取決於他們在2020年代所做的決定。

非洲的難題

蘇聯解體之後，民主散播到整個非洲，社會主義政權與軍人獨裁政權，改換成經由選舉代表而組成的政府。更換領導人的方式，本來是靠軍事政變，現在則是選舉。經由選舉產生的領導人建立制度來推展醫療、安全與公民福利。雖然民主進展並不是全面普及，但是21世紀早期許多非洲國家，把幾百年來因殖民、戰爭、政權更迭而打破的社會契約，重新建立起來。在冷戰甫獲勝利的西方民主國家，也在財務與政治上支持非洲國家。

但是過去十年，有一種熟悉的力量介入非洲國家的改革，正在拆毀非洲不穩定的民主制度。

許多非洲國家的政府正在走回舊日極權專制，透過選舉產生的領導者利用位置把持政權。以2020年3月來說，世界上總共有11個在位最久的非皇室國家元首，其中7位在非洲。[39] 其中除了厄垂利亞（Eritrea）總統伊薩雅斯・艾富瓦奇（Isaias Afwerki）之外，其他元首都是透過選舉而持續在位，大部分都被外界監督者質疑選舉是否合法正當。

不過，目前非洲國家面臨到的最大挑戰是社會組成。現在非洲人口有13億，人口數量僅次於亞洲。非洲也是人口最年輕的國家，年齡中位數只有20歲，這表示小孩與青少年占人口大多數。[40] 當這些年輕人開始有自己的小孩，非洲會經歷到全世界從來沒有過的人口爆炸。

聯合國估計接下來30年非洲人口會翻漲一倍達到25億；[41] 到了下世紀之交，非洲人口會超過43億。到了2100

年，全球人口大約有40％會住在非洲，而住在36個經濟合作暨發展組織成員國的全球人口占比，會從17.3％縮減到12.4％。非洲領導人必須想辦法為未來80年內成長三倍的人口提供基本需求。

如果非洲領導人無法做到這一點，非洲大陸就會陷入混亂，接著全世界也會陷入混亂。「如果暴增的年輕人口與政府之間沒有訂好社會契約，也就是能受到良好教育、工作、住房、基礎建設、醫療，那麼一定會開始動亂。」美國外交官約尼・卡爾森說。卡爾森曾經派駐肯亞、烏干達與辛巴威，我們一起在國務院工作時，他為我在非洲進行的所有計畫提供指導。

非洲政府建立的制度還不穩固，人口爆炸也會讓這些制度負荷更大，目前這些國家面臨到的許多問題將會更加惡化。非洲的恐怖主義及暴動叛亂正在升高，極端組織有博科聖地（Boko Haram）與索馬利亞青年黨（Al-Shabaab）等。高失業率與脆弱的社會安全網已經證明是暴力極端分子的最佳召募工具，當非洲政府無法提供基本需求讓國民過好日子，人民就會尋求改變，不是透過選票，而是透過炸彈與宗教極權。

同時，氣候變遷也正在形塑非洲大陸。西非的薩赫爾地區（Sahel）因為土壤愈來愈貧瘠，人們開始外逃到比較富饒的海岸地區或移民到歐洲。[42]世界銀行估計，到了2050年，撒哈拉以南非洲地區大約有8,400萬人將因為氣候變遷而被迫移民。

人口爆炸成長、氣候變遷、脆弱的社會契約，這些因素加起來導致大規模人道危機。在21世紀最初10年，因為世界各地戰亂而流離失所的7,000萬人口，國際社會已經難以處理，[43]設想如果全球難民人口增加十倍，各國要怎麼應對。

中國在非洲的策略

不過，這個未來景象還沒有定案。人口成長可以導致動亂、也可以走向繁榮，只看社會結構的樣貌。如今許多非洲國家面臨的兩難，就跟世界上大部分國家碰到的難題一樣，大家都猶豫不決兩種不同的未來景象。

在這個光譜的一端，有幾個非洲國家已經擁抱市場經濟的民主制度，例如迦納、塞內加爾、波札那，模里西斯、納米比亞。這些國家政府制度大多很穩健，選出來的領導人比較傾向會為國民謀求福祉，貪汙程度比較低，社會計畫資金比較充足，政府官員與國民之間彼此尊重。

光譜另一端，有幾個國家轉向比較極權的模式。像烏干達、喀麥隆、辛巴威、蒲隆地，這些國家名義上都是民主國家，但實際上比較像專制政體。由於這些國家的民主政府實

際做法比較專制，他們會因為一個有更強大的地緣政治盟國
而更強化專制行為，這個盟國就是中國。

卡爾森大使把中國興起視為非洲新興民主制度最大威
脅，他告訴我，想成為專制統治者的政治人物「會因為他們
在中國看到的成功而受到鼓勵；再加上看到某些實施民主制
度的社會動盪不安，因而不傾向追求民主」。

更何況，中國「極權資本主義」的成功，提供給非洲政
府一個藍圖，既建立經濟繁榮的社會又能牢牢掌控國民；中
國則提供工具給這些非洲領導人以達到這兩個目的。

透過「一帶一路」方案，中國投資數百億美元建造並
修理非洲公共基礎建設。由中國資助的嶄新機場航廈紛紛
落成，中國企業為非洲修理毀壞的公路及鐵路（有些是將
近100年前由歐洲殖民者所興建），把荒僻村落、濱海港口
與都會區連結起來。就連位在衣索比亞首都阿迪斯阿貝巴
（Addis Ababa）的非洲聯盟總部，這棟宏偉的玻璃鋼構大廈
也是中國投資興建。截至2019年9月，非洲54個國家之中，
只有14國沒有參與「一帶一路」。[44]

「這些都是大型基礎建設，連世界銀行或國際貨幣基金
都無法提供資金，」卡爾森大使說：「這些國家沒辦法要歐
盟來做這些事，沒辦法要美國來做，但是非洲國家就是需要
這些建設，所以他們就找中國。」

　　「一帶一路」計畫通常有條件。[45] 許多資金來源是比較不透明的借貸，這些非洲國家因此負上還不起的債務。這種「債務陷阱外交」讓中國能擴張對非洲國家的政策影響力，中國政府則從中得利。

　　有時候這些利益是經濟上的。在2017年，幾內亞的柯那克里政府（Guinea-Conakry）讓中國開採地下礦藏，以換取200億美元貸款來建造道路、電線以及一所大學。[46] 中國企業也向非洲傾銷便宜手機、汽車、衣服以及其他消費品，壟斷這個被西方零售企業大幅忽略的市場。

　　有時候中國在非洲得到的利益是策略性的。中國在東非國家吉布地（Djibouti）興建第一個海外海軍基地，在這之前已花費數年幫他們建造新鐵路、通訊基礎設施與港口。[47] 中國政府「捐助」2億美元給非洲聯盟完成總部興建，後來非洲聯盟員工發現，這棟建築的資訊科技系統每天晚上都在傳輸機密資料到上海。

　　中國對非洲加碼投資，而西方國家政府與企業和非洲做生意就比較遲疑。卡爾森說，美國人與歐洲人可能會猶豫是否要和專制政府做生意，但中國人沒有這種良心疑懼。而且美國企業為商業利益而賄賂外國官員是被禁止的行為，可是在某些非洲國家，拿回扣是標準做法。在這方面，根據卡爾森大使的說法，中國人也是樂意用錢來買通生意。

　　我記得曾在非洲加彭共和國參加一個高峰會議，大約有10幾個非洲國家元首以及900多個企業領導人出席。我和一小群經濟學家以及其他領域的思想家受邀，為這些國家元首與企業領導人演講，我們都拿到相當不錯的待遇。後來我才明白，我們這些人只不過是場邊娛樂節目，就像足球員被聘來在豪華會場舞台上耍弄足球。其實真正的生意是發生在飯店套房與總統府裡，20到30位中國政府與企業代表和非洲各國領導人協商談判。談到要簽約時，一聲鑼響揭示典禮開始，接著是燈光秀、誇張的音樂，非洲政府與中國代表拿著一英尺長的花俏大筆，簽下基礎建設合約。我詢問舉辦活動的人員，他說主辦單位隱藏了真正的生意，那就是每次簽約可獲得分潤。由於這間公司設在法國，所以不受到《外國貪汙法案》（Foreign Corrupt Practices Act）管束。

　　中國也協助非洲領導人掌握權力。至少有十幾個非洲國家政府，包括奈及利亞、肯亞、辛巴威、南非，以中國建置的人工智慧工具來監視國民。[48]在某些情況中，這些系統會把資訊傳回中國，讓開發者改進監視效能。

　　「中國並不在乎是和好政府還是壞政府合作，不在乎領導人是民主還是獨裁，不在乎是否違反人權紀錄，」卡爾森大使說：「我們的政治維繫與外交做法，比他們講求誠信、遵守原則與價值。」

結果，許多意欲採行民主政體的非洲國家進退兩難。西方國家只給少量援助，而經濟、社會、環境快速變遷，在民主還是專制之間搖擺不定的政府，沒有別的選擇，只能跟中國合作。當關係愈來愈緊密，社會契約也會隨之改變。

卡爾森大使說，要建立民主非洲，美國與其他西方民主國家必須重新思考對非洲採取的手法。就算非洲官員希望把社會契約打造成美國或北歐國家的樣貌，也需要外界協助建立信任與制度，讓社會契約有效運行。如果對民主政府與社會制度有足夠的支持，撒哈拉沙漠以南49個非洲國家可以成為重要盟邦、可獲利的貿易夥伴，以及人權倡議者。如果沒有這些，非洲國家可能會落入中國影響範圍內，導致極權專制模式擴張。卡爾森說，西方民主國家必須體認到，投資非洲並不只是「基於人道的表示……而是策略性投資，以建立更強力的未來夥伴關係」。

同樣原則也適用於世界其他地區，包括美國本身。找出美國社會契約中的漏洞，投入所有可以動用的資源來解決這些漏洞，具有深刻的人道理由，也有簡單的策略理由。西方民主與中國專制之間的敵對競爭，將會定義下一個十年。社會契約最基本的概念是，服務人民、反應人民的目標，為了讓這份社會契約能延續下去，我們必須把它體現出來，即使世界持續改變。這表示，我們不只要向那些已經證明可行的國家學習，還要想像出新的方式，迎向2020年代以及未來最令人苦惱的問題。

在19世紀「恩格斯停滯」時期，經濟不平等與社會動盪最後導致自由民主興起，並且形成新的社會契約，為勞工階級提升經濟展望。能達成這個結果是透過引入政策創新做法，例如最低薪資、童工規範、一週40小時工時、退休金、國民教育。未來幾年，西方民主國家繼續打造或重寫各國的社會契約時，必須想像出類似的創新做法，邁向更公平的未來。

結語

　　如果什麼改變都沒有發生，定義 2020 年代的調性將會是憤怒。

　　事情不一定要那樣發展。但是不管走向哪一方，2030 年的世界樣貌會和我們現在所知道的樣子大不相同。

　　無論我們的選擇是什麼，有些事情一定會發生。下一個十年，世界各地的城市人口會暴增；極端的暴風雨與乾旱將愈來愈頻繁出現；移民會急遽增加；人工智慧與監視科技會變得威力愈來愈大；在工作上，要是不由你來告訴機器要做什麼，就是由機器來告訴你要做什麼。

　　不過，我們要如何對這些改變做出反應，這是未知的部分。我們可以形塑未來，讓大部分人都能受益，或是塑造一個只服務少數人的未來。2030 年會是什麼樣貌，就看我們怎麼決定。

　　想像一個在菲律賓荒僻鄉間的年輕家庭，經歷許多颱風之後要找新房子住。如果這個趨勢繼續下去，到了2030年，這個家庭到底要住哪裡，他們會面臨非常艱難的選擇。他們可以留在菲律賓然後搬到首都去，在那裡，每平方公里平均住了九萬人；他們本來在鄉下務農一週工作五天，到城市變成一週工作六天，做的是還沒有自動化的低階勞力工作，沒有真正的雇主，也沒有勞工福利。因為在2030年，這些勞動內容是由行動應用程式派發工作，使用的是當時的科技裝置。

如果這個菲律賓家庭決定離開，可以考慮往東到美國、往西北到中國、往南到澳洲、往西到歐洲。要是狀況到了2030年還沒有改變，要移民到美國或歐洲，已經沒有像前幾代那樣有吸引力，也沒有那麼容易。政治上無論右派還是左派，憤怒與抗議的浪潮會愈來愈大、愈來愈暴力、愈來愈傾向本土主義。由於資本繼續全球化，稅率的逐底競爭會使得企業或富豪減少稅賦。政府財政困窘，沒有足夠資源來重建基礎建設或強化社會安全網。澳洲與歐洲國家為了維持2020年代初期的高度社會福利，將會關閉移民的大門，只有高階知識工作者才能進入。相較之下，美國則是加重社會契約與社會安全網的個人主義，屈服於市場力量的運作邏輯，並且向中國借鏡，採用以科技輔助的社會評分制度。於是，人們會為了健康照護、職業訓練、失業保障等互相競爭，這些福

利則會按照比例分配，誰的工時最長、誰在管理工作的應用
程式上得到最高的雇主評價，誰就能得到相應比例的福利。
演算法將會調整設定，讓移工得到的福利最少。

不過，如果我們採取行動，不要讓這種未來發生，那麼
2030年的現實樣貌可能會相當不同。由於人工智慧的發展，
再加上到時候寬頻網路應該已經到達7G，因為有這些條件
而能夠實現自動化，會讓我們擁有足夠的財富與福祉，把生
產力提高的好處更廣泛的分享出去。就像從前農業時代一
週工作六天，在工業時代變成一週工作五天，未來的常態可
以變成一週只要工作四天。與其像電影《瘋狂麥斯》那樣以
暴力爭奪好處，我們可以負擔得起像北歐國家一樣普及的社
會安全網。要實現這一點，首先最重要的是，透過成功的國
際交涉重新制定國際稅法，採用統一稅制與公式分配。這樣
一來將確保每一間企業、每一個人都繳足應該繳納的稅金，
而一般勞工要繳的稅金也會減少。同時，幾十年來無法實現
承諾的股東資本主義，將會被貶斥到歷史課本裡，取而代之
的是政府實施更強的誘因，包括稅制上的誘因，讓就業者得
到更好的薪資並且也能分到股份，而企業的財務報表也會把
利害關係人納入考量。企業將有很多現金可以發放薪資與股
票，因為買回庫藏股是非法的行為。在這種版本的2030年，
前文提到的菲律賓家庭能夠考慮的選擇就不會那麼受限，辛

苦的工作也可以看到回報，不管是為哪間公司工作，工作報
酬除了薪資還會有小部分的員工配股。

不改革，只會產生更多憤怒

但是，如果情況完全沒有改變，再想像一下2030年會是
什麼樣子，我們可以預期中國、俄國與阿拉伯國家的政治管
控模式會散播到其他地方。不平等的問題更嚴重，暴動可能
會更頻繁、更猛烈，吸引更多公民與政府發展出管控而專制
的社會契約，而不是混亂的民主體制。我們將會看到更多國
家採行中國式的大眾監測、防火牆政策，任何一點反抗馬上
就會遭到鎮壓。而且，更多國家會依賴中國援助來實施這些
政策，更進一步在世界上增加中國的文化與經濟影響力，而
美國與歐洲民主政體變成只是配角。

當這個菲律賓家庭考慮移民美國或歐洲時，這些國家要
不是已經關閉移民管道，就是正在緊縮減少移民人數。可以
想見，這個家庭可能選擇移民中國。此時，這個國家在強力
管控之下，經濟持續成長，因此會需要低成本的勞工，例如
受氣候變遷所害的移民。這個家庭或許無法在中國取得完整
的公民地位，很有可能會卡在底層，但是許多中國製造業中
心有工作可做，可以提供小孩教育，而且不會有運作不彰的
民主政體導致的混亂。只要默默低頭努力工作，也許中國與

專制體制就是未來的路。

不過，如果情況真的有所改變，尊重人權的民主政體模式將會繼續維持吸引力，威力強大的人工智慧與監控科技濫用會受到管制。多方利害關係人模式（multi-stakeholder model）將發揮作用，有效平衡公民權力以及企業與國家的責任，以避免「數位反烏托邦」（digital dystopia）*。不會有無法翻身的底層，人們的經濟與社會地位將向上流動，也就是說，所謂的美國夢將會改造翻新。由於氣候變遷危機而產生的新移民，例如菲律賓，將會受到歡迎並得到妥善的管理。

上述菲律賓家庭因氣候問題而不得不遷移，這樣的經驗可能讓他們想要搬到比較不會遭受氣候變遷影響而出現極端氣候的地方。如果沒有任何改變，這表示這些比較安全的地方，會變得更加稀少，因此居住成本更昂貴。市場力量的邏輯仍然沒變，嚴重乾旱與暴風雨摧毀某些地區，讓這些地方變得難以居住，因此人與資本將聚集到宜居而安全的地方。簡單來說，地球上可能會多出十億人口，但是可以居住的地方卻得比較少，因此出現更多大型城市與貧民區。

為了逆轉這種可能性，未來十年需要各國一起對付氣候危機。這是需要各界全力以赴的問題，必須投入公共與私人

---

* 譯注：指數位科技發展反而對人類社會帶來不利。

資金，讓世界徹底擺脫以燒碳作為能源的做法。先進國家與企業必須共同努力，投入數兆美元像「曼哈頓計畫」一樣來執行清淨能源的製造與輸送，讓全世界都能受益。這聽起來非常大膽，而且也確實得大刀闊斧，但這是完全可能辦到的事，而且相當值得去做，對菁英、對氣候移民、對每個人都是。

在這兩種未來樣貌的背景當中，世界菁英的角色將成為關鍵。如果沒有任何改變，愈來愈升高的憤怒將導致世界上最有權勢的人背離自己的國家，把財富、家人與公民歸屬感遷移到不會有麻煩的地方，這些地方正緩慢成長，還有為他們建造的各種金融與娛樂中心正等待他們到來。他們向政府買下自己想要的公共政策，而且這樣的影響力將會增加，所以他們享受「贏者全拿」的企業模式，不需要害怕管制或反壟斷措施。由於這些人是企業股東，他們就是股東資本主義的唯一贏家，而且贏面一年一年擴大。於是，他們家鄉面臨的問題，以及勞工階級的困境，或是像上述菲律賓家庭一樣遭受氣候變遷危害的人，將將會離這些菁英愈來愈遙遠、愈來愈抽象。

不過，事情不一定要這樣發展。而且，這並不需要任何道德或精神上的覺醒。這些菁英之所以成為菁英是因為資本主義，而這些菁英當中最聰明的人體認到，為了繼續像過去一樣生活優渥，必須有更多人也過得好一點，而這表示我們要修補資本主義的運作方式。也就是說，我們必須專注於長期利益，而非短期好處。菁英與大企業繳稅，可以讓政府有資源投入研發，讓大家免於遭受氣候變遷的災難。而且，更多人能獲得良好的教育、居住條件、健康照護。這些最終都能讓菁英階層同樣受益，但這是為長期打算，而非看重短期效果。在一個更能接觸到各種機會、擁有更好福祉的社會裡當菁英，比起在一個四處都是困境的社會裡當菁英更好。

以我們目前的走向，結果令人擔憂。不過，要達成正向版本的2030年，並沒有超過我們的能力所及。我們可以改變未來十年的軌道，只要實施一系列環環相扣的改革，為整個地球建立更好的契約。簡單來說，改革牽涉到幾項重要關鍵，包括把股東資本主義改成利害關係人資本主義、改革國際稅制、擴張社會安全網以符合21世紀的現實工作條件，而且現在就要立刻推動改變，轉換為使用清潔能源。

以上每一項都要和諧運作。著手開始做一件事，會讓下一件事更有可能達成。拋棄股東資本主義、終結避稅天堂，能讓政府取得資源來對抗氣候變遷、減少氣候移民。終結買回庫藏股的做法，讓企業有更多資金以現金或配股的方式來支付員工薪酬，這表示長期來說人們比較不必依賴社會安全網，還能提升員工福祉，而且這也表示，以專制極權控制社會將變得比較沒有吸引力。這些改革的神奇力量在於，它們會一起發揮作用。沒有一項是我們做不到的，而我們一旦往一個項目推展，就更有可能完成其他項目。

　　所有改革合力造成的影響會相當可觀。目前的社會契約是19世紀與20世紀的破舊遺物，我們必須修補這個社會契約以符合21世紀的現況。我們的前方有兩條道路。其中一條很容易就能達成，那就是什麼都不用做，但是這條路會導向困苦與更多憤怒。第二條路則需要公民、企業與政府都採取強力的行動，而這條路讓我們能帶著希望邁向未來，把憤怒留在過去。

致謝

在本書寫作期間,我仰賴一群重要的家人朋友與顧問奉獻智慧、判斷力與支持。首先最要感謝的是我的妻子費麗絲蒂,以及我的兄弟史帝夫。對我來說最重要的就是家人,費麗絲蒂與史帝夫在2020年代開始狂飆時,保護並維持我們的家庭。

我也必須特別感謝麥克斯・貝爾加米(Max Bergami)、羅伯特・波爾(Robert Bole)、傑拉德・柯翰、班恩・史考特(Ben Scott)、希爾・泰爾(Sheel Tyle)與阿里・瓦拉赫(Ari Wallach)等人。沒有他們的友情以及對大小事的支持,我無法安然度過這幾年,他們是我不可或缺的朋友與夥伴。

我深深感謝聯合人才經紀公司(United Talent Agency,縮寫為UTA)的琵拉・昆恩(Pilar Queen)與Holt的瑟琳娜・瓊斯(Serena Jones)。自從我將這本書的概念介紹給琵拉,她就一直為我與這本書爭取出版。她非常專業老練、老是為作者喉舌，我非常幸運成為她的作者之一。瑟琳娜是完美的編輯，給我自由並鼓勵我寫出初稿，以引導與專業把這本書變得更好、更有條理。她恰如其分為我們的書帶進頭腦與心靈的結合。瑟琳娜在Henry and Holt and Company的同事當中，我要特別感謝艾咪·愛因霍恩（Amy Einhorn）、梅姬·理查斯（Maggie Richards）、瑪麗安·布朗（Marian Brown）、凱特琳·歐蕭內西（Caitlin O'Shaughnessy）、莎拉·克萊頓（Sarah Crichton）、派特·艾斯曼（Pat Eisemann）、安妮塔·施（Anita Sheih）、德文·馬佐內（Devon Mazzone），以及瑪麗亞·薩卡薛佛（Maia Sacca-Schaeffer）。

傑克·克里根（Jack Corrigan）與強納森·寇斯（Jonathan Cox）從本書的發想初始就和我一起工作，然後把它變成這本書。傑克帶來熱情、堅持與正面樂觀態度還有新聞專業能力，他是西北大學（Northwestern University）新聞系的新星。強納森將自己沈浸在我的願景、意圖與內容中，對於如何寫成一本好書，他理解得比我還透徹；他是一個了解書籍的建築大師，知道怎麼用骨架與血肉把內容建構起來。

我從許多研究者汲取技巧，來將想法轉化成徹底研究過的文章，這些研究者包括艾咪·馬丁（Amy Martyn）、莉荷·強格列克（Leigh Giangreco）、馬修·斯佩特（Matthew Spector）與威爾·派施爾（Will Peischel）。

　　我完成這本書時在波隆那大學商學院擔任特聘訪問教授，這是全世界最古老的大學，由學生在1088年成立。波隆那大學商學院的院長麥克斯・貝爾加米是一位啟發人心的領導者與朋友，他建立卓越的機構，我有幸成為其中一員。我也要感謝這裡的同事：Emanuele Bajo、Giulia Beltramelli、Barbara Biondi、Anna Pia Chiarandini、Michele Ferrari、Riccardo Fini、Roberto Grandi、Ludovia Leone、Andrea Lipparini、Ilaria Manghi、Alfredo Montanari、Gabriele Morandin、Eloisa Palacio、Francesco Porro、Giorgio Prodi、Marcello Russo、Massimo Sideri、Maurizio Sobrero、Augusto Valeriani、Alessandra Zammit。

　　此外，我在義大利還要特別感謝下列朋友的指引：Enzo Benigni、Domitilla Benigni、Lorenzo Benigni、Riccardo Busi、Marco Checchi、Max Ciociola、Gianluca D'Agostino、Paolo Dalla Mora、Luca della Godenza、Valerio De Molli、Gabriele Domenichini、Giovanni Domenichini、Michelangelo Fasoli、Carlo Feltrinelli、Karin Fischer、Giuseppe Fontana、Rosanna Gaja、Marco Lombardo、Monica Maggioni、Paola Manes、Maurizio Molinari、Alessandro Monti、Bruno Monti、Matteo Riffeser Monti、Mattia Mor、Giulio Napolitano、Giovanna Pancheri、Giacomo Pescatore、

Andrea Petremoli、Romano Prodi、Massimo Redaelli、Gianni Riotta、Sara Roversi、Germano Scarpa、Filippo Sensi、Jack Sintini、Maurizio Tamagnini、Massimiliano Tarantino、Francesco Ubertini、Armando Varricchio、and Dario Zanotti。

感謝一直在聯合人才經紀公司擔任我的代理人、並持續和搭擋合作的團隊成員：Don Epstein、Kristen Sena、Evan Martino、Michael Steele、Jennifer Peykar、David Buchalter、Charlotte Perman、Mike D'Andrea。

感謝倫敦大學國王學院政策研究所的巴迪‧達非（Bobby Duffy）與他的同事，讓我取用研究資源，還奉獻個人的專長。

我必須向這本書的精神之父致意：義大利設計師布涅羅‧庫切內利。他創建營收數十億美元的企業，同時也展現出企業可以盡所能為廣大的利害關係人社群服務。感謝庫切內利的友誼與指導，也感謝他的同事與家人：Camilla Cucinelli、Carolina Cucinelli、Riccardo Stefanelli、Alessio Piastrelli、Francesco Tomassini、Francesco Bottigliero。

最後，我要由衷感謝本書將近100位受訪者，他們提供對這個複雜世界的分析，檢閱我的文字是否準確、觀點完善。本書一切功勞都要和他們分享，而任何缺點與錯誤都歸咎於我。

資料來源

引言

1. "6. Bar Codes—Nifty 50," National Science Foundation, April 2000, https://www.nsf.gov/about /history/nifty50/barcodes.jsp.

2. Philip van Doorn, "Opinion: Airlines and Boeing Want a Bailout—but Look How Much They've Spent on Stock Buybacks," Marketwatch, March 22, 2020, https://www.marketwatch .com/story/airlines-and-boeing-want-a-bailout-but-look-how-much -theyve-spent-on-stock-buybacks-2020-03-18.

3. Stanley Lebergott, "Labor Force and Employment, 1800–1960," in *Output, Employment, and Productivity in the United States after 1800*, ed. Dorothy S. Brady (National Bureau of Economic Research, 1966), 117–204, https://www .nber.org/system/ les/chapters/c1567/c1567.pdf.

4. Christopher Watson, "Trends in World Urbanisation," in *Proceedings of the First International Conference on Urban Pests*, ed. K. B. Wildey and Wm. H. Robinson (1992), http://citeseerx.ist.psu.edu/viewdoc/download?doi=10.1.1 .522.7409&rep=rep1&type=pdf.

5. Matt Bruenig, "Top 1% up $21 Trillion. Bottom 50% down $900 Billion," People's Policy Project, June 14, 2019, https://www.peoplespolicyproject.org/2019/06/14/top-1-up-21-trillion-bottom-50-

down-900-billion/.

6.　Carter C. Price and Kathryn A. Edwards, "Trends in Income from 1975 to 2018" (Working Paper WR-A516-1, RAND Corporation, Santa Monica, CA, 2020), https://doi.org/10.7249/WRA516-1.

第一章　股東資本主義與利害關係人資本主義

1.　"Statistics about Diabetes," American Diabetes Association, accessed June 4, 2020, https://www.diabetes.org /resources/statistics/statistics-about-diabetes.

2.　"The History of a Wonderful Thing We Call Insulin," American Diabetes Association, July 1, 2019, https://www.diabetes.org/blog/history-wonderful-thing-we-call-insulin.

3.　"First Use of Insulin in Treatment of Diabetes on This Day in 1922," Diabetes UK, January 11, 2010, https://www.diabetes.org.uk/about_us/news_landing_page/first-use-of-insulin-in-treatment-of-diabetes-88-years-ago-today.

4.　"First Use of Insulin in Treatment of Diabetes," https://www.diabetes.org.uk/about_us/news_landing_page/first-use-of-insulin-in-treatment-of-diabetes-88-years-ago-today.

5.　Craig Idlebrook, "Selling a Lifetime of Insulin for $3," Insulin Nation, August 7, 2015, https://insulinnation.com/treatment/medicine-drugs/selling-lifetime-insulin/; "Inflation Calculator," Bank of Canada, accessed June 4, 2020, https://www.bankofcanada.ca/rates/related/inflation-calculator/; "CAD to USD Currency Converter," RBC Bank, accessed June 4, 2020, https://www.rbcbank.com/cgi-bin/tools/cadusd-foreign-exchange-calculator/start.cgi.

6.　Idlebrook, "Selling a Lifetime of Insulin for $3," https://insulinnation.com/treatment/medicine-drugs/selling-lifetime-insulin/.

7.　2020年5月1日，安潔雅・柯立與艾咪・馬丁的訪談內容。

8. 安潔雅・柯立的訪談內容。

9. "The 2021 STC Health Index," GlobalResidenceIndex, accessed January 2, 2021, https://globalresidenceindex.com/hnwi-index/health-index/.

10. *Health at a Glance 2019: OECD Indicators* (Paris: Organisation for Economic Co-operation and Development, 2020), figure 5.1, https://doi.org/10.1787/888934015619.

11. *Health at a Glance 2019: OECD Indicators*, Figure 5.1, https://doi.org/10.1787/888934015619; Aaron E. Carroll and Austin Frakt, "The Best Health Care System in the World: Which One Would You Pick?" *New York Times*, September 18, 2017, https://www.nytimes.com/interactive/2017/09/18/upshot/best-health-care-system-country-bracket.html; Dylan Scott, "The Netherlands Has Universal Health Insurance—and It's All Private," *Vox*, January 17, 2020, https://www.vox.com/policy-and-politics/2020/1/17/21046874/netherlands-universal-health-insurance-private.

12. *Health at a Glance 2019: OECD Indicators*, figure 5.1, https://doi.org/10.1787/888934015619.

13. Edward R. Berchick, Jessica C. Barnett, and Rachel D. Upton, *Health Insurance Coverage in the United States: 2018*, US Census Bureau, November 2019, p. 3, https://www.census.gov/content/dam/Census/library/publications/2019/demo/p60-267.pdf.

14. 安潔雅・柯立的訪談內容。

15. 2020年4月30日，妮可・史密斯霍特與艾咪・馬丁的訪談內容。

16. Ryan Knox, "What Is Needed to Improve the Affordability of Insulin?," *T1International* (blog), December 16, 2015, https://www.t1international.com/blog/2015/12/16/how-do-we-improve-affordability-insulin/.

17. Robert Langreth, "Hot Drugs Show Sharp Price Hikes in Shadow

Market," *Bloomberg*, May 6, 2015, https://www.bloomberg.com/news/articles/2015-05-06/diabetes-drugs-compete-with-prices-that-rise-in-lockstep.

18.　Danielle K. Roberts, "The Deadly Cost of Insulin," *American Journal of Managed Care*, June 10, 2019, https://www.ajmc.com/contributor/danielle-roberts/2019/06/the-deadly-costs-of-insulin.

19.　Darby Herkert, Pavithra Vijayakumar, Jing Luo, et al., "Cost-Related Insulin Underuse among Patients with Diabetes," *JAMA Internal Medicine* 179, no. 1 (2019): 112–14, https://doi.org/10.1001/jamainternmed.2018.5008.

20.　"High Insulin Costs Are Killing Americans," Right Care Alliance, accessed April 30, 2020, https://rightcarealliance.org /actions/insulin/.

21.　2020年5月2日，辛蒂・施雷爾・波依德與艾咪・馬丁的訪談內容。

22.　辛蒂・施雷爾・波依德的訪談內容。

23.　Milton Friedman, "A Friedman Doctrine—The Social Responsibility of Business Is to Increase Its Profits," *New York Times*, September 13, 1970, https://www.nytimes.com/1970/09/13/archives/a-friedman-doctrine-the-social-responsibility-of-business-is-to.html.

24.　Peri E. Arnold, "William Taft: Domestic Affairs," University of Virginia Miller Center, accessed July 20, 2020, https://millercenter.org/president/taft/domestic-affairs.

25.　Tim Wu, *The Curse of Bigness: Antitrust in the New Gilded Age* (New York: Columbia Global Reports, 2018), 79–80. 繁體中文版：吳修銘《巨頭的詛咒》。

26.　Susan Lund, James Manyika, Liz Hilton Segel, André Dua, Bryan Hancock, Scott Rutherford, and Brent Macon, *The Future of Work in America: People and Places, Today and Tomorrow* (McKinsey Global Institute, July 11, 2019), https://www.mckinsey.com/featured-insights/

future-of-work/the-future-of-work-in-america-people-and-places-today-and-tomorrow; Svet Smit, Tilman Tacke, Susan Lund, James Manyika, and Lea Thiel, *The Future of Work in Europe* (McKinsey Global Institute, June 10, 2020), https://www.mckinsey.com/featured-insights/future-of-work/the-future-of-work-in-europe.

27. "Fortune 500," *Fortune*, accessed July 3, 2020, https://fortune.com/fortune500/.

28. US Bureau of Economic Analysis, "Gross Domestic Product (GDP)," FRED, Federal Reserve Bank of St. Louis, accessed July 3, 2020, https://fred.stlouisfed.org/series/GDP.

29. "Gross Domestic Product (GDP)," https://fred.stlouisfed.org/series/GDP; "Full List 1955," Fortune, accessed July 3, 2020, https://archive.fortune.com/magazines/fortune/fortune500_archive /full/1955/.

30. "Airline Domestic Market Share April 2019–March 2020," US Department of Transportation, Bureau of Transportation Statistics, accessed July 15, 2020, https://www.transtats.bts.gov/.

31. Jack Nicas, "Airline Consolidation Hits Smaller Cities Hardest," *Wall Street Journal*, September 10, 2015, https://www.wsj.com/articles/airline-consolidation-hits-smaller-cities-hardest-1441912457.

32. "Wireless Subscriptions Market Share by Carrier in the U.S. from 1st Quarter 2011 to 3rd Quarter 2019," Statista, accessed July 6, 2020, https://www.statista.com/statistics /199359/market-share-of-wireless-carriers-in-the-us-by-subscriptions/.

33. "2.5 Million Added Broadband in 2019," Leichtman Research Group, press release, March 5, 2020, https://www.leichtmanresearch.com/2-5-million-added-broadband-in-2019/.

34. Wu, *The Curse of Bigness*, 117.

35. "Search Engine Market Share in 2020," Oberlo, accessed July 6, 2020, https://www.oberlo.com/statistics/search-engine-market-share.

36. Matt Stoller, "A Land of Monopolists: From Portable Toilets to Mixed Martial Arts," *Big* (Substack), July 10, 2020, https://mattstoller. substack.com/p/a-land-of-monopolists-from-portable; Matt Stoller, "Weird Monopolies and Roll-Ups: Horse Shows, School Spirit, Settlers of Catan, and Jigsaw Puzzles," *Big* (Substack), July 18, 2020, https:// mattstoller.substack.com/p/weird-monopolies-and-roll-ups-horse.

37. Mark Eichmann, "Delaware's Growing Poultry Industry," WHYY, August 11, 2014, https://whyy.org/articles/delawares-growing-poultry-industry/.

38. 2020年7月17日，戴夫・雷飛德與傑克・克里根的訪談內容。

39. Sam Moore, "U.S. Farmers during the Great Depression," *Farm Collector*, November 2011, https://www.farmcollector.com/farm-life/ u-s-farmers-during-great-depression; "Farming and Farm Income," US Department of Agriculture Economic Research Service, December 2, 2020, https://www.ers.usda.gov/data-products/ag-and-food-statistics-charting-the-essentials/farming-and -farm-income/.

40. Bill Ganzel, "Farm Boom of the 1970s," Living History Farm, 2009, https://livinghistoryfarm.org/farminginthe70s/money _02.html.

41. Ganzel, "Farm Boom of the 1970s," https://livinghistoryfarm.org/ farminginthe70s/money_02.html.

42. B. Drummond Ayres Jr., "Rise of Corporate Farming a Worry to Rural America," *New York Times*, December 5, 1971, https://www.nytimes. com/1971/12/05/archives/rise-of-corporate -farming-a-worry-to-rural-america-rise-of-the.html.

43. Bill Ganzel, "Afghan Boycott," Living History Farm, 2009, https:// livinghistoryfarm.org/farminginthe70s/money_06.html.

44. Kurt Lawton, "Taking a Look Back at the 1980s Farm Crisis and Its Impacts," Farm Progress, August 22, 2016, https://www.farmprogress. com/marketing/taking-look-back-1980s-farm-crisis-and-its-impacts.

45. Tom Philpott, "A Reaflection on the Lasting Legacy of 1970s USDA Secretary Earl Butz," *Grist*, February 8, 2008, https://grist.org/article/the-butz-stops-here/.

46. Roberto Ferdman, "The Decline of the Small American Family Farm in One Chart," *Washington Post*, September 16, 2014, https://www.washingtonpost.com/news/wonk/wp/2014/09/16/the-decline-of-the-small-american-family-farm-in-one-chart/.

47. "Animal Feeding Operations," US Department of Agriculture, accessed July 7, 2020, https://www.nrcs.usda.gov/wps/portal/nrcs/main/national/plantsanimals/livestock/afo/.

48. "Per Capita Consumption of Poultry and Livestock, 1960 to Forecast 2021, in Pounds," National Chicken Council, June 2020, accessed July 19, 2020, https://www.nationalchickencouncil.org/about-the-industry/statistics/per-capita-consumption-of-poultry-and-livestock-1965-to-estimated-2012-in-pounds/.

49. "Animal Feeding Operations," https://www.nrcs.usda.gov/wps/portal/nrcs/main/national/plantsanimals/livestock/afo/；戴夫・雷飛德的訪談內容。

50. Kim Souza, "Tyson Foods Maintains Its Top Ranking in Poultry Production," *Talk Business & Politics*, March 20, 2019, https://talkbusiness.net/2019/03/tyson-food -maintains-its-top-ranking-in-poultry-production/.

51. 戴夫・雷飛德的訪談內容。

52. 戴夫・雷飛德的訪談內容。

53. 戴夫・雷飛德的訪談內容。

54. Rhonda Skaggs, *The Future of Agriculture: Frequently Asked Questions* (Las Cruces: New Mexico State University, 2001), https://aces.nmsu.edu/pubs/research/economics/TR37/welcome.html; "Farmer's Share of the Food Dollar Falls to All-Time Low," National Farmers Union, press

release, April 25, 2019, https://nfu.org/2019/04/25/farmers-share-of-the-food-dollar-falls-to-all-time-low/.

55. Eduardo Porter, "The Hard Truths of Trying to 'Save' the Rural Economy," *New York Times*, December 14, 2018, https://www.nytimes.com/interactive/2018/12/14/opinion/rural-america-trump-decline.html; Brakkton Booker, "Report: Rural Poverty in America Is 'an Emergency,'" NPR, May 31, 2018, https://www.npr.org/2018/05/31/615578001/report-rural-poverty-in-america-is-an-emergency; "Americans in Rural Areas More Likely to Die by Suicide," *Centers for Disease Control and Prevention*, press release, October 5, 2017, https://www.cdc.gov/media/releases/2017/p1005-rural-suicide-rates.html.

56. Brian Cheffins, "Stop Blaming Milton Friedman!," Harvard Law School Forum on Corporate Governance, April 16, 2020, https://corpgov.law.harvard.edu/2020/04/16/stop-blaming-milton-friedman/.

57. Gustavo Grullon, Yelena Larkin, and Roni Michaely, "Are US Industries Becoming More Concentrated?," *Review of Finance* 23, no. 4 (July 2019): 697–743, https://doi.org/10.1093/rof/rfz007.

58. "M&A in the United States," Thomson Financial, Institute for Mergers, Acquisitions and Alliances (IMAA) analysis, accessed July 2020, https://imaa-institute.org/m-and-a-us-united-states/#m-and-a-waves.

59. Jay Shambaugh, Ryan Nunn, Audrey Breitwieser, and Patrick Liu, "The State of Competition and Dynamism: Facts about Concentration, Start-ups, and Related Policies," Brookings Institution, June 13, 2018, https://www.brookings.edu/research/the-state-of-competition-and-dynamism-facts-about-concentration-start-ups-and-related-policies/.

60. "Full List 1955," *Fortune*, accessed July 3, 2020, https://archive.fortune.com/magazines/fortune /fortune500_archive/full/1955/; "CPI Inflation Calculator," US Bureau of Labor Statistics, accessed July 3,

2020, https://data.bls.gov/cgi-bin/cpicalc.pl?cost1=8265.7&year1=1955 12&year2=201912.

61. Shawn Tully, "Here's How Far Corporate Profits Could Tumble in 2020," *Fortune*, May 17, 2020, https://fortune.com/longform/corporate-profits-earnings-2020-outlook-fortune-500-companies-guidance/.

62. "Compare Wealth Components across Groups," Board of Governors of the Federal Reserve System, accessed December 18, 2020, https://www.federalreserve.gov/releases/z1/dataviz/dfa/compare/chart/#quarter:124;series:Assets;demographic:net worth;population:all;units:levels.

63. Lenore Palladino, "The $1 Trillion Question: New Approaches to Regulating Stock Buybacks," *Yale Journal on Regulation*, November 8, 2019, https://www.yalejreg.com/bulletin/the-1-trillion-question-new-approaches-to-regulating-stock-buybacks-2/.

64. William Lazonick, Mustafa Erdem Sakinç, and Matt Hopkins, "Why Stock Buybacks Are Dangerous for the Economy," *Harvard Business Review*, January 7, 2020, https://hbr.org/2020/01/why-stock-buybacks-are-dangerous-for-the-economy.

65. van Doorn, "Opinion: Airlines and Boeing Want a Bailout," https://www.marketwatch.com/story/airlines-and-boeing-want-a-bailout-but-look-how-much-theyve-spent-on-stock-buybacks-2020-03-18.

66. Richard Feloni, "The Economist Joseph Stiglitz Explains Why He Thinks the Late Milton Friedman's Ideas Have Contributed to Rising Inequality in the US," *Business Insider*, March 13, 2018, https://www.businessinsider.com/joseph-stiglitz-milton-friedman-capitalism-theories-2018-3.

67. "Greed Is Good. Except When It's Bad," *New York Times*, September 13, 2020, https://www.nytimes.com/2020/09/13/business/dealbook/milton-friedman-essay-anniversary.html.

68. "Business Roundtable Redefines the Purpose of a Corporation to

Promote 'An Economy That Serves All Americans,'" Business Roundtable, August 19, 2019, https://www.businessroundtable.org/business-roundtable-rede fines-the-purpose-of-a-corporation-to-promote-an-economy-that-serves-all-americans.

69. Andrew Ross Sorkin, "BlackRock C.E.O. LarryFink: Climate Crisis Will Reshape Finance," *NewYork Times*, January14, 2020, https://www.nytimes.com/2020/01/14/business/dealbook/larry-fink-blackrock-climate-change.html; Amy Harder, "JPMorgan Chase to Pull Support for Some Fossil Fuels," *Axios*, February 24, 2020, https://www.axios.com/jp-morgan-fossil-fuels-support-4b755a24 -d57c-4d8b-8424-a401e994ec89.html.

70. "Greed Is Good. Except When It's Bad," https://www.nytimes.com/2020/09/13/business/dealbook/milton-friedman-essay-anniversary.html.

71. Carmen Reinicke, "Amazon Sees $83 billion in Market Cap Erased after Quarterly Profits Shrink," *Business Insider*, May 1, 2020, https://markets.businessinsider.com/news/stocks/amazon-stock-price-erasing-billions-market-value-post-earnings-coronavirus-2020-5-1029155310.

72. Sean Cao, Wei Jiang, Baozhong Yang, and Alan L. Zhang, "How to Talk When a Machine Is Listening: Corporate Disclosure in the Age of AI" (Working Paper 27950, National Bureau of Economic Research, Cambridge, MA, 2020), https://www.nber.org/system/files/working_papers/w27950/w27950.pdf.

73. Hernando Cortina, *JUST Business, Better Margins* (New York: JUST Capital, June 2019), https://justcapital .com/wp-content/uploads/2019/06/JUSTCapital_JBBM_FullReport _06102019.pdf.

74. Joe Sanberg (@JosephNSanberg), "It's Wednesday so you should know that if the minimum wage had increased at the rate of productivity since 1960, it would be $22.50. Instead, it's $7.25," Twitter,

October 28, 2020, 8:26 a.m., https://twitter.com/JosephNSanberg/status/1321428054514626562.

75. *WMO Statement on the State of the Global Climate in 2019* (Geneva: World Meteorological Organization, 2020), https://library.wmo.int/doc_num.php?explnum_id=10211.

76. Brady Dennis, "In Bleak Report, U.N. Says Drastic Action Is Only Way to Avoid Worst Effects of Climate Change," *Washington Post*, November 26, 2019, https://www.washingtonpost.com/climate-environment/2019/11/26/bleak-report-un-says-drastic-action-is-only-way-avoid-worst-impacts-climate-change/.

77. Aristos Georgiou, "The Sea Is Rising at Such a Catastrophic Rate That We Could Lose 700,000 Square Miles of Land, Displacing 187 Million People," *Newsweek*, May 21, 2019, https://www.newsweek.com/sea-rising-700000-land-187-million-people-displaced-1431411.

78. "Putting the Brakes on Fast Fashion," United Nations Environment Programme, November 12, 2018, https://www.unenvironment.org/news-and-stories/story/putting-brakes-fast-fashion.

79. "B Lab," Patagonia, accessed June 3, 2020, https://www.patagonia.com/b-lab.html.

80. eBay Domestic Holdings, Inc. v. Newmark et al., Civil Action No. 3705-CC (Del. Ch. Sept. 9, 2010).

81. Cedar Wright, "The Wright Stuff: Dirtbagging Is Dead," *Climbing*, July 30, 2014, updated June 29, 2017, https://www.climbing.com/news/the-wright-stuff-dirtbagging-is-dead/.

82. Nick Paumgarten, "Patagonia's Philosopher-King," *New Yorker*, September 12, 2016, https://www.newyorker.com/magazine/2016/09/19/patagonias-philosopher-king.

83. Paumgarten, "Patagonia's Philosopher-King," https://www.newyorker.com/magazine/2016/09/19/patagonias-philosopher-king.

84. "CBEY Fellows, Business Leaders: Vincent Stanley," Yale Center for Business and the Environment, accessed June 3, 2020, https://cbey.yale.edu/our-community/vincent-stanley.

85. 2020年6月2日，文森‧史坦利與傑克‧克里根的訪談內容。

86. Paumgarten, "Patagonia's Philosopher-King," https://www.newyorker.com/magazine/2016/09/19/patagonias-philosopher-king.

87. 文森‧史坦利的訪談內容。

88. Matt Linderman, "On Writing: The 1972 Chouinard Catalog That Changed a Business—and Climbing—Forever," *Signalvnoise* (blog), February 15, 2011, https://signalvnoise.com/posts /2776-on-writing-the-1972-chouinard-catalog-that-changed-a-business -and-climbing-forever.

89. 文森‧史坦利的訪談內容。

90. 文森‧史坦利的訪談內容。

91. 文森‧史坦利的訪談內容。

92. 文森‧史坦利的訪談內容。

93. Eun Kyung Kim, "Patagonia Founder to Shoppers: Don't Buy Clothes You Don't Need (Even Mine)," *Today*, April 21, 2015, https://www.today.com/news/patagonia-founder-refuse-buy-his-products-if-you-dont-need-t16491.

94. Travis Andrews, "'The President Stole Your Land': Patagonia, REI Blast Trump on National Monument Rollbacks," *Washington Post*, December 5, 2017, https://www.washingtonpost.com/news/morning-mix/wp/2017/12/05/the-president-stole-your-land-patagonia-rei-blast-trump-on-national-monument-rollbacks/.

95. Rose Mercurio, "Our Urgent Gift to the Planet," LinkedIn, November 28, 2019, https://www.linkedin.com/pulse/our-urgent-gift-planet-rose-marcario/.

96. Paumgarten, "Patagonia's Philosopher-King," https://www.newyorker.com/magazine/2016/09/19/patagonias-philosopher-king.

97. "R2 Fleece Jacket," Patagonia, accessed June 2020, https://www. patagonia.com/product/mens-r2-regulator-fleece-jacket/25139. html?dwvar_25139_color=RTSR&cgid=mens-fleece-technical.

98. Paumgarten, "Patagonia's Philosopher-King," https://www.newyorker. com/magazine/2016/09/19/patagonias-philosopher-king.

99. "Prospects for the Textile and Clothing Industry in China, 2019 Market Report—ResearchAndMarkets.com," *Business Wire*, December 3, 2019, https://www.businesswire.com/news/home /20191203006080/en/ Prospects-Textile-Clothing-Industry-China-2019-Market.

100. "Dirty Laundry," Greenpeace International, July 13, 2011, https://www. greenpeace.org/international/publication/7168/dirty-laundry/.

101. Susan Egan Keane, "How Clean Are Your Clothes? Pollution from China's Textile Industry," Natural Resources Defense Council, April 11, 2012, https://www.nrdc.org/experts/susan-egan-keane/how-clean-are-your-clothes-pollution-chinas-textile-industry.

102. "Sustainable Fashion Inspired by Millennia of Chinese Cultural History," Euro News, March 1, 2020, https://www.euronews.com/ living/2020/03/01/sustainable-fashion-inspired-by-millenia-of-chinese-cultural-history.

103. "Suppliers," Icicle, accessed June 2020, https://www.icicle.com.cn/en/ suppliers/.

104. Anaïs Lerévérend, "Icicle to Open in Paris Its First Flagship Outside China," Fashion Network, April 19, 2019, https://ww.fashionnetwork. com/news/Icicle-to-open-in-paris-its-first-flagship-outside-china,1091104.html.

105. Nathalie Remy, Eveline Speelman, and Steven Swartz, "Style That's Sustainable: A New Fast-Fashion Formula," McKinsey & Company, October 20, 2016, https://www.mckinsey.com/business-functions/ sustainability/our-insights/style-thats-sustainable-a-new-fast-fashion-

formula.

106. Ruonan Zheng, "How These Consumer Trends Will Affect Luxury Brands in China in 2018," *Jing Daily*, November 1, 2017, https://jingdaily.com/consumer-trends-affect-luxury-brands-china-in-2018-mintel-report/.

107. "Global 500," *Fortune*, accessed June 30, 2020, https://fortune.com/global500/.

108. Kaityn Stimage, "The World's Largest Employers," WorldAtlas, February 15, 2018, https://www.worldatlas.com/articles/the-world-s-largest-employers.html.

109. "Walmart Inc. 2020 Annual Report," Walmart Inc., accessed June 30, 2020, https://s2.q4cdn.com/056532643/ les/doc_financials/2020/ar/Walmart_2020_Annual_Report.pdf.

110. "Global 500," https://fortune.com/global500/; "GDP (currentUS$)," WorldBank, accessed June30, 2020, https://data.worldbank.org/indicator/NY.GDP.MKTP.CD?most_recent_value_desc=true.

111. Cory Doctorow, "The People's Republic of Walmart: How Late-Stage Capitalism Gives Way to Early-Stage Fully Automated Luxury Communism," *BoingBoing*, March 5, 2019, https://boingboing.net/2019/03/05/walmart-without-capitalism.html.

112. Marc Gunther, "The Green Machine," *Fortune*, July 31, 2006, https://archive.fortune.com/magazines/fortune/fortune_archive/2006/08/07/8382593/index.htm.

113. Sheldon Krimsky, "The Unsteady State and Inertia of Chemical Regulation under the US Toxic Substances Control Act," PLOS Biology 15, no. 12 (2017), https://doi.org/10.1371/journal.pbio.2002404.

114. "Wal-Mart to Sell Only Concentrated Products in Liquid Laundry Detergent Category by May 2008," Walmart, September 26, 2007, https://corporate.walmart.com/newsroom/2007/09/26/wal-mart-to-sell-

only-concentrated-products-in-liquid-laundry-detergent-category-by-may-2008.

115. "Wal-Mart Completes Goal to Sell Only Concentrated Liquid Laundry Detergent," Walmart, May 29, 2008, https://corporate.walmart.com/newsroom/2008/05/29/wal-mart-completes-goal-to-sell-only-concentrated-liquid-laundry-detergent.

116. Kerry Capell, "Unilever's Laundry Biz Is Greener, and Growing," *Bloomberg*, December 24, 2008, https://www.bloomberg.com/news/articles/2008-12-24/unilevers-laundry-biz-is-greener-and-growingbusinessweek-business-news-stock-market-and-financial-advice.

117. Randi Abrams-Caras,"Walmart: Two Steps Forward, One Step Back?," Safer Chemicals, Healthy Families, October 3, 2013, https://saferchemicals.org/2013/10/03/walmart-two-steps-forward-one-step-back/.

118. Mike Schade, "Walmart Becomes First Retailer in Nation to Evaluate Its Chemical Footprint," Safer Chemicals, Healthy Families, August 2, 2017, https://saferchemicals.org/2017/08/02/walmart-becomes-first-retailer-to-evaluate-its-chemical-footprint/.

119. "New Report Reveals Top Retailers Making Major Chemical Safety Advances," Safer Chemicals, Healthy Families, November 19, 2019, https://saferchemicals.org/2019/11/19/new-report-reveals-top-retailers-making-major-chemical-safety-advances/.

120. *2018 Global Responsibility Report*, Walmart, accessed June 30, 2020, https://corporate.walmart.com/media-library/document/2018-global-responsibility-report/_proxyDocument ?id=00000170-ac54-d808-a9f1-ac7e9d160000.

121. Ian Graber-Stiehl, "Behind the Hype of Walmart's Sustainability Efforts," Gizmodo, October 23, 2018, https://earther.gizmodo.com/

behind-the-hype-of-walmart-s-sustainability-efforts-1829931295;
Andrew Spicer and David Graham Hyatt, "Walmart Tried to Make
Sustainability Affordable. Here's What Happened," *Business
Journals*, August 18, 2018, https://www.bizjournals.com/bizjournals/
news/2018/08/13/walmart-tried-to-make-sustainability-affordable.html.

122. Matt Taibbi, "The Great American Bubble Machine," *Rolling Stone*,
April 5, 2010, https://www.rollingstone.com/politics/politics-news/the-
great-american-bubble-machine-195229/.

123. Claire Zillman, "The U.S. Doesn't Mandate Diverse Boardrooms—but
Now Goldman Sachs Does," *Fortune*, January 23, 2020, https://fortune.
com/2020/01/23/goldman-sachs-board-gender-quota-david-solomon/.

124. Jena McGregor, "Goldman Sachs Says It Wants Half of Its Entry-Level
Recruits to Be Women," *Washington Post*, March 18, 2019, https://
www.washingtonpost.com/business/2019/03/18/goldman-sachs-says-it-
wants-half-its-entry-level-recruits-be-women/.

125. 2020年6月2日，葛瑞格・連姆考與亞歷克・羅斯的訪談內容。除
了指明引用來源的訪談內容，所有訪談皆由亞歷克・羅斯進行。

126. Subodh Mishra, "U.S. Board Diversity Trends in 2019," Harvard Law
School Forum on Corporate Governance, June 18, 2019, https://corpgov.
law.harvard.edu/2019/06/18/u-s-board-diversity-trends-in-2019/.

127. Karen Weise, "Jeff Bezos Commits $10 Billion to Address Climate
Change," *New York Times*, February 17, 2020, https://www.nytimes.
com/2020/02/17/technology/jeff-bezos-climate-change-earth-fund.html.

128. Matthew Brown, "Fact Check: Bill Gates Has Given Over $50 Billion
to Charitable Causes over Career," *USA Today*, June 11, 2020, https://
www.usatoday.com/story/news/factcheck/2020/06/11/fact-check-bill-
gates-has-given-over-50-billion-charitable-causes/3169864001/.

129. Steve Denning, "Why Stakeholder Capitalism Will Fail," *Forbes*,
January 5, 2020, https://www.forbes.com/sites/stevedenning

/2020/01/05/why-stakeholder-capitalism-will-fail/#36019f7b785a.

130. Kalyeena Makortoff, "Mark Carney Says Banks Should Link Executive Pay to Paris Climate Goals," *Guardian*, October 13, 2020, https://www.theguardian.com/business/2020 oct/13/mark-carney-says-banks-should-link-executive-pay-to-paris-climate-goals.

第二章　政府：數十億人被企業治理，而不是被國家治理

1. Robinson Meyer, "What's Happening with the Relief Effort in Puerto Rico?," *Atlantic*, October 4, 2017, https://www.theatlantic.com/science/archive/2017/10/what-happened-in-puerto-rico-a-timeline-of-hurricane-maria/541956/.

2. John Bacon,"Why Puerto Rico Faces a Monumental Recovery Effort," *USA Today*, September 26, 2017, https://www.usatoday.com/story/news/nation/2017/09/26/why-puerto-rico-faces-monumental-recovery-effort/703515001/#;Meyer, "What's Happening with the Relief Effort in Puerto Rico?," https://www.theatlantic.com/science/archive/2017/10/what-happened-in-puerto-rico-a-timeline-of-hurricane-maria/541956/; Brian Resnick, "Why Hurricane Maria Is Such a Nightmare for Puerto Rico," *Vox*, September 22, 2017, https://www.vox.com/science-and-health/2017/9/21/16345176/hurricane-maria-2017-puerto-rico-san-juan-meteorology-wind-rain-power.

3. Vann Newkirk II, "A Year after Hurricane Maria, Puerto Rico Finally Knows How Many People Died," *Atlantic*, August 28, 2018, https://www.theatlantic.com/politics/archive/2018/08/puerto-rico-death-toll-hurricane-maria/568822/.

4. It took four days: 2017 *Hurricane Season FEMA After-Action Report*, US Federal Emergency Management Agency, July 12, 2018, https://www.fema.gov/sites/default/files/2020-08/fema_hurricane-season-after-action-report2017.pdf.

5. Abby Phillip, Ed O'Keefe, Nick Miroff, and Damian Paletta, "Lost Weekend: How Trump's Time at His Golf Club Hurt the Response to Maria," *Washington Post*, September 29, 2017, https://www.washingtonpost.com/politics/lost-weekend-how-trumps-time-at-his-golf-club-hurt-the-response-to-maria/2017/09/29/ce92ed0a-a522-11e7-8c37-e1d99ad6aa22_story.html.

6. Alice Thomas, *Keeping Faith with Our Fellow Americans: Meeting the Urgent Needs of Hurricane Maria Survivors in Puerto Rico* (Washington,DC: Refugees International, 2017), https://static1.squarespace.com/static/506c8ea1e4b01d9450dd53f5/t/5a37d01bec212d3032461511/1513607203969/RI_Puerto+Rico_Advocacy+Report+R3.pdf; Meyer, "What's Happening with the Relief Effort in Puerto Rico?," https://www.theatlantic.com/science/archive/2017/10/what-happened-in-puerto-rico-a-timeline-of-hurricane-maria/541956/.

7. Frances Robles and Sheri Fink, "Amid Puerto Rico Disaster, Hospital Ship Admitted Just 6 Patients a Day," *New York Times*, December 6, 2017, https://www.nytimes.com/2017/12/06/us/puerto-rico-hurricane-maria-hospital-ship.html.

8. Meyer, "What's Happening with the Relief Effort in Puerto Rico?," https://www.theatlantic.com/science/archive/2017/10/what-happened-in-puerto-rico-a-timeline-of-hurricane-maria/541956/; Thomas, *Keeping Faith with Our Fellow Americans*, https://static1.squarespace.com/static/506c8ea1e4b01d9450dd53f5/t/5a37d01bec212d3032461511/1513607203969/RI_Puerto+Rico_Advocacy+Report+R3.pdf.

9. José Andrés and Richard Wolffe, *We Fed an Island: The True Story of Rebuilding Puerto Rico, One Meal at a Time* (New York: HarperCollins, 2018).

10. Meyer, "What's Happening with the Relief Effort in Puerto Rico?," https://www.theatlantic.com/science/archive/2017/10/what-happened-in-puerto-rico-a-timeline-of-hurricane-maria/541956/; Daniella Silva and Suzanne Gamboa, "Puerto Rico's Hospitals Still in Triage Mode, 2 Weeks after Maria," NBC News, October 4, 2017, https://www.nbcnews.com/storyline/puerto-rico-crisis/puerto-rico-s-hospitals-still-triage-mode-2-weeks-after-n807406.

11. Andrés and Wolffe, We Fed an Island, 33.

12. Francis Robles, "Puerto Rico Spent 11 Months Turning the Power Back On. They Finally Got to Her," *New York Times*, August 14, 2018, https://www.nytimes.com/2018/08/14/us/puerto-rico-electricity-power.html; Patricia Mazzei and Alejandra Rosa, "Hurricane Maria, 2 Years Later: 'We Want Another Puerto Rico,'" *New York Times*, September 20, 2019, https://www.nytimes.com/2019/09/20/us/puerto-rico-hurricane-maria.html.

13. "State Population Totals and Components of Change: 2010–2019," *US Census Bureau*, accessed June 16, 2020, https://www.census.gov/data/tables/time-series/demo/popest/2010s-state-total.html.

14. Kyle Dropp and Brendan Nyhan, "Nearly Half of Americans Don't Know Puerto Ricans Are Fellow Citizens," *New York Times*, September 26, 2017, https://www.nytimes.com/2017/09/26/upshot/nearly-half-of-americans-dont-know-people-in-puerto-ricoans-are-fellow-citizens.html.

15. "Google Trends Data for the US: Which Hurricane Received the Most Attention?," Puerto Rico Data Lab, October 27, 2017, https://prdatalab.wordpress.com/2017/10/27/google-trends-data-for-the-us-which-hurricane-received-the-most-attention/; Danny Vinik, "How Trump Favored Texas over Puerto Rico," Politico, March 27, 2018, https://www.politico.com/story/2018/03/27/donald-trump-fema-hurricane-

maria-response-480557.

16. John Schoen, "Here's How an Obscure Tax Change Sank Puerto Rico's Economy," CNBC, September 26, 2017, https://www.cnbc.com/2017/09/26/heres-how-an-obscure-tax-change-sank-puerto-ricos-economy.html.

17. Laura Sullivan, "How Puerto Rico's Debt Created a Perfect Storm before the Storm," NPR, May 2, 2018, https://www.npr.org/2018/05/02/607032585/how-puerto-ricos-debt-created-a-perfect-storm-before-the-storm.

18. Francis Robles, "FEMA Was Sorely Unprepared for Puerto Rico Hurricane, Report Says," *New York Times*, July 12, 2018, https://www.nytimes.com/2018/07/12/us/fema-puerto-rico-maria.html.

19. Andrés and Wolffe, *We Fed an Island*, 11–20.

20. Andrés and Wolffe, *We Fed an Island*, 23, 28.

21. Andrés and Wolffe, *We Fed an Island*, 37.

22. Andrés and Wolffe, We *Fed an Island*, 91.

23. Adrian Carrasquillo, "Chef José Andrés and the Trump Administration Are Fighting over Puerto Rico," *Buzz-feed News*, November 6, 2017, https://www.buzzfeednews.com/article/adriancarrasquillo/chef-jose-andres-and-the-trump-administration-are-fighting.

24. Andrés and Wolffe, *We Fed an Island*, 218.

25. *FEMA Human Capital Strategic Plan FY 2016–2020*, US Federal Emergency Management Agency, accessed June 16, 2020, https://www.fema.gov/media-library-data/1465232797001-0884912c49ec300ced75c391a0dc81dc/HumanCap_Final_Version.pdf.

26. Arelis R. Hernández and Laurie McGinley, "Harvard Study Estimates Thousands Died in Puerto Rico because of Hurricane Maria," *Washington Post*, May 29, 2018, https://www.washingtonpost.com/national/harvard-study-estimates-thousands-died-in-puerto-rico-due-to-

hurricane-maria/2018/05/29/1a82503a-6070-11e8-a4a4-c070ef53f315_
story.html.

27. Jason Silverstein, "Hurricane Maria Is Now One of the Deadliest Disasters in U.S. History," *CBS News*, August 28, 2018, https://www.cbsnews.com/news/puerto-rico-hurricane-maria-is-now-one-of-the-deadliest-disasters-in-u-s-history/; "Casualties and Damage after the 1906 Earthquake," US Geological Survey, accessed June 18, 2020, https://earthquake.usgs.gov/earthquakes/events/1906calif/18april/casualties.php.

28. "Puerto Rico Increases Hurricane Maria Death Toll to 2,975," *BBC News*, August 29, 2018, https://www.bbc.com/news/world-us-canada-45338080.

29. Robles, "FEMA Was Sorely Unprepared for Puerto Rico Hurricane, Report Says," https://www.nytimes.com/2018/07/12/us/fema-puerto-rico-maria.html.

30. Jeff Lewis, "Polarization in Congress," Voteview, June 4, 2020, https://www.voteview.com/articles/party_polarization.

31. Christopher Ingraham, "A Stunning Visualization of Our Divided Congress," *Washington Post*, April 23, 2015, https://www.washingtonpost.com/news/wonk/wp/2015/04/23/a-stunning-visualization-of-our-divided-congress/.

32. Ezra Klein, "The Political Scientist Donald Trump Should Read," *Vox*, January 24, 2019, https://www.vox.com/policy-and-politics/2019/1/24/18193523/donald-trump-wall-shutdown-congress-polarization-frances-lee.

33. David Rogers, "Politico Analysis: At $2.3 Trillion Cost, Trump Tax Cuts Leave Big Gap," *Politico*, February 28, 2018, https://www.politico.com/story/2018/02/28/tax-cuts-trump-gop-analysis-430781.

34. "Republicans Pass Historic Tax Cuts without a Single Democratic

Vote," *Axios*, December 20, 2017, https://www.axios.com/republicans-pass-historic-tax-cuts-without-a-single-democratic-vote-1515110718-8cdf005c-c1c9-481a-975b-72336765ebe4.html.

35. Ezra Klein, "Why We Can't Build," *Vox*, April 22, 2020, https://www.vox.com/2020/4/22/21228469/marc-andreessen-build-government-coronavirus.

36. Francis Fukuyama, "America in Decay," *Foreign Affairs*, Sept./Oct. 2014, http://cf.linnbenton.edu/artcom/social_science/clarkd/upload/Fukuyama,%20America%20in%20Decay.pdf.

37. Steven M. Teles, *Kludgeocracy: The American Way of Policy* (Washington, DC: New America Foundation, 2012), https://static.newamerica.org/attachments/4209-kludgeocracy-the-american-way-of-policy/Teles_Steven_Kludgeocracy_NAF_Dec2012.d8a805aa40e34bca9e2fecb018a3dcb0.pdf.

38. Robert Frank, "How Congress Made It Easier to Avoid the IRS," CNBC, January 14, 2020, https://www.cnbc.com/2020/01/14/why-congress-made-it-easier-to-avoid-the-irs.html; Paul Kiel and Jesse Eisinger, "How the IRS Was Gutted," ProPublica, December 11, 2018, https://www.propublica.org/article/how-the-irs-was-gutted; *SOI Tax Stats—IRS Data Book*, Internal Revenue Service, May 20, 2019, https://www.irs.gov/pub/irs-pdf/p55b.pdf.

39. Frank, "How Congress Made It Easier to Avoid the IRS," https://www.cnbc.com/2020/01/14/why-congress-made-it-easier-to-avoid-the-irs.htm; *SOI Tax Stats—IRS Data Book*, May 20, 2019, https://www.irs.gov/pub/irs-pdf/p55b.pdf.

40. Paul Kiel, "It's Getting Worse: The IRS Now Audits Poor Americans at about the Same Rate as the Top 1%," *ProPublica*, May 30, 2019, https://www.propublica.org/article/irs-now-audits-poor-americans-at-about-the-same-rate-as-the-top-1-percent.

41. Paul Kiel, "The IRS Decided to Get Tough against Microsoft. Microsoft Got Tougher," *ProPublica*, January 22, 2020, https://www.propublica. org/article/the-irs-decided-to-get-tough-against-microsoft-microsoft-got-tougher.

42. "EPA's Budget and Spending," US Environmental Protection Agency, accessed June 25, 2020, https://www.epa.gov/planandbudget/budget.

43. *Fiscal Year 2021 Congressional Budget Justification*, US Federal Trade Commission, accessed June 25, 2020, https://www.ftc.gov/system/files/ documents/reports/fy-2021-congressional-budget-justification/fy_2021_ cbj_final.pdf; *Fiscal Year 2011 Congressional Budget Justification Summary*, US Federal Trade Commission, accessed June 25, 2020, https://www.ftc.gov/sites/default/files/documents/reports_annual/fy-2011-congressional-budget-justification-summary/budgetsummary11_1. pdf; "CPI Inflation Calculator," US Bureau of Labor Statistics, accessed June 25, 2020, https://www.bls.gov/data/inflation_calculator.htm.

44. Tom Huntington, "America's Top 10 Public Works Projects," *Invention & Technology*, Winter 2009, https://www.inventionandtech.com/ content/america%E2%80%99s-top-10-public-works-projects-2; "About This Place—History," I&M Canal National Heritage Area, accessed June 29, 2020, https://iandmcanal.org/about-this-place-history/; "Transcontinental Railroad," History.com, September 11, 2019, https:// www.history.com/topics/inventions/transcontinental-railroad.

45. "Aaron Maniam," University of Oxford, Blavatnik School of Government, accessed June 3, 2020, https://www.bsg.ox.ac.uk/people/ aaron-maniam; "Aaron Maniam (b. 1979)," Poetry.sg, accessed June 3, 2020, http://www.poetry.sg/aaron-maniam-bio.

46. John Pennington, "Are Singapore's Civil Servants Overpaid and Overprotected," *ASEAN Today*, October 31, 2017, https://www. aseantoday.com/2017/10/are-singapores-civil-servants-overpaid-and-

overprotected/; Joanne Poh, "Singapore Civil Service—The Ins and Outs of the Iron Rice Bowl," *MoneySmart* (blog), December 4, 2018, https://blog.moneysmart.sg/career/singapore-civil-service-iron-rice-bowl/.

47. *Salaries for a Capable and Committed Government*, Government of Singapore, December 30, 2011, https://www.psd.gov.sg/docs/default-source/default-document-library/white-paper---salaries-for-a-capable-and-committed-govt.pdf; Martino Tan and Sulaiman Daud, "Breakdown of Entry-Level S'pore Ministerial Salaries: 13 (fixed) + 3 + 3 + 1 Month Bonus = S\$1.1m," Mothership.sg, October 1, 2018, https://mothership.sg/2018/10/minister-salary-parliament/.

48. *The Hill Staffer's Reality*, Congressional Management Foundation, 2015, accessed June 3, 2020, https://www.apaservices.org/practice/advocacy/state/leadership/hill-staffers-reality.pdf; *House of Representatives Compensation and Diversity Study Report: Member, Committee, and Leadership Offices*, US House of Representatives, 2019, accessed June 3, 2020, https://www.house.gov/sites/default/files/uploads/documents/2019_house_compdiversitystudy_finalreport_membcommlead.pdf.

49. "A Lobbyist by Any Other Name?," NPR, January 22, 2016, https://www.npr.org/templates/story/story.php?storyId=5167187.

50. "Lobbyists" (US Senate, in print in Robert C. Byrd, *The Senate*, 1789–1989, vol. 2, pp. 491–508), accessed June 26, 2020, https://www.senate.gov/legislative/common/briefing/Byrd_History_Lobbying.htm.

51. Phillip Wallach, "America's Lobbying Addiction," Brookings Institution, April 13, 2015, https://www.brookings.edu/blog/fixgov/2015/04/13/americas-lobbying-addiction/.

52. Lee Drutman, "How Corporate Lobbyists Conquered American Democracy," *Atlantic*, April 20, 2015, https://www.theatlantic.com/

business/archive/2015/04/how-corporate-lobbyists-conquered-american-democracy/390822/.

53. Jerome L. Himmelstein, *To the Right: The Transformation of American Conservatism* (Berkeley: University of California Press, 1990), 140, https://publishing.cdlib.org/ucpressebooks/view?docId=ft5h4nb372&chunk.id=d0e2257&toc.depth=100&toc.id=d0e2246&brand=ucpress.

54. Drutman, "How Corporate Lobbyists Conquered American Democracy," https://www.theatlantic.com/business/archive/2015/04/how-corporate-lobbyists-conquered-american-democracy/390822/.

55. Wallach, "America's Lobbying Addiction," https://www.brookings.edu/blog/fixgov/2015/04/13/americas-lobbying-addiction/.

56. "Lobbying Data Summary," Center for Responsive Politics, accessed May 31, 2020, https://www.opensecrets.org/federal-lobbying/summary?inflate=Y; Robert Kaiser, "Citizen K Street," *Washington Post*, accessed May 31, 2020, https://web.archive.org/web/20120524031659/http://blog.washingtonpost.com/citizen-k-street/chapters/introduction/.

57. "Revolving Door," Center for Responsive Politics, accessed June 26, 2020, https://www.opensecrets.org/revolving/.

58. "Business, Labor & Ideological Split in Lobbying Data," Center for Responsive Politics, accessed June 28, 2020, https://www.opensecrets.org/federal-lobbying/business-labor-ideological.

59. Erika Eichelberger, "House Passes Bill Written by Citigroup Lobbyists," *Mother Jones*, October 31, 2013, https://www.motherjones.com/politics/2013/10/citigroup-bill-passes-house/.

60. Rob O'Dell and Nick Penzenstadler, "You Elected Them to Write New Laws. They're Letting Corporations Do It Instead," Center for Public Integrity, April 4, 2019, https://publicintegrity.org/politics/state-politics/copy-paste-legislate/you-elected-them-to-write-new-laws-theyre-

letting-corporations-do-it-instead/.

61. "Top Lobbyists," Center for Responsive Politics, accessed June 28, 2020, https://www.opensecrets.org/federal-lobbying/top-lobbyists.

62. "Lobbying Data Summary," https://www.opensecrets.org/federal-lobbying/summary?inflate=Y.

63. "Total Outside Spending by Election Cycle, Excluding Party Committees," Center for Responsive Politics, accessed May 31, 2020, https://www.opensecrets.org/outsidespending/cycle_tots.php?cycle=202 0&view=A&chart=N#summ.

64. Anna Massoglia, "'Dark Money' Groups Steering Millions to Super PACs in 2020 Elections," Center for Responsive Politics, February 7, 2020, https://www.opensecrets.org/news/2020/02/dark-money-steers-millions-to-super-pacs-2020/.

65. "Did Money Win?," Center for Responsive Politics, accessed June 28, 2020, https://www.opensecrets.org/elections-overview/winning-vs-spending?chamber=S&cycle=2018.

66. "Donor Demographics," Center for Responsive Politics, accessed June 28, 2020, https://www.opensecrets.org/elections-overview/donor-de mographics?cycle=2018&display=A; "Cost of Election," Center for Responsive Politics, accessed June 28, 2020, https://www.opensecrets. org/elections-overview/cost-of-election.

67. Martin Gilens and Benjamin I. Page, "Testing Theories of American Politics: Elites, Interest Groups, and Average Citizens," *Perspectives on Politics* 12, no. 3 (2014): 564–81, https://doi.org/10.1017/ S1537592714001595.

68. *Encyclopaedia Britannica Online*, s.v. "Aerarium," by E. Badian, accessed July 14, 2020, https://www.britannica.com/topic/aerarium.

69. Sheng Hui-lian, *Pension Schemes during Tang and Five Dynasties in Ancient China* (Beijing: Beijing Institute of Cultural Relics, January

2012), http://en.cnki.com.cn/Article_en/CJFDTotal-ZSDB201201006. htm.

70. "[Archive] When Islam eradicated Poverty: Umar b. Abdul Aziz & Zakat," National Zakat Foundation, accessed July 14, 2020, https://nzf. org.uk/news/when-islam-eradicated-poverty-umar-b-abdul-aziz-zakat/.

71. Ganesh Sitaraman and Anne L. Alstott, *The Public Option: How to Expand Freedom, Increase Opportunity, and Promote Equality* (Cambridge, MA: Harvard University Press, 2019), 12.

72. Aaron E. Carroll, "The Real Reason the U.S. Has Employer-Sponsored Health Insurance," *New York Times*, September 5, 2017, https://www. nytimes.com/2017/09/05/upshot/the-real-reason-the-us-has-employer-sponsored-health-insurance.html.

73. James Manyika, Anu Madgavkar, Tilman Tacke, Jonathan Woetzel, Sven Smit, and Abdulla Abdulaal, *The Social Contract in the 21st Century: Outcomes So Far for Workers, Consumers, and Savers in Advanced Economies*, McKinsey Global Institute, February 2020, https://www.mckinsey.com/~/media/McKinsey/Industries/SocialSector/ Our Insights/The social contract in the 21st century/MGI-Thesocial-contract-in-the-21st-century-Full-report-final.pdf.

74. Bourree Lam, "The Surging Cost of Basic Needs," Atlantic, June 2, 2016, https://www.theatlantic.com/business/archive/2016/06/household-basic-spending/485330/.

75. Natasha Bach, "Millions of Americans Are One Missed Paycheck away from Poverty, Report Says," *Fortune*, January 29, 2019, https://fortune. com/2019/01/29/americans-liquid-asset-poor-propserity-now-report/; "A Profile of the Working Poor, 2017," US Bureau of Labor Statistics, April 2019, https://www.bls.gov/opub/reports/working-poor/2017/ home.htm.

76. Henry Aaron, "The Social Safety Net: The Gaps That COVID-19

Spotlights," Brookings Institution, June 23, 2020, https://www.brookings.edu/blog/up-front/2020/06/23/the-social-safety-net-the-gaps-that-covid-19-spotlights/.

77. "Poverty Headcount Ratio at $1.90 a Day (2011 PPP) (% of Population)—World, China," World Bank Group, accessed July 20, 2020, https://data.worldbank.org/indicator/SI.POV.DDAY?end=2015&locations=1W-CN&start=1981&view=chart.

第三章　全球勞工的困境

1. Timothy P. Lynch, "How Did Workers Win the Right to Form a Union and Go on Strike?," History News Network, George Washington University, September 3, 2017, https://historynewsnetwork.org/article/166796; "Sit-Down Strike Begins in Flint," This Day in History: December 30, 1936, History.com, December 27, 2019, https://www.history.com/this-day-in-history/sit-down-strike-begins-in-flint; Erik de Gier, "Paradise Lost Revisited: GM and the UAW in Historical Perspective" (working paper, Cornell University, ILR School, 2010), http://digitalcommons.ilr.cornell.edu/intlvf/30.

2. Erin Blakemore, "The 1936 Strike That Brought America's Most Powerful Automaker to Its Knees," History.com, September 17, 2019, https://www.history.com/news/flint-sit-down-strike-general-motors-uaw; David D. Jackson, "The Fisher Body Flint, MI Plant #1 in World War Two," The American Automobile History in World War Two, November 7, 2019, http://usautoindustryworldwartwo.com/Fisher%20Body/fisherbodyflintone.htm; "The GM Strike That Changed the U.S. Workplace," *Detroit News*, July 14, 2018, https://www.detroitnews.com/picture-gallery/news/local/michigan-history/2018/07/14/the-gm-strike-that-changed-the-us-workplace/36797583/.

3. Blakemore, "The 1936 Strike That Brought America's Most Powerful

Automaker to Its Knees," https://www.history.com/news/flint-sit-down-strike-general-motors-uaw.

4. Vivian Baulch and Patricia Zacharias, "The Historic 1936–37 Flint Auto Plant Strikes," *Detroit News*, June 23, 1997, https://wayback.archive-it.org/all/20120726124441/http://apps.detnews.com/apps/history/index.php?id=115.

5. Blakemore, "The 1936 Strike That Brought America's Most Powerful Automaker to Its Knees," https://www.history.com/news/flint-sit-down-strike-general-motors-uaw.

6. Blakemore, "The 1936 Strike That Brought America's Most Powerful Automaker to Its Knees," https://www.history.com/news/flint-sit-down-strike-general-motors-uaw.

7. Sidney Fine, *Sit-Down: The General Motors Strike of 1936–1937* (Ann Arbor: University of Michigan Press, 1969), 341.

8. Ertan Tuncer, "The Flint, Michigan, Sit-Down Strike (1936–37)," Library of Congress, July 2012, https://www.loc.gov/rr/business/businesshistory/February/flint.html.

9. Gerald Mayer, Union Membership Trends in the United States (Washington, DC: Congressional Research Service, 2004), https://core.ac.uk/download/pdf/144981482.pdf.

10. Leroy Chatfield, "How to Start a Union When You Don't Have the Right," *Yes! Magazine*, December 26, 2019, https://www.yesmagazine.org/economy/2019/12/26/union-farmer-how-to/.

11. William Finnegan, "How Police Unions Fight Reform," *New Yorker*, July 27, 2020, https://www.newyorker.com/magazine/2020/08/03/how-police-unions-fight-reform.

12. "Union Members Summary," US Bureau of Labor Statistics, January 22, 2020, https://www.bls.gov/news.release/union2.nr0.htm; Mayer, *Union Membership Trends in the United States*, https://core.ac.uk/

download/pdf/144981482.pdf.

13. Anna Stansbury and Lawrence Summers, "Declining Worker Power and American Economic Performance," BPEA Conference Draft, Spring 2020.

14. Upton Sinclair, *The Jungle* (New York: Doubleday, Page & Co., 1906), chap. 10.

15. Evan Andrews, "The Battle of Blair Mountain," History.com, September 1, 2018, https://www.history.com/news/americas-largest-labor-uprising-the-battle-of-blair-mountain.

16. Lynch, "How Did Workers Win the Right to Form a Union and Go on Strike?," https://historynewsnetwork.org/article/166796; "CPI Inflation Calculator," US Bureau of Labor Statistics, accessed July 2020, https://www.bls.gov/data/inflation_calculator.htm.

17. *Encyclopaedia Britannica Online*, s.v. "Samuel Gompers," accessed May 7, 2020, https://www.britannica.com/biography/Samuel-Gompers.

18. Caleb Crain, "State of the Unions," *New Yorker*, August 19, 2019, https://www.newyorker.com/magazine/2019/08/26/state-of-the-unions.

19. Peter Dreier, "This Labor Day, Remember That Martin Luther King's Last Campaign Was for Workers' Rights," *Huffington Post*, September 4, 2017, https://www.huffpost.com/entry/this-labor-day-remember-that-martin-luther-kings_b_59ab51d4e4b0d0c16bb525a9.

20. "Top 1% National Income Share, USA, 1913–2018," World Inequality Database, accessed May 2020, https://wid.world/country/usa/.

21. Lawrence Mishel and Julia Wolfe, "CEO Compensation Has Grown 940% since 1978," Economic Policy Institute, August 14, 2019, https://www.epi.org/publication/CEO-compensation-2018/.

22. Henry S. Farber, Daniel Herbst, Ilyana Kuziemko, and Suresh Naidu, "Unions and Inequality over the Twentieth Century: New Evidence from Survey Data" (Working Paper 24587, National Bureau of Economic

Research, Cambridge, MA, May 2018), https://www.nber.org/papers/w24587.pdf.

23. Jake Rosenfeld, Patrick Denice, and Jennifer Laird, "Union Decline Lowers Wages of Nonunion Workers," Economic Policy Institute, August 30, 2016, https://www.epi.org/publication/union-decline-lowers-wages-of-nonunion-workers-the-overlooked-reason-why-wages-are-stuck-and-inequality-is-growing/.

24. Rosenfeld, Denice, and Laird, "Union Decline Lowers Wages of Nonunion Workers," https://www.epi.org/publication/union-decline-lowers-wages-of-nonunion-workers-the-overlooked-reason-why-wages-are-stuck-and-inequality-is-growing/.

25. Andrew Glass, "Reagan Fires 11,000 Striking Air Traffic Controllers, Aug. 5, 1981," *Politico*, August 5, 2017, https://www.politico.com/story/2017/08/05/reagan-fires-11-000-striking-air-traffic-controllers-aug-5-1981-241252.

26. Kathleen Schalch, "1981 Strike Leaves Legacy for American Workers," NPR, August 3, 2006, https://www.npr.org/2006/08/03/5604656/1981-strike-leaves-legacy-for-american-workers.

27. "Work Stoppages Involving 1,000 or More Workers, 1947–2017," US Bureau of Labor Statistics, February 9, 2018, https://www.bls.gov/news.release/wkstp.t01.htm.

28. Crain, "State of the Unions," https://www.newyorker.com/magazine/2019/08/26/state-of-the-unions.

29. Manyika et al., *The Social Contract in the 21st Century*, https://www.mckinsey.com/~/media/McKinsey/Industries/Social Sector/Our Insights/The social contract in the 21st-century/MGI-The-social-contract-in-the-21st-century-Full-report-final.pdf.

30. Stansbury and Summers, "Declining Worker Power and American Economic Performance."

31. Stansbury and Summers, "Declining Worker Power and American Economic Performance."

32. Stansbury and Summers, "Declining Worker Power and American Economic Performance."

33. Alexia Fernández Campbell, "The GM Strike Has Officially Ended. Here's What Workers Won and Lost," *Vox*, October 25, 2019, https://www.vox.com/identities/2019/10/25/20930350/gm-workers-vote-end-strike.

34. Eli Rosenberg, "UAW Members Approve New Contract with GM, Ending One of the Largest Strikes in Years," *Washington Post*, October 25, 2019, https://www.washingtonpost.com/business/2019/10/25/gm-strike-is-nearly-over-workers-are-voting-contract/.

35. Rosenberg, "UAW Members Approve New Contract with GM," https://www.washingtonpost.com/business/2019/10/25/gm-strike-is-nearly-over-workers-are-voting-contract/; Clifford Atiyeh, "Former UAW President Gary Jones Charged in Union Embezzlement Scandal," *Car and Driver,* March 6, 2020, https://www.caranddriver.com/news/a31253503/uaw-embezzlement-scandal-gary-jones-arrest/.

36. Michael Wayland, "Second Ex–United Auto Workers President Charged with Embezzling Union Funds," CNBC, August 27, 2020, https://www.cnbc.com/2020/08/27/second-ex-uaw-president-charged-with-embezzling-union-funds.html.

37. "Salary Report—The $150K Club," Teamsters for a Democratic Union, October 24, 2019, https://www.tdu.org/teamster_officer_salaries.

38. "About Us," AFLCIO, 2020, accessed May 7, 2020, https://aflcio.org/about-us; "Our Unions and Allies," AFL-CIO, 2020, accessed May 7, 2020, https://aflcio.org/about-us/our-unions-and-allies; "Union Members Summary," https://www.bls.gov/news.release/union2.nr0.htm.

39. Michael Padwee, "Architectural Murals of Lumen Martin Winter," *Tiles*

in New York (blog), October 1, 2016, https://tilesinnewyork.blogspot. com/2016/10/architectural-murals-of-lumen-martin.html.

40. Daniel Malloy,"Trumka Puts AFL-CIO in Middle of Every Issue," *Pittsburgh Post-Gazette*, October 24, 2010, https://www.post-gazette. com/news/nation/2010/10/24/Trumka-puts-AFL-CIO-in-middle-of-every-issue/stories/201010240203.

41. Eli Rosenberg, "House Passes Bill to Rewrite Labor Laws and Strengthen Unions," *Washington Post*, February 6, 2020, https://www. washingtonpost.com/business/2020/02/06/house-passes-bill-rewrite-labor-laws-strengthen-unions/.

42. *2018 Skills Gap and Future of Work Study*, Deloitte Insights and the Manufacturing Institute, accessed May 2020, https:// operationalsolutions.nam.org/mi-skills-gap-study-18/.

43. Carl Roper, "Trade Union Membership Is Growing, but There's Still Work to Do," Trades Union Congress, May 31, 2018, https://www.tuc. org.uk/blogs/trade-union-membership-growing-there%E2%80%99s-still-work-do.

44. David Weil and Tanya Goldman, "Labor Standards, the Fissured Workplace, and the On-Demand Economy," *Perspectives on Work* 20 (2016), http://www.fissuredworkplace.net/assets/Weil_Goldman.pdf.

45. Robert Silk, "Labor Unrest Grows as Airlines Outsource Jobs to Contractors," *Travel Weekly*, July 15, 2019, https://www.travelweekly. com/Travel-News/Airline-News/Labor-unrest-grows-as-airlines-outsource-jobs-to-contractors; "Contingent and Alternative Employment Arrangements Summary," table 8, US Bureau of Labor Statistics, June 7, 2018, https://www.bls.gov/news.release/conemp.nr0.htm; Mark Bergen and Josh Eidelson, "Inside Google's Shadow Workforce," *Bloomberg*, July 25, 2018, https://www.bloomberg.com/news/articles/2018-07-25/ inside-google-s-shadow-workforce.

46. "Contingent and Alternative Employment Arrangements Summary," https://www.bls.gov/news.release/conemp.nr0.htm.

47. "Electronically Mediated Work: New Questions in the Contingent Worker Supplement," *Monthly Labor Review*, US Bureau of Labor Statistics, September 2018, https://www.bls.gov/opub/mlr/2018/article/electronically-mediated-work-new-questions-in-the-contingent-worker-supplement.htm; "How Many Gig Workers Are There?," Gig Economy Data Hub, Aspen Institute Future of Work Initiative and Cornell University ILR School, https://www.gigeconomydata.org/basics/how-many-gig-workers-are-there.

48. Marie Targonski-O'Brien, "Uber, Lyft Drivers Crowd LAX, Protest Low Pay," KCET, August 22, 2017, https://www.kcet.org/shows/socal-connected/uber-lyft-drivers-crowd-lax-protest-low-pay.

49. "The Online Platform Economy in 2018: Drivers, Workers, Sellers, and Lessors," JPMorgan Chase & Co. Institute, April 2019, https://institute.jpmorganchase.com/institute/research/labor-markets/report-ope-2018.htm.

50. Targonski-O'Brien, "Uber, Lyft Drivers Crowd LAX, Protest Low Pay," https://www.kcet.org/shows/socal-connected/uber-lyft-drivers-crowd-lax-protest-low-pay.

51. 2020年5月25日，布萊恩‧杜爾博與傑克‧克里根訪談內容；2020年5月15日，布萊恩‧杜爾博與威爾‧派施爾訪談內容。

52. Noam Schreiber and Kate Conger, "Uber and Lyft Drivers Gain Labor Clout, with Help from an App," *New York Times*, September 20, 2019, https://www.nytimes.com/2019/09/20/business/uber-lyft-drivers.html.

53. "Average Adjunct Professor Salary," PayScale, accessed May 20, 2020, https://www.payscale.com/research/US/Job=Adjunct_Professor/Salary.

54. 2020年5月21日，布萊恩‧杜爾博與威爾‧派施爾訪談內容；"About Us," Rideshare Drivers United, accessed May 21, 2020, https://

drivers-united.org/about.

55. Brian Dolber, *From Independent Contractors to an Independent Union: Building Solidarity through Rideshare Drivers United's Digital Organizing Strategy* (Philadelphia, PA: Media, Inequality & Change Center, October 2019), 9, https://mic.asc.upenn.edu/wp-content/uploads/2020/07/Dolber_final1.pdf.

56. Dolber, *From Independent Contractors to an Independent Union*, 9, https://mic.asc.upenn.edu/wp-content/uploads/2020/07/Dolber_final1.pdf.

57. 2020年5月15日，布萊恩‧杜爾博與威爾‧派施爾訪談內容。

58. Dolber, *From Independent Contractors to an Independent Union*, 9, https://mic.asc.upenn.edu/wp-content/uploads/2020/07/Dolber_final1.pdf.

59. 2020年5月25日，布萊恩‧杜爾博與傑克‧克里根訪談內容。

60. Alexia Fernández Camp-bell, "Thousands of Uber Drivers Are Striking in Los Angeles," *Vox*, March 25, 2019, https://www.vox.com/2019/3/25/18280718/uber-lyft-drivers-strike-la-los-angeles; Bryce Covert, "'It's Not Right': Why Uber and Lyft Drivers Went on Strike," Vox, May 9, 2019, https://www.vox.com/the-goods/2019/5/9/18538206/uber-lyft-strike-demands-ipo.

61. Covert, "Why Uber and Lyft Drivers Went on Strike," https://www.vox.com/the-goods/2019/5/9/18538206 /uber-lyft-strike-demands-ipo; Ben Chapman, "Uber Drivers in UK Cities Go on Strike in Protest over Pay and Workers' Rights," *Independent*, May 7, 2019, https://www.independent.co.uk/news/business/news/uber-drivers-strike-london-birmingham-glasgow-nottingham-pay-rights-a8898791.html.

62. Lucinda Shen, "Uber Is One of the Worst Performing IPOs Ever," *Fortune*, May 10, 2019, https://fortune.com/2019/05/10/uber-ipo-worst-performing-percentage/; Danielle Abril, "Lyft Stock Tumbles Two Days

after Its IPO," *Fortune*, April 1, 2019, https://fortune.com/2019/04/01/lyft-stock-drops-after-ipo/.

63. Rideshare Drivers United homepage, accessed May 21, 2020, https://drivers-united.org/.

64. "Company Info," Uber, accessed May 21, 2020, https://www.uber.com/newsroom/company-info/; Steve Minter, "Who Are the World's Biggest Employers?" *Industry Week*, June 24, 2015, https://www.industryweek.com/talent/article/21965429/who-are-the-worlds-biggest-employers.

65. Dara Khosrowshahi, "I Am the C.E.O. of Uber. Gig Workers Deserve Better," *New York Times*, August 10, 2020, https://www.nytimes.com/2020/08/10/opinion/uber-CEO-dara-khosrowshahi-gig-workers-deserve-better.html%20?.

66. David Gelles, "To Guide the Labor Movement's Future, She Looks to Its Past," *New York Times*, January 9, 2020, https://www.nytimes.com/2020/01/09/business/sara-horowitz-trupo-corner-office.html; Tejal Rao,"A Decade On, Freelancers Union Founder Sara Horowitz Takes Her Fight Mainstream," *Village Voice*, February 13, 2013, https://www.villagevoice.com/2013/02/13/a-decade-on-freelancers-union-founder-sara-horowitz-takes-her-fight-mainstream/.

67. "National Compensation Survey," US Department of Labor.

68. "Denmark," European Trade Union Institute, accessed May 2020, https://www.worker-participation.eu/National-Industrial-Relations/Countries/Denmark; "Finland," European Trade Union Institute, accessed May 2020, https://www.worker-participation.eu/National-Industrial-Relations/Countries/Finland; "Norway," European Trade Union Institute, accessed May 2020, https://www.worker-participation.eu/National-Industrial-Relations/Countries/Norway; "Sweden," European Trade Union Institute, accessed May 2020, https://www.worker-participation.eu/National-Industrial-Relations/Countries/

Sweden.

69. Dylan Matthews, "The Emerging Plan to Save the American Labor Movement," *Vox*, September 3, 2018, https://www.vox.com/policy-and-politics/2018/4/9/17205064/union-labor-movement-collective-wage-boards-bargaining.

70. Anne Kauranen, "Finland's PM Calls for Shortening Working Hours," Reuters, August 24, 2020, https://www.reuters.com/article/us-finland-politics/finlands-pm-calls-for-shortening-working-hours-idUSKBN25K1M1.

71. "Trade Unions," European Trade Union Institute, accessed May 2020, https://www.worker-participation.eu/National-Industrial-Relations/Countries/Sweden/Trade-Unions.

72. "Denmark: Board-Level Representation," European Trade Union Institute, accessed May 2020, https://www.worker-participation.eu/National-Industrial-Relations/Countries/Denmark/Board-level-Representation; "Netherlands: Board-Level Representation," European Trade Union Institute, accessed May 2020, https://www.worker-participation.eu/National-Industrial-Relations/Countries/Netherlands/Board-level-Representation; "Germany: Board-Level Representation," European Trade Union Institute, accessed May 2020, https://www.worker-participation.eu/National-Industrial-Relations/Countries/Germany/Board-level-Representation.

73. Nir Kaissar, "To Help Improve U.S. Wages, Check Out Germany," *Bloomberg*, March 29, 2020, https://www.bloomberg.com/opinion/articles/2019-03-29/to-help-improve-u-s-wages-check-out-germany; Aleksandra Gregori a and Marc Steffen Rapp, "Board-Level Employee Representation and Firms' Responses to Crisis," *Industrial Relations* 58, no. 3 (2019), 376–422; Fernando Duarte, "It Takes a CEO Just Days to Earn Your Annual Wage," *BBC News*, January 9, 2019, https://www.

bbc.com/worklife/article/20190108-how-long-it-takes-a-CEO-to-earn-more-than-you-do-in-a-year.

74. "How Much Does Your Country Invest in R&D?," UNESCO Institute for Statistics, accessed May 30, 2020, http://uis.unesco.org/apps/visualisations/research-and-development-spending/.

75. Alberto Manconi, Urs Peyer, and Theo Vermaelen, *Buybacks around the World*, INSEAD, September 2015, accessed May 2020, https://knowledge.insead.edu/sites/www.insead.edu/files/images/1bb_around_the_world_revised_-_september_8_2015–2.pdf.

76. Aline Conchon, *Board-Level Employee Representation Rights in Europe: Facts and Trends* (Brussels: European Trade Union Institute, 2011), https://www.etui.org/Publications2/Reports/Board-level-employee-representation-rights-in-Europe.

77. "Germany: Workplace Representation," European Trade Union Institute, accessed May 2020, https://www.worker-participation.eu/National-Industrial-Relations/Countries/Germany/Workplace-Representation.

78. "Germany: Workplace Representation," https://www.worker-participation.eu/National-Industrial-Relations/Countries/Germany/Workplace-Representation.

79. "Annual Determination of Average Cost of Incarceration: A Notice by the Prisons Bureau," *Federal Register,* April 30, 2018, https://www.federalregister.gov/documents/2018/04/30/2018-09062/annual-determination-of-average-cost-of-incarceration; Nicole Lewis and Beatrix Lockwood,"The Hidden Cost of Incarceration," Marshall Project, December 17, 2019, https://www.themarshallproject.org/2019/12/17/the-hidden-cost-of-incarceration.

80. Merrie Najimy and Joseph McCartin, "The Origins and Urgency of Bargaining for the Common Good," *The Forge*, March 31, 2020, https://forgeorganizing.org/article/origins-and-urgency-bargaining-common-

good.

81. 2020年6月1日，史提芬・勒納爾與傑克・克里根訪談內容。

82. "Concrete Examples of Bargaining for the Common Good," Bargaining for the Common Good, December 20, 2019, https://smlr.rutgers.edu/sites/default/files/ciwo_bcg-memo.pdf; Stephen Lerner, "What Is Not to Be Done," *American Prospect*, April 29, 2020, https://prospect.org/labor/what-is-not-to-be-done/.

第四章　稅收與全球經濟的蟲洞

1. "Tax Quotes," US Internal Revenue Service, June 5, 2020, https://www.irs.gov/newsroom/tax-quotes.

2. Elisa Gabbert, "25 Fast Facts about Google Ads," *WordStream* (blog), November 14, 2018, https://www.wordstream.com/blog/ws/2012/08/13/google-adwords-facts.

3. Nicholas Shaxson, "Tackling Tax Havens," *Finance & Development* 56, no. 3 (September 2019), International Monetary Fund, https://www.imf.org/external/pubs/ft/fandd/2019/09/tackling-global-tax-havens-shaxon.htm.

4. Matthew Gardner, Lorena Roque, and Steve Wamhoff, *Corporate Tax Avoidance in the First Year of the Trump Tax Law* (Institute on Taxation and Economic Policy, December 16, 2019), https://itep.org/corporate-tax-avoidance-in-the-first-year-of-the-trump-tax-law/.

5. "Taxes in the Ancient World," *University of Pennsylvania Almanac* 48, no. 28 (April 2002), https://almanac.upenn.edu/archive/v48/n28/AncientTaxes.html.

6. *Encyclopaedia Britannica Online*, s.v. "Japan," by Marius B. Jansen and Kitajima Masamoto, March 19, 2020, https://www.britannica.com/place/Japan/The-Heian-period-794–1185; Amanda Foreman, "Tax Evasion's Bite, from the Ancient World to Modern Days," *Wall*

Street Journal, September 23, 2015, https://www.wsj.com/articles/tax-evasions-bite-from-the-ancient-world-to-modern-days-1443028212.

7. Nicholas Shaxson, *Treasure Islands: Uncovering the Damage of Offshore Banking and Tax Havens* (New York: St. Martin's Publishing Group, 2011), 26–27；2020年7月10日，約翰・克里斯欽森與傑克・克里根的通信內容。

8. Nick Shaxson, "Over a Third of World Trade Happens inside Multinational Corporations," Tax Justice Network, April 9, 2019, https://www.taxjustice.net/2019/04/09/over-a-third-or-more-of-world-trade-happens-inside-multinational-corporations/.

9. Analysis of Bureau of Economic Analysis data (via Haver Analytics), by Brad Setser and Cole Frank of the Council on Foreign Relations, accessed March 18, 2020.

10. Edward Helmore, "Google Says It Will No Longer Use 'Double Irish, Dutch Sandwich' Tax Loophole," *Guardian*, January 1, 2020, https://www.theguardian.com/technology/2020/jan/01/google-says-it-will-no-longer-use-double-irish-dutch-sandwich-tax-loophole.

11. Toby Sterling, "Google to End 'Double Irish, Dutch Sandwich' Tax Scheme," Reuters, December 31, 2019, https://www.reuters.com/article/us-google-taxes-netherlands-idUSKBN1YZ10Z; Jeremy Kahn, "Google's 'Dutch Sandwich' Shielded 16 Billion Euros from Tax," *Bloomberg*, January 2, 2018, https://www.bloomberg.com/news/articles/2018-01-02/google-s-dutch-sandwich-shielded-16-billion-euros-from-tax.

12. "Google Ireland Ltd.," *Bloomberg*, March 16, 2020, https://www.bloomberg.com/profile/company/0202877D:ID.

13. Giovanni Legorano, "Google Reaches $333 Million Tax Settlement in Italy," *Wall Street Journal*, May 4, 2017, https://www.wsj.com/articles/google-agrees-306-million-tax-settlement-in-italy-1493901007.

14. Art Patnaude, "Tech Workers Flock to Dublin's Silicon Docks," *Wall Street Journal*, May 28, 2015, https://www.wsj.com/articles/tech-workers-flock-to-dublins-silicon-docks-1432822827; Fiona Reddan, "Top 1000: Apple Overtakes CRH to Become Ireland's Largest Firm," *Irish Times*, May 10, 2018, https://www.irishtimes.com/business/top-1000-apple-overtakes-crh-to-become-ireland-s-largest-firm-1.3488309.

15. "Corporate Tax Rates Table," KPMG, https://home.kpmg/xx/en/home/services/tax/tax-tools-and-resources/tax-rates-online/corporate-tax-rates-table.html.

16. Google Italy Srl, "Google Italy Srl con Socio Unico: Financial Statements to 31-12-2018," 4, accessed April 2020.

17. Google Ireland Limited, *Directors' Report and Financial Statements for the Year Ended 31 December 2018*, 12, accessed April 2020.

18. Google Netherlands Holdings B.V., *Annual Accounts for Publication Purposes 2018 of Google Netherlands Holdings B.V.*, 11, accessed April 2020.

19. Sony Kassam, "Google Cuts Taxes by Shifting Billions to Bermuda—Again," *Bloomberg Tax*, January 3, 2019, https://news.bloombergtax.com/transfer-pricing/google-cuts-taxes-by-shifting-billions-to-bermuda-again; Google Netherlands Holdings B.V., *Annual Accounts for Publication Purposes* 2018, 4.

20. Gabriel Zucman, "How Corporations and the Wealthy Avoid Taxes (and How to Stop Them)," *New York Times*, November 10, 2017, https://www.nytimes.com/interactive/2017/11/10/opinion/gabriel-zucman-paradise-papers-tax-evasion.html.

21. "Corporate Tax Rates Table," https://home.kpmg/xx/en/home/services/tax/tax-tools-and-resources/tax-rates-online/corporate-tax-rates-table.html.

22. Google Netherlands Holdings B.V., *Annual Accounts for Publication*

Purposes 2018, 11.

23. Isabel Gottlieb and Ruben Munsterman, "Netherlands to Impose Withholding Tax on Royalties, Interest (1)," *Bloomberg Tax*, September 17, 2019, https://news.bloombergtax.com/daily-tax-report-international/netherlands-to-impose-withholding-tax-on-royalties-interest.

24. "Google Ireland Holdings Unlimited Company," CRIF Vision-net, February 1, 2020, https://www.vision-net.ie/Company-Info/Google-Ireland-Holdings-Unlimited-Company-369511.

25. Google Ireland Holdings Unlimited Company, *Directors' Report and Financial Statements for the Year Ended 31 December 2018*, 10, accessed April 2020.

26. George Turner, "Why the End of Google's 'Double Irish' Tax Avoidance Will Come with a Nasty Hangover," *New Statesman*, January 3, 2020, https://www.newstatesman.com/politics/economy/2020/01/why-end-google-s-double-irish-tax-avoidance-will-come-nasty-hangover.

27. Tim Sculthorpe, "The Post Box in Bermuda Numbered 666 Which Receives Google Profits Worth ￡8BILLION a Year," *Daily Mail*, January 31, 2016, https://www.dailymail.co.uk/news/article-3425097/Don-t-evil-Google-sends-profits-worth-8BILLION-year-post-box-number-666-tax-haven-island-Bermuda.html.

28. Sissi Cao, "Ex-Google CEO Eric Schmidt Defends Tax Dodging, Monopoly in New Hardball Interview," *Observer*, May 15, 2019, https://observer.com/2019/05/ex-google-CEO-eric-schmidt-defends-tax-dodging-monopoly-bbc-interview/; Eric Schmidt, interview by Max Bergami, "QuaranTalks 40: Eric Schmidt," Bologna Business School, May 13, 2020, YouTube video, 50:34, https://youtu.be/FmS0XuzVmms.

29. 2020年7月10日，約翰‧克里斯欽森與傑克‧克里根的通信內容。

30. Shaxson, *Treasure Islands*, 16.

31. Shaxson, "Tackling Tax Havens," https://www.imf.org/external/pubs/ft/

fandd/2019/09/tackling-global-tax-havens-shaxon.htm.

32. Niall McCarthy, "Tax Avoidance Costs the U.S. Nearly $200 Billion Every Year [Infographic]," *Forbes*, March 23, 2017, https://www.forbes.com/sites/niallmccarthy/2017/03/23/tax-avoidance-costs-the-u-s-nearly-200-billion-every-year-infographic/; Marcin Goclowski,"Tax Avoidance, Evasion Costs EU 170 Billion Euros a Year, Says Poland," Reuters, January 22, 2020, https://www.reuters.com/article/us-davos-meeting-eu-tax-idUSKBN1ZL1H4; Shaxson, "Tackling Tax Havens," https://www.imf.org/external/pubs/ft/fandd/2019/09/tackling-global-tax-havens-shaxon.htm.

33. Shane Darcy, "'The Elephant in the Room': Corporate Tax Avoidance & Business and Human Rights," *Business and Human Rights Journal* 2, no. 1 (January 2017): 1–30, https://doi.org/10.1017/bhj.2016.23.

34. Shaxson, *Treasure Islands*.

35. Sam Schechner, "Ireland to Close 'Double Irish' Tax Loophole," *Wall Street Journal*, October 14, 2014, https://www.wsj.com/articles/ireland-to-close-double-irish-tax-loophole-1413295755; Toby Sterling, "Google to End 'Double Irish, Dutch Sandwich' Tax Scheme," Reuters, December 31, 2019, https://www.reuters.com/article/us-google-taxes-netherlands-idUSKBN1YZ10Z.

36. Eric Sylvers and Sam Schechner, "Italy Follows France in Levying a Digital Tax," *Wall Street Journal*, December 24, 2019, https://www.wsj.com/articles/italy-follows-france-in-levying-a-digital-tax-11577209660.

37. Mark Scott, "Google Agrees to Pay Italy $334 Million in Back Taxes," *New York Times*, May 4, 2017, https://www.nytimes.com/2017/05/04/technology/google-italy-tax.html; Romain Dillet, "Google to Pay $549 Million Fine and $510 Million in Back Taxes in France," TechCrunch, September 12, 2019, http://social.techcrunch.com/2019/09/12/google-to-pay-549-million-fine-and-510-million-in-back-taxes-in-france/.

38. Isabel Gottlieb,"Dutch Closing Door on Popular Corporate Tax Breaks (Corrected)," *Bloomberg Tax*, September 18, 2019, https://news.bloombergtax.com/daily-tax-report-international/Netherlands-Closes-Door-on-Popular-Corporate-Tax-Breaks.

39. "Dáil Éireann debate—Thursday, 23 Nov 2017," vol. 962, no. 2, Houses of the Oireachtas, https://www.oireachtas.ie/en/debates/debate/dail/2017-11-23/18/.

40. Charles Duhigg and David Kocieniewski, "How Apple Sidesteps Billions in Taxes," *New York Times*, April 28, 2012, https://www.nytimes.com/2012/04/29/business/apples-tax-strategy-aims-at-low-tax-states-and-nations.html.

41. Nelson D. Schwartz and Charles Duhigg, "Apple's Web of Tax Shelters Saved It Billions, Panel Finds," *New York Times*, May 20, 2013, https://www.nytimes.com/2013/05/21/business/apple-avoided-billions-in-taxes-congressional-panel-says.html; Ivana Kottasova, "How Apple Paid Just 0.005% Tax on Its Global Profits," *CNN Business*, August 31, 2016, https://money.cnn.com/2016/08/30/technology/apple-tax-ruling-numbers/.

42. Simon Bowers, "Leaked Documents Expose Secret Tale of Apple's Offshore Island Hop," International Consortium of Investigative Journalists, November 6, 2019, https://www.icij.org/investigations/paradise-papers/apples-secret-offshore-island-hop-revealed-by-paradise-papers-leak-icij/; "Financial Secrecy Index 2020: Narrative Report on Jersey," Tax Justice Network, February 18, 2020, https://fsi.taxjustice.net/PDF/Jersey.pdf.

43. Bowers, "Leaked Documents Expose Secret Tale of Apple's Offshore Island Hop," https://www.icij.org/investigations/paradise-papers/apples-secret-offshore-island-hop-revealed-by-paradise-papers-leak-icij/.

44. Cole Frank, "Tax Avoidance and the Irish Balance of Payments,"

Follow the Money (blog), Council on Foreign Relations, April 25, 2018, https://www.cfr.org/blog/tax-avoidance-and-irish-balance-payments.

45. Emma Clancy, "Apple, Ireland and the New Green Jersey Tax Avoidance Technique," *Social Europe*, July 4, 2018, https://www.socialeurope.eu/apple-ireland-and-the-new-green-jersey-tax-avoidance-technique.

46. *The Silicon Six and Their $100 Billion Global Tax Gap* (Fair Tax Mark, December 2019), https://fairtaxmark.net/wp-content/uploads/2019/12/Silicon-Six-Report-5-12-19.pdf.

47. Richard Phillips, Matt Gardner, Alexandria Robins, and Michelle Surka, *Offshore Shell Games 2017: The Use of Offshore Tax Havens by Fortune 500 Companies* (U.S. PIRG Education Fund & the Institute on Taxation and Economic Policy, October 17, 2017), https://uspirgedfund.org/sites/pirg/files/reports/USP%20ShellGames%20Oct17%201.2.pdf.

48. Foo Yun Chee, "IKEA to Face EU Order to Pay Dutch Back Taxes: Sources," Reuters, October 7, 2019, https://www.reuters.com/article/us-eu-ikea-ab-taxavoidance-exclusive/ikea-to-face-eu-order-to-pay-dutch-back-taxes-sources-idUSKBN1WM0PP; Simon Hage, Martin Hesse, and Blaz Zgaga, "The Lure of Luxembourg: A Peek behind the VW Tax Haven Curtain," *Der Spiegel*, October 28, 2017, https://www.spiegel.de/international/europe/volkswagen-relies-on-luxembourg-to-save-on-taxes-a-1175060.html.

49. Phillips, Gardner, Robins, and Surka, *Offshore Shell Games 2017*, https://uspirgedfund.org/sites/pirg/files/reports/USP%20ShellGames%20Oct17%201.2.pdf.

50. Phillips, Gardner, Robins, and Surka, *Offshore Shell Games 2017*, https://uspirgedfund.org/sites/pirg/files/reports/USP%20ShellGames%20Oct17%201.2.pdf.

51. Phillips, Gardner, Robins, and Surka, *Offshore Shell Games*

2017, https://uspirgedfund.org/sites/pirg/files/reports/USP%20 ShellGames%20Oct17%201.2.pdf.

52. Gardner, Roque, and Wamhoff, *Corporate Tax Avoidance in the First Year of the Trump Tax Law*, https://itep.org/corporate-tax-avoidance-in-the-first-year-of-the-trump-tax-law/.

53. "The City's Government," The City of London, 2020, accessed April 17, 2020, https://www.cityoflondon.gov.uk/about-the-city/history/Pages/city-government.aspx; Shaxson, *Treasure Islands*, 74.

54. "The Lord Mayor," The City of London, 2020, https://www.cityoflondon.gov.uk/about-the -city/the-lord-mayor/Pages/default.aspx; "About," TheCityUK, accessed April 21, 2020, https://www.thecityuk.com/about-us/.

55. Andy MacAskill, "Britain's Finance Industry Warns of Threat from Brexit Law Changes," Reuters, June 23, 2017, https://uk.reuters.com/article/uk-britain-eu-lawmaking/britains-finance-industry-warns-of-threat-from-brexit-law-changes-idUKKBN19E0UV; "About," https://www.thecityuk.com/about-us/.

56. "Key City Officers," The City of London, 2020, https://www.cityoflondon.gov.uk/about-the-city/about-us/Pages/key-officers.aspx; Ros Wynne Jones, "Kick Privileged Bankers' Man the Remembrancer out of Parliament," *The Mirror*, May 8, 2013, https://www.mirror.co.uk/news/uk-news/kick-bankers-man-remembrancer-out-1874811；2020年 4月9日，約翰・克里斯欽與傑克・克里根訪談內容。

57. Nicholas Shaxson, "The Tax Haven in the Heart of Britain," *New Statesman*, February 24, 2011, https://www.newstatesman.com/economy/2011/02/london-corporation-city; "About the City Corporation," The City of London, 2020, https://www.cityoflondon.gov.uk/about-the-city/about-us/Pages/default.aspx.

58. Shaxson, *Treasure Islands*, 70.

59. "The London Charter of Liberties," The City of London, August 22, 2018, accessed April 20, 2020, https://www.cityoflondon.gov.uk/things-to-do/london-metropolitan-archives/the-collections/Pages/london-charter-of-liberties.aspx.

60. Shaxson, *Treasure Islands*, 69, 75, 78–79.

61. "History of the Cayman Islands," ExploreCayman, accessed February 1, 2021, https://www.explorecayman.com/about-cayman/history-of-the-cayman-islands; Shaxson, *Treasure Islands*, 90.

62. Shaxson, *Treasure Islands*, 92.

63. Shaxson, *Treasure Islands*, 92–93.

64. Elke Asen, "Corporate Tax Rates around the World, 2019," Tax Foundation, December 10, 2019, https://taxfoundation.org/publications/corporate-tax-rates-around-the-world/.

65. Michael Sesit, "A Fund's Suspicious Losses Draw Minimal Scrutiny," Wall Street Journal, September 17, 1996, https://www.wsj.com/articles/SB842911743535012500.

66. Sesit, "A Fund's Suspicious Losses Draw Minimal Scrutiny," https://www.wsj.com/articles/SB842911743535012500.

67. Niall McCarthy, "Tax Avoidance Costs the U.S. Nearly $200 Billion Every Year [Infographic]," *Forbes*, March 23, 2017, https://www.forbes.com/sites/niallmccarthy/2017/03/23/tax-avoidance-costs-the-u-s-nearly-200-billion-every-year-infographic/; Gabriel Zucman, *The Hidden Wealth of Nations: The Scourge of Tax Havens* (Chicago: University of Chicago Press, 2015), 53, digamo.free.fr/zucman152.pdf.

68. *Financial Secrecy Index 2020: Narrative Report on United States of America* (Tax Justice Network, February 18, 2020), https://fsi.taxjustice.net/PDF/UnitedStates.pdf.

69. "Full Text: President John F. Kennedy's Special Message to the Congress on Taxation, April 20th, 1961," Tax History Project, accessed

April 1, 2020, http://www.taxhistory.org/thp/readings.nsf/ArtWeb/2B72
7964C0A28BE5852571690051FD23?OpenDocument.

70. Shaxson, *Treasure Islands*, 109–15.

71. *Financial Secrecy Index 2020: Narrative Report on United States of
     America*, https://fsi.taxjustice.net/PDF/UnitedStates.pdf.

72. "Historical Tables: Table 2.1—Receipts by Source: 1934–2025," Office
     of Management and Budget, accessed June 1, 2020, https://www.
     whitehouse.gov/omb/historical-tables/; "CPI Inflation Calculator," US
     Bureau of Labor Statistics, accessed June 1, 2020, https://data.bls.gov/
     cgi-bin/cpicalc.pl.

73. Asen, "Corporate Tax Rates around the World, 2019," https://
     taxfoundation.org/publications/corporate-tax-rates-around-the-world/.

74. Zucman, *The Hidden Wealth of Nations*, digamo.free.fr/zucman152.pdf;
     Financial Secrecy Index 2020: Narrative Report on United States of
     America, https://fsi.taxjustice.net/PDF/UnitedStates.pdf.

75. Shaxson, *Treasure Islands*, 88.

76. Shaxson, *Treasure Islands*, 88.

77. Banks and Trust Companies Regulation, Statute Law of the Bahamas,
     chap. 316, 2010; Shaxson, *Treasure Islands*, 89.

78. Zucman, *The Hidden Wealth of Nations*, 25, digamo.free.fr/zucman152.
     pdf; Shaxson, *Treasure Islands*, 85.

79. Zucman, *The Hidden Wealth of Nations*, 35, 47, digamo.free.fr/
     zucman152.pdf.

80. "International Community Continues Making Progress against
     Offshore Tax Evasion," Organisation for Economic Co-operation and
     Development, June 30, 2020, https://www.oecd.org/ctp/exchange-of-
     tax-information/international-community-continues-making-progress-
     against-offshore-tax-evasion.htm; Alex Cobham, "It's Got to Be
     Automatic: Trillions of Dollars Offshore Revealed by Tax Justice

Network Policy Success," Tax Justice Network, July 3, 2020, https://www.taxjustice.net/2020/07/03/its-got-to-be-automatic-trillions-of-dollars-offshore-revealed-by-tax-justice-network-policy-success/; Clare Coffey, Patricia Espinoza Revollo, Rowan Harvey, Max Lawson, Anam Parvez Butt, Kim Piaget, Diana Sarosi, and Julie Thekkudan, *Time to Care: Unpaid and Underpaid Care Work and the Global Inequality Crisis* (briefing paper, Oxfam International, January 2020), https://oxfamilibrary.openrepository.com/bitstream/handle/10546/620928/bp-time-to-care-inequality-200120-en.pdf.

81. Zucman, *The Hidden Wealth of Nations*, 53, digamo.free.fr/zucman152.pdf.

82. Zucman, *The Hidden Wealth of Nations*, 53, digamo.free.fr/zucman152.pdf.

83. Darcy, "'The Elephant in the Room': Corporate Tax Avoidance & Business and Human Rights," https://doi.org/10.1017/bhj.2016.23.

84. "Africa: Angola," World Factbook, Central Intelligence Agency, April 6, 2020, https://www.cia.gov/library/publications/resources/the-world-factbook/geos/ao.html; "Monetary Poverty Rate Rises to 41 Percent in Angola," *Agência Angola Press*, December 6, 2019, http://www.angop.ao/angola/en_us/noticias/economia/2019/11/49/Monetary-poverty-rate-rises-percent-Angola,c96d1f24-0361-42d3-b661-d30aefd0bb23.html.

85. Emily Crowley, "'Angolagate' Revisited," Financial Transparency Coalition, April 7, 2010, https://financialtransparency.org/angolagate-revisited/.

86. "José Filomeno dos Santos: Son of Angola's Ex-Leader in 'Extraordinary' Trial," *BBC News*, December 9, 2019, https://www.bbc.com/news/world-africa-50712492.

87. Michael Forsythe, Gilberto Neto, and Megan Specia, "Africa's Richest Woman Set to Face Charges in Angola over Embezzlement," *New York*

Times, January 23, 2020, https://www.nytimes.com/2020/01/23/world/africa/angola-santos-embezzlement.html.

88. Hilary Osborne and Caelainn Barr, "The Diamond Deal That Rocked Angola," *Guardian*, January 19, 2020, https://www.theguardian.com/world/2020/jan/19/diamond-deal-that-rocked-angola-de-grisogono-luanda-leaks.

89. Sydney P. Freedberg, Scilla Alecci, Will Fitzgibbon, Douglas Dalby, and Delphine Reuter, "How Africa's Richest Woman Exploited Family Ties, Shell Companies and Inside Deals to Build an Empire," International Consortium of Investigative Journalists, January 19, 2020, https://www.icij.org/investigations/luanda-leaks/how-africas-richest-woman-exploited-family-ties-shell-companies-and-inside-deals-to-build-an-empire/.

90. Leonce Ndikumana and James K. Boyce, *Capital Flight from Africa: Updated Methodology and New Estimates* (research report, Political Economy Research Institute, University of Massachusetts Amherst, June 1, 2018), https://www.peri.umass.edu/publication/item/1083-capital-flight-from-africa-updated-methodology-and-new-estimates.

91. "Four Years On and Half a Billion Dollars Later—Tax Inspectors Without Borders," Organisation for Economic Co-operation and Development, September 25, 2019, https://www.oecd.org/ctp/four-years-on-and-half-a-billion-dollars-later-tax-inspectors-without-borders.htm.

92. 2020年7月10日，約翰・克里斯欽森與傑克・克里根通信內容。

93. Scott Drenkard, "A Very Short Primer on Tax Nexus, Apportionment, and Throwback Rule," Tax Foundation, March 28, 2016, https://taxfoundation.org/very-short-primer-tax-nexus-apportionment-and-throwback-rule/.

94. *Action 13: Country-by-Country Reporting Implementation Package*

(OECD/G20 Base Erosion and Profit Shifting Project, 2015), accessed April 2020, https://www.oecd.org/tax/beps/beps-action-13-on-country-by-country-reporting-peer-review-documents.pdf.

95. *Measuring and Monitoring BEPS, Action 11—2015 Final Report* (OECD/G20 Base Erosion and Profit Shifting Project, Paris, 2015), 80, accessed April 2020, https://www.oecd.org/tax/measuring-and-monitoring-beps-action-11–2015-final-report-9789264241343-en.htm.

96. "Corporate Tax Rates Table," https://home.kpmg/xx/en/home/services/tax/tax-tools-and-resources/tax-rates-online/corporate-tax-rates-table.html.

97. "Tax Transparency," Organisation for Economic Co-operation and Development, 2019, https://www.oecd.org/tax/beps/tax-transparency/; "International Tax Cooperation: International Efforts to Combat Tax Avoidance and Evasion," United Nations Inter-Agency Task Force on Financing for Development, accessed April 2020, https://developmentfinance.un.org/international-efforts-combat-tax-avoidance-and-evasion.

98. *The 2019 AEOI Implementation Report* (Global Forum on Transparency and Exchange of Information for Tax Purposes, Organisation for Economic Cooperation and Development, November 24, 2019), https://www.oecd.org/tax/transparency/AEOI-implementation-report-2019.pdf.

99. Zucman, *The Hidden Wealth of Nations*, 92, digamo.free.fr/zucman152.pdf.

100. Mark Scott, "Google Agrees to Pay Italy $334 Million in Back Taxes," *New York Times*, May 4, 2017, https://www.nytimes.com/2017/05/04/technology/google-italy-tax.html; Simon Carraud and Mathieu Rosemain, "Google to Pay $1 Billion in France to Settle Fiscal Fraud Probe," Reuters, September 12, 2019, https://www.reuters.com/article/us-france-tech-google-tax/google-agrees-to-550-million-fine-in-france-

to-settle-fiscal-fraud-probe-idUSKCN1VX1SM.

101. Carraud and Rosemain,"Google to Pay $1 Billion in France to Settle Fiscal Fraud Probe," https://www.reuters.com/article/us-france-tech-google-tax/google-agrees-to-550-million-fine-in-france-to-settle-fiscal-fraud-probe-idUSKCN1VX1SM.

第五章　外交政策：企業都要有自己的國務院、國防部、情報局？

1. Shannon Vavra, "Syrian Government Surveillance Campaign Turns to Spreading Malware in Coronavirus Apps," Cyberscoop, April 16, 2020, https://www.cyberscoop.com/coronavirus-syria-surveillance-apps-lookout/.

2. A. J. Baime, "U.S. Auto Industry Came to the Rescue during WWII," *Car and Driver*, March 31, 2020, https://www.caranddriver.com/news/a31994388/us-auto-industry-medical-war-production-history/; David Vergun, "During WWII, Industries Transitioned from Peacetime to Wartime Production," US Department of Defense, March 27, 2020, https://www.defense.gov/Explore/Features/story/Article/2128446/during-wwii-industries-transitioned-from-peacetime-to-wartime-production/.

3. Ellen Terrell, "When a Quote Is Not (Exactly) a Quote: General Motors," *Inside Adams* (blog), Library of Congress, April 22, 2016, https://blogs.loc.gov/inside_adams/2016/04/when-a-quote-is-not-exactly-a-quote-general-motors/.

4. Pankaj Ghemawat and Niccolò Pisani, "Are Multinationals Becoming Less Global?," *Harvard Business Review*, October 28, 2013, https://hbr.org/2013/10/are-multinationals-becoming-less-global; United Nations Conference on Trade and Development, *The Universe of the Largest*

Transnational Corporations (New York and Geneva: United Nations, 2007), https://unctad.org/en/Docs/iteiia20072_en.pdf; United Nations Conference on Trade and Development, *World Investment Report 2010: Investing in a Low-Carbon Economy* (New York and Geneva: United Nations, 2010), https://unctad.org/en/Docs/wir2010_en.pdf.

5. Robinson Meyer, "The Secret Startup That Saved the Worst Website in America," *Atlantic*, July 9, 2015, https://www.theatlantic.com/technology/archive/2015/07/the-secret-startup-saved-healthcare-gov-the-worst-website-in-america/397784/.

6. Jack Clark, "Why 2015 Was a Breakthrough Year in Artificial Intelligence," *Bloomberg*, December 8, 2015, https://www.bloomberg.com/news/articles/2015-12-08/why-2015-was-a-breakthrough-year-in-artificial-intelligence.

7. Jeff Petters, "What Is ITAR Compliance? Definition and Regulations," *Inside Out Security Blog*, Varonis, March 29, 2020, https://www.varonis.com/blog/itar-compliance/; "Part 121—The United States Munitions List," *Electronic Code of Federal Regulations*, US Government Publishing Office, accessed August 10, 2020, https://www.ecfr.gov/cgi-bin/text-idx?node=pt22.1.121.

8. "Addition of Software Specially Designed to Automate the Analysis of Geospatial Imagery to the Export Control Classification Number 0Y521 Series," *Federal Register*, January 6, 2020, https://www.federalregister.gov/documents/2020/01/06/2019-27649/addition-of-software-specially-designed-to-automate-the-analysis-of-geospatial-imagery-to-the-export.

9. "Part 121—The United States Munitions List," https://www.ecfr.gov/cgi-bin/text-idx?node=pt22.1.121.

10. "DOD Adopts Ethical Principles for Artificial Intelligence," Department of Defense, news release, February 24, 2020, https://www.defense.gov/Newsroom/Releases /Release/Article/2091996/dod-adopts-ethical-

principles-for-artificial-intelligence/.

11. Scott Shane and Daisuke Wakabayashi, "'The Business of War': Google Employees Protest Work for the Pentagon," *New York Times*, April 4, 2018, https://www.nytimes.com/2018/04/04/technology/google-letter-CEO-pentagon-project.html.

12. Lee Fang, "Defense Tech Startup Founded by Trump's Most Prominent Silicon Valley Supporters Wins Secretive Military AI Contract," *Intercept*, March 9, 2019, https://theintercept.com/2019/03/09/anduril-industries-project-maven-palmer-luckey/.

13. Steven Levy, "Inside Palmer Luckey's Bid to Build a Border Wall," *Wired*, June 11, 2018, https://www.wired.com/story/palmer-luckey-anduril-border-wall/.

14. Radina Gigova, "Who Vladimir Putin Thinks Will Rule the World," CNN, September 2, 2017, https://www.cnn.com/2017/09/01/world/putin-artificial-intelligence-will-rule-world/index.html.

15. Alan Murray and David Meyer, "The Fortune Global 500 Is Now More Chinese Than American," *Fortune*, August 10, 2020, https://fortune.com/2020/08/10/fortune-global-500-china-rise-CEO-daily/.

16. Ross Davies, "High-Speed Rail: Should the World Be Following China's Example?," Railway Technology, September 24, 2019, https://www.railway-technology.com/features/high-speed-rail-in-china/.

17. Paul Mozur, "Beijing Wants A.I. to Be Made in China by 2030," *New York Times*, July 20, 2017, https://www.nytimes.com/2017/07/20/business/china-artificial-intelligence.html; *Notice of the State Council Issuing the New Generation of Artificial Intelligence Development Plan*, State Council Document No. 35 (China, July 8, 2017; trans. Flora Sapio, Weiming Chen, and Adrian Lo, Foundation for Law and International Affairs), https://flia.org/wp-content/uploads/2017/07/A-New-Generation-of-Artificial-Intelligence-Development-Plan-1.pdf.

18. Nicholas Thompson and Ian Bremmer, "The AI Cold War That Threatens Us All," *Wired*, October 23, 2018, https://www.wired.com/story/ai-cold-war-china-could-doom-us-all/.

19. Benjamin Larsen, "Drafting China's National AI Team for Governance," *New America*, November 18, 2019, https://www.newamerica.org/cybersecurity-initiative/digichina/blog/drafting-chinas-national-ai-team-governance/.

20. Sean O'Connor, "How Chinese Companies Facilitate Technology Transfer from the United States" (staff research report, U.S.-China Economic and Security Review Commission, May 6, 2019), https://www.uscc.gov/sites/default/files/Research/How%20Chinese%20Companies%20Facilitate%20Tech%20Transfer%20from%20the%20US.pdf.

21. Sean O'Connor, "How Chinese Companies Facilitate Technology Transfer from the United States," https://www.uscc.gov/sites/default/files/Research/How%20Chinese%20Companies%20Facilitate%20Tech%20Transfer%20from%20the%20US.pdf.

22. Leslie Hook, "Uber's Battle for China," *Financial Times Weekend Magazine*, June 2016, https://ig.ft.com/sites/uber-in-china/.

23. Leslie Hook, "Uber's Battle for China," https://ig.ft.com/sites/uber-in-china/; Ben Chiang, "Baidu Partners with Uber," Uber, December 17, 2014, https://www.uber.com/en-CN/newsroom/%e7%99%be%e5%ba%a6%e3%80%81uber%e5%90%88%e4%bd%9c-baidu-partners-with-uber; William C. Kirby, "The Real Reason Uber Is Giving Up in China," *Harvard Business Review*, August 2, 2016, https://hbr.org/2016/08/the-real-reason-uber-is-giving-up-in-china.

24. 2020年4月30日，謝文・佩夏瓦和亞歷克・羅斯與傑克・克里根的訪談內容。

25. 謝文・佩夏瓦的訪談內容。

26. Zheping Huang, "China Finally Made Ride-Hailing Legal, in a Way That Could Destroy Uber's Business Model," *Quartz*, July 29, 2016, https://qz.com/745337/china-finally-made-ride-hailing-legal-in-a-way-that-could-destroy-ubers-business-model/.

27. Heather Timmons, "All the Things That Went Wrong for Uber in China," *Quartz*, August 1, 2016, https://qz.com/746990/all-the-things-that-went-wrong-for-uber-in-china/.

28. Kirby, "The Real Reason Uber Is Giving Up in China," https://hbr.org/2016/08/the-real-reason-uber-is-giving-up-in-china.

29. 212 Uber China was sold to Didi: Alyssa Abkowitz and Rick Carew, "Uber Sells China Operations to Didi Chuxing," *Wall Street Journal*, August 1, 2016, https://www.wsj.com/articles/china-s-didi-chuxing-to-acquire-rival-uber-s-chinese-operations-1470024403.

30. Sarah Dai, "'China's Uber' Ramps Up AI Arms Race, Says It Will Open Third Deep Learning Research Lab," *South China Morning Post*, January 26, 2018, https://www.scmp.com/tech/start-ups/article/2130793/didi-chuxing-ramps-artificial-intelligence-arms-race-says-it-will; Jonathan Cheng, "China's Ride-Hailing Giant Didi to Test Beijing's New Digital Currency," *Wall Street Journal*, July 8, 2020, https://www.wsj.com/articles/chinas-ride-hailing-giant-didi-to-test-beijings-new-digital-currency-11594206564.

31. Thomas Ricker, "The US, Like China, Has about One Surveillance Camera for Every Four People, Says Report," *The Verge*, December 9, 2019, https://www.theverge .com/2019/12/9/21002515/surveillance-cameras-globally-us-china-amount-citizens; Charlie Campbell, "'The Entire System Is Designed toSuppress Us.' What the Chinese Surveillance State Means for the Rest of the World," *Time*, November 21, 2019, https://time.com/5735411/china-surveillance-privacy-issues/.

32. Ross Andersen, "The Panopticon Is Already Here," *Atlantic*, September

2020, https://www.theatlantic.com/magazine/archive/2020/09/china-ai-surveillance/614197/.

33. Amy Hawkins, "Beijing's Big Brother Tech Needs More African Faces," *Foreign Policy*, July 24, 2018, https://foreignpolicy.com/2018/07/24/beijings-big-brother-tech-needs-african-faces/; Kudzai Chimhangwa,"How Zimbabwe's Biometric ID Scheme—and China's AI Aspirations—Threw a Wrench in Elections," GlobalVoices, January 30, 2020, https://globalvoices.org/2020/01/30/how-zimbabwes-biometric-id-scheme-and-chinas-ai-aspirations-threw-a-wrench-into-the-2018-election/.

34. Andersen, "The Panopticon Is Already Here," https://www.theatlantic.com/magazine/archive/2020/09/china-ai-surveillance/614197/.

35. Lucy Fisher, "CIA Warning over Huawei," *The Times* (London), April 20, 2019, https://www.thetimes.co.uk/edition/news/cia-warning-over-huawei-rz6xc8kzk; Edward Wong and Julian E. Barnes, "U.S. to Expel Chinese Graduate Students with Ties to China's Military Schools," *New York Times*, May 28, 2020, https://www.nytimes.com/2020/05/28/us/politics/china-hong-kong-trump-student-visas.html.

36. Georgia Wells, "Grindr Sells Majority Stake to Chinese Gaming Company," *Digits* (blog), *Wall Street Journal, January* 11, 2016, https://blogs.wsj.com/digits/2016/01/11/grindr-sells-majority-stake-to-chinese-gaming-company/?mod=article_inline; Georgia Wells and Kate O'Keeffe,"U.S. Orders Chinese Firm to Sell Dating App Grindr over Blackmail Risk," *Wall Street Journal*, March 27, 2019, https://www.wsj.com/articles/u-s-orders-chinese-company-to-sell-grindr-app-11553717942.

37. Eric Schmidt, "Eric Schmidt: I Used to Run Google. Silicon Valley Could Lose to China," *New York Times*, February 27, 2020, https://www.nytimes.com/2020/02/27/opinion/eric-schmidt-ai-china.html.

第六章　地緣政治變革：封閉與開放之間的競賽

1. Geremie Barmé, *The Forbidden City* (Cambridge, MA: Harvard University Press, 2008), 594.

2. "China's Mainland Population Crosses 1.4 Billion," *China Daily*, January 17, 2020, https://www.chinadaily.com.cn/a/202001/17/WS5e211902a310128217271a51.html.

3. "Comparison: Annual GDP 1978," Countryeconomy, accessed July 23, 2020, https://countryeconomy.com/gdp?year=1978; "China—Population," Countryeconomy, accessed July 23, 2020, https://countryeconomy.com/demography/population/china; "Netherlands—Population," Countryeconomy, accessed July 23,2020,https://countryeconomy.com/demography/population/netherlands; Max Roser and Esteban Ortiz-Ospina, "Global Extreme Poverty: How Much Does the Reduction of Falling Poverty in China Matter for the Reduction of Global Poverty?," Our World in Data, accessed July 23, 2020, https://ourworldindata.org/extreme-poverty.

4. Wayne Morrison, *China's Economic Rise: History, Trends, Challenges, and Implications for the United States* (US Congressional Research Service, June 25, 2019), https://fas.org/sgp/crs/row/RL33534.pdf; Raghuram Rajan, *The Third Pillar: How Markets and the State Leave the Community Behind* (New York: HarperCollins Publishers, 2019), 247.

5. Morrison, *China's Economic Rise*, https://fas.org/sgp/crs/row/RL33534.pdf; "GDP (constant 2010 US$)—China," World Bank, accessed July 23, 2020, https://data .worldbank.org/indicator/NY.GDP.MKTP.KD?locations=CN.

6. "GDP (current US$)," World Bank, accessed July 23, 2020, https://data.worldbank.org/indicator/NY.GDP.MKTP.CD?most_recent_value_

desc=true.

7. Li Yuan, "With Selective Coronavirus Coverage, China Builds a Culture of Hate," *New York Times*, April 22, 2020, https://www.nytimes.com/2020/04/22/business/china-coronavirus-propaganda.html.

8. Melissa Cyrill, "China's Middle Class in 5 Simple Questions," *China Briefing*, February 13, 2019, https://www.china-briefing.com/news/chinas-middle-class-5-questions-answered/; Roser and Ortiz-Ospina, "Global Extreme Poverty: How Much Does the Reduction of Falling Poverty in China Matter for the Reduction of Global Poverty?," https://ourworldindata.org/extreme-poverty.

9. Tara Francis Chan, "Communist China Has 104 Billionaires Leading the Country while Xi Jinping Promises to Lift Millions out of Poverty," *Business Insider*, March 2, 2018, https://www.businessinsider.com/billionaires-in-china-xi-jinping-parliament-income-inequality-2018-3; Karl Evers-Hillstrom, "Majority of Lawmakers in 116th Congress Are Millionaires," Center for Responsive Politics, April 23, 2020, https://www.opensecrets.org/news/2020/04/majority-of-lawmakers-millionaires/; Adela Whittingham, "Britain's Richest MP Worth £110 Million Banned from Roads after Being Caught Texting in His BMW," *The Mirror*, December 20, 2017, https://www.mirror.co.uk/news/uk-news/britains-richest-mp-worth-110million-11729352.

10. Nicholas R. Lardy and Tianlei Huang, "China's Weak Social Safety Net Will Dampen Its Economic Recovery," Peterson Institute for International Economics, May 4, 2020, https://www.piie.com/blogs/china-economic-watch/chinas-weak-social-safety-net-will-dampen-its-economic-recovery; "Workers' Rights and Labour Relations in China," *China Labour Bulletin*, June 22, 2020, https://clb.org.hk/content/workers%E2%80%99-rights-and-labour-relations-china.

11. Aya Batrawy, "Half the Saudi Population Receiving Welfare in New

System," *Seattle Times*, December 21, 2017, https://www.seattletimes. com/business/half-the-saudi-population-receiving-welfare-in-new-system/; Robin Vinod, "Cost of Living in Doha Qatar," *Expat Life* (blog), OnlineQatar, March 20, 2019, http://www.onlineqatar.com/ living/expat-life/cost-of-living-in-doha-qatar; Doug Bandow, "Kuwait Needs Economic Reform, but Opponents Dominated National Assembly Election," *Forbes*, January 9, 2017, https://www.forbes. com/sites/dougbandow/2017/01/09/kuwait-needs-economic-reform-but-opponents-dominated-national-assembly-election/#ca68f257c8df; "Housing Authorities and Programs," United Arab Emirates, accessed July 29, 2020, https://u.ae/en/information-and-services/housing/ housing-authorities-and-programmes; "Individual Income Tax Rates," KPMG, accessed July 29, 2020, https://home.kpmg/xx/en/home / services/tax/tax-tools-and-resources/tax-rates-online/individual-income-tax-rates-table.html.

12. Elizabeth Dickinson, "Can Saudi Arabia's Young Prince Wean the Welfare State?," *Foreign Policy*, June 5, 2017, https://foreignpolicy. com/2017/06/05/is-saudi-arabias-massive-economy-reform-coming-off-the-rails-mohammed-bin-salman/; Zahraa Alkhalisi, "How Many Saudis Are Only Working One Hour a Day?," *CNN Money*, October 20, 2016, https://money.cnn.com/2016/10/20/news/saudi-government-workers-productivity/index.html.

13. "Civilian Unemployment Rate," US Bureau of Labor Statistics, accessed July 20, 2020, https://www.bls.gov/charts/employment-situation/civilian-unemployment.htm; Heather Long, "Small Business Used to Define America's Economy. The Pandemic Could Change That Forever," *Washington Post*, May 12, 2020, https://www.washingtonpost. com/business/2020/05/12/small-business-used-define-americas-economy-pandemic-could-end-that-forever/; Aimee Picchi, "As Many

as 35 Million People May Still Be Waiting for Their Stimulus Checks," *CBS News*, June 9, 2020, https://www.cbsnews.com/news/stimulus-checks-as-many-as-35-million-people-may-still-be-waiting/.

14. Peter S. Goodman, "The Nordic Way to Economic Recovery," New York Times, April 2, 2020, https://www.nytimes.com/2020/03/28/business/nordic-way-economic-rescue-virus.html.

15. Ulrik Boesen, "Denmark Unplugs the Economy," *Tax Foundation*, March 26, 2020, https://taxfoundation.org/denmark-coronavirus-relief-plan/; Matt Apuzzo and Monika Pronczuk, "Covid-19's Economic Pain Is Universal. But Relief? Depends on Where You Live," *New York Times*, April 5, 2020, https://www.nytimes.com/2020/03/23/world/europe/coronavirus-economic-relief-wages.html.

16. Derek Thompson, "'Do More—Fast. Don't Wait,'" *Atlantic*, March 24, 2020, https://www.theatlantic.com/ideas/archive/2020/03/denmark-has-a-message-for-america-do-more-fast/608629/.

17. "Denmark Unemployment Rate," Trading Economics, accessed July 20, 2020, https://tradingeconomics.com/denmark/unemployment-rate; "Civilian Unemployment Rate," US Bureau of Labor Statistics, accessed July 20, 2020, https://www.bls.gov/charts/employment-situation/civilian-unemployment-rate.htm.

18. Gretchen Livingston and Deja Thomas, "Among 41 Countries, Only U.S. Lacks Paid Parental Leave," Pew Research Center, December 16, 2019, https://www.pewresearch.org/fact-tank/2019/12/16/u-s-lacks-mandated-paid-parental-leave/; Christine Ro, "Parental Leave: How Rich Countries Compare," *BBC News*, June 14, 2019, https://www.bbc.com/worklife/article/20190615-parental-leave-how-rich-countries-compare; Peter S. Goodman, "The Nordic Model May Be the Best Cushion against Capitalism: Can It Survive Immigration?," New York Times, July 11, 2019, https://www.nytimes.com/2019/07/11/business/

sweden-economy-immigration.html.

19. "Table I.7. Top Statutory Personal Income Tax Rates," Organisation for Economic Co-operation and Development, accessed July 21, 2020, https://stats.oecd.org/Index.aspx?DataSetCode =TABLE_I7.

20. Elke Asen, "Insights into the Tax Systems of Scandinavian Countries," Tax Foundation, February 24, 2020, https://taxfoundation.org/bernie-sanders-scandinavian-countries-taxes/.

21. "Corporate Tax Rates Table," https://home.kpmg/xx/en/home/services/ tax/tax-tools-andresources/tax-rates-online/corporate-tax-rates-table. html; Asen, "Corporate Tax Rates around the World, 2019," https:// taxfoundation.org/publications/corporate-tax-rates-around-the-world/.

22. Tom Heberlein, "I'm an American Living in Sweden. Here's Why I Came to Embrace the Higher Taxes," *Vox*, April 17, 2017, https://www. vox.com/2016/4/8/11380356/swedish-taxes-love.

23. Tom Heberlein, "I'm an American Living in Sweden," https://www. vox.com/2016/4/8/11380356/swedish-taxes-love; Joel Michael, *Tax Expenditures vs. Direct Expenditures: A Primer* (St. Paul, MN: Minnesota House Research, December 2018), https://www.house.leg. state.mn.us/hrd/pubs/taxvexp.pdf.

24. Katia Hetter, "During a Pandemic, What Does Being the World's Happiest Country Mean?," CNN, March 20, 2020, https://www.cnn. com/travel/article/worlds-happiest-country-wellness-2020/index.html.

25. "Poverty Rate," Organisation for Economic Co-operation and Development, accessed July 21, 2020, https://data.oecd.org/inequality/ poverty-rate.htm; Bill Hussar, Jijun Zhang, Sarah Hein, Ke Wang, Ashley Roberts, Jiashan Cui, Mary Smith, Farrah Bullock Mann, Amy Barmar, and Rita Dilig, "International Educational Attainment" (Indicator 4.5), *The Condition of Education 2020* (NCES 2020-144, U.S. Department of Education, Washington, DC: National Center for

Education Statistics, 2020), https://nces.ed.gov/pubs2020/2020144.pdf; Sintia Radu, "Countries with the Most Well-Developed Public Health Care Systems," *U.S. News and World Report*, January 21, 2019, https://www.usnews.com/news/best-countries/slideshows/countries-with-the-most-well-developed-public-health-care-system; *Is the Last Mile the Longest?: Economic Gains from Gender Equality in Nordic Countries* (summary brief, Paris: Organisation for Economic Co-operation and Development, May 2018), https://www.oecd.org/els/emp/last-mile-longest-gender-nordic-countries-brief.pdf; "Income Inequality," Organisation for Economic Co-operation and Development, accessed July 21, 2020, https://data.oecd.org/inequality/income-inequality.htm#indicator-chart; Jacob Funk Kirkegaard, "Which Places Have the Highest Concentration of Billionaires?," Peterson Institute for International Economics, June 29, 2018, https://www.piie.com/research/piie-charts/which-places-have-highest-concentration-billionaires.

26. Michael Cembalest, "Lost in Space: The Search for Democratic Socialism in the Real World, and How I Ended Up Halfway around the Globe from Where I Began," J.P. Morgan, June 24, 2019, https://privatebank.jpmorgan.com/content/dam/jpm-wm-aem/global/pb/en/insights/eye-on-the-market/lost-in-space-the-search-for-democratic-socialism-in-the-real-world-and-how-i-ended-up-halfway-around-the-globe-from-where-i-began.pdf.

27. Fareed Zakaria, "Bernie Sanders's Scandinavian Fantasy," *Washington Post*, February 27, 2020, https://www.washingtonpost.com/opinions/bernie-sanderss-scandinavian-fantasy/2020/02/27/ee894d6e-599f-11ea-9b35-def5a027d470_story.html; Matt Bruenig, "Fareed Zakaria Is Completely Ignorant about the Nordics," People's Policy Project, March 2, 2020, httxtps://www.peoplespolicyproject.org/2020/03/02/fareed-zakaria-is-completely-ignorant-about-the-nordics/.

28. Anna Thorsen, "50 Best Startup Cities in 2019," *Valuer* (blog), February 5, 2019, https://www.valuer.ai/blog/top-50-best-startup-cities.

29. Anders Widfeldt, *The Growth of the Radical Right in Nordic Countries: Observations from the Past 20 Years* (Washington, DC: Migration Policy Institute, 2018), https://www.migrationpolicy.org/research/growth-radical-right-nordic-countries.

30. Goodman, "The Nordic Model May Be the Best Cushion against Capitalism. Can It Survive Immigration?," https://www.nytimes.com/2019/07/11/business/sweden-economy-immigration.html.

31. "The Australian Health System,"Australian Government Department of Health, accessed August 14, 2020, https://www.health.gov.au/about-us/the-australian-health-system; "Your Superannuation Basics," Australian Government Australian Taxation Office, accessed August 14, 2020, https://www.ato.gov.au/General/Other-languages/In-detail/Information-in-other-languages/Your-superannuation-basics/?page=1#How is money paid into my super; "Best Countries for Education," *U.S. News and World Report*, accessed August 14, 2020, https://www.usnews.com/news/best-countries/best-education; 2020年8月10日，茱莉亞‧吉拉德和亞歷克‧羅斯與傑克‧克里根的訪談內容; Luke Ryan, "Australia Shows Why Raising the Minimum Wage Doesn't Always Fix Poverty," *Quartz*, August 1, 2016, https://qz.com/747814/other-countries-have-sorted-out-their-minimum-wage-woes-why-not-america/; "Australia Has the World's Highest Minimum Wage," *Economist*, July 20, 2019, https://www.economist.com/asia/2019/07/20/australia-has-the-worlds-highest-minimum-wage; "Minimum Wages," Australian Government Fair Work Ombudsman, accessed August 14, 2020, https://www.fairwork.gov.au/how-we-will-help/templates-and-guides/fact-sheets/minimum-workplace-entitlements/minimum-wages; "Currency Converter," Transferwise, accessed August 14, 2020, https://

transferwise.com/us/currency-converter/aud-to-usd-rate?amount=1000.

32. "Collective Bargaining Coverage," Organisation for Economic Co-operation and Development, accessed August 14, 2020, https://stats.oecd.org/Index.aspx?DataSetCode=CBC.

33. "Strengthening Our NHS," Conservative Party, accessed August 14, 2020, https://www.conservatives.com/our-priorities/nhs.

34. "GDP per Capita (Current US$)—Korea, Rep., Ghana, Japan, United States," World Bank, accessed July 27, 2020, https://data.worldbank.org/indicator/NY.GDP.PCAP.CD?end=2019&locations =KR-GH-JP-US&start =1960&view =chart.

35. "South Korea—Timeline," *BBC News*, May 1, 2018, https://www.bbc.com/news/world-asia-pacific-15292674.

36. Peter Pae, "South Korea's Chaebol," *Bloomberg*, August 29, 2019, https://www.bloomberg.com/quicktake/republic-samsung.

37. Will Kenton, "Chaebol Structure," Investopedia, September 29, 2019, https://www.investopedia.com/terms/c/chaebol-structure.asp.

38. Xander Zellner, "BTS Becomes First K-Pop Act to Hit No. 1 on Billboard Artist 100 Chart," *Billboard*, May 20, 2018, https://www.billboard.com/articles/columns/chart-beat/8458534/bts-first-k-pop-act-hit-no-1-artist-100-chart.

39. Dave Lawler, "How the World's Longest-Serving Leaders Keep Power, and Hand It Over," *Axios*, March21, 2019, https://www.axios.com/worlds-longest-serving-leaders-africa-putin-8046c3c0-3cef-4166-bd1a-46533f1b46a4.html.

40. Jacob Ausubel, "Populations Skew Older in Some of the Countries Hit Hard by COVID-19," Pew Research Center, April 22, 2020, https://www.pewresearch.org/fact-tank/2020/04/22/populations-skew-older-in-some-of-the-countries-hit-hard-by-covid-19/.

41. "World Population Prospects 2019," United Nations Department

of Economic and Social Affairs, accessed January 3, 2020, https://population.un.org/wpp/Graphs/Probabilistic/POP/TOT/903.

42. Ahmadou Aly Mbaye, "Africa's Climate Crisis, Conflict, and Migration Challenges," *Africa in Focus* (blog), Brookings Institution, September 20, 2019, https://www.brookings.edu/blog/africa-in-focus/2019/09/20/africas-climate-crisis-conflict-and-migration-challenges/; Kanta Kumari Rigaud, Alex de Sherbinin, Bryan Jones, Jonas Bergmann, Viviane Clement, Kayly Ober, Jacob Schewe, Susana Adamo, Brent McCusker, Silke Heuser, and Amelia Midgley, *Groundswell: Preparing for Internal Climate Migration* (Washington, DC: World Bank, 2018), https://openknowledge.worldbank.org/handle/10986/29461.

43. "More Than 70 Million Displaced World wide, Says UNHCR," *BBC News*, June 19, 2019, https://www.bbc.com/news/world-48682783.

44. Abdi Latif Dahir, "These Are the African Countries Not Signed to China's Belt and Road Project," *Quartz*, September 30, 2019, https://qz.com/africa/1718826/the-african-countries-not-signed-to-chinas-belt-and-road-plan/.

45. Mark Green, "China's Debt Diplomacy," *Foreign Policy*, April 25, 2019, https://foreignpolicy.com/2019/04/25/chinas-debt-diplomacy/.

46. Saliou Samb, "China to Loan Guinea $20 Billion to Secure Aluminum Ore," Reuters, September 6, 2017, https://www.reuters.com/article/us-guinea-mining-china/china-to-loan-guinea-20-billion-to-secure-aluminum-ore-idUSKCN1BH1YT.

47. Max Bearak,"In Strategic Djibouti, a Microcosm of China's Growing Foothold in Africa," *Washington Post*, December 30, 2019, https://www.washingtonpost.com/world/africa/in-strategic-djibouti-a-microcosm-of-chinas-growing-foothold-in-africa/2019/12/29/a6e664ea-beab-11e9-a8b0-7ed8a0d5dc5d_story.html; Mailyn Fidler, "African Union Bugged by China: Cyber Espionage as Evidence of Strategic Shifts,"

Net Politics (blog), Council on Foreign Relations, March 7, 2018, https://www.cfr.org/blog/african-union-bugged-china-cyber-espionage-evidence-strategic-shifts.

48. Steven Feldstein, *The Global Expansion of AI Surveillance* (Washington, DC: Carnegie Endowment for International Peace, September 17, 2019), https://carnegieendowment.org/2019/09/17/global-expansion-of-ai-surveillance-pub-79847.

財經企管 CB784

大失衡：重建一個繁榮、穩定的新未來
The Raging 2020s: Companies, Countries, People - and the Fight for Our Future

作者 —— 亞歷克・羅斯　Alec Ross
譯者 —— 周怡伶

總編輯 —— 吳佩穎
書系主編 —— 蘇鵬元
責任編輯 —— 王映茹
封面設計 —— 謝佳穎

出版人 —— 遠見天下文化出版股份有限公司
創辦人 —— 高希均、王力行
遠見・天下文化 事業群董事長 —— 高希均
事業群發行人／CEO —— 王力行
天下文化社長 —— 林天來
天下文化總經理 —— 林芳燕
國際事務開發部兼版權中心總監 —— 潘欣
法律顧問 —— 理律法律事務所陳長文律師
著作權顧問 —— 魏啟翔律師
社址 —— 臺北市104松江路93巷1號
讀者服務專線 —— 02-2662-0012｜傳真 —— 02-2662-0007；02-2662-0009
電子郵件信箱 —— cwpc@cwgv.com.tw
直接郵撥帳號 —— 1326703-6號　遠見天下文化出版股份有限公司

電腦排版 —— 薛美惠
製版廠 —— 東豪印刷事業有限公司
印刷廠 —— 祥峰印刷事業有限公司
裝訂廠 —— 台興印刷裝訂股份有限公司
登記證 —— 局版台業字第2517號
總經銷 —— 大和書報圖書股份有限公司｜電話 —— 02-8990-2588
出版日期 —— 2022年11月30日第一版第一次印行

國家圖書館出版品預行編目（CIP）資料

大失衡：重建一個繁榮、穩定的新未來／亞歷克・羅斯
（Alec Ross）作；周怡伶譯.--第一版.--臺北市：遠見天下
文化出版股份有限公司，2022.11
432面；14.8×21公分. --（財經企管；BCB784）

譯自：The Raging 2020s: Companies, Countries, People -
and the Fight for Our Future

ISBN 978-626-355-008-7（平裝）

1. CST：資本主義 2. CST：政商關係 3. CST：經濟預測

551.98　　　　　　　　　　　　　　　111019426

定價 —— 500元
ISBN —— 978-626-355-008-7｜EISBN—9786263550049（EPUB）；9786263550056（PDF）
書號 —— BCB784
天下文化官網 —— bookzone.cwgv.com.tw